本书是国家社科基金艺术学项目"场景理论视阈下传统村落的艺术介入与乡村复兴研究"（21BH164）阶段性成果

ART INTERVENTION AND
QUALITY UPGRADING OF RURAL TOURISM

艺术介入与
乡村旅游提质升级研究

陶蓉蓉◎著

人民出版社

目　录

序

　　广袤的中国乡村大地承载着悠久丰厚的民族文化,是民族生存发展的重要依托。农业、农村和农民的问题,始终是中国经济社会发展的根本问题。随着中国城镇化的快速发展,我国乡村人口总量和结构、生产生活方式、农业生产方式、思想文化观念、传统乡土秩序都在发生深刻变化。乡村的脱贫和振兴关乎民族复兴伟业和国家繁荣大计。当前我国农村完成脱贫攻坚之后,依然面临着传统农业效益低、农业经营风险大、乡村基础设施建设滞后、年轻农民离土离乡造成空心化和乡土文化衰落的挑战。发展乡村旅游业成为推动乡村农业现代化、促进农村人口就业、实现乡土文化复兴的重要路径之一。艺术参与乡村旅游业建设,从设计乡村景观、丰富乡村文艺活动、改善乡村人居环境,到赋能"农文旅"产业融合的系统推进和展开,"艺术乡建"正在日益全面深入到乡村生态、生活、生产领域,成为重构乡村社会的重要驱动力量。

　　然而,在轰轰烈烈的艺术介入乡村的实践行动中,理论建设依然相对滞后,艺术乡建实践依然存在诸多挑战。一是在艺术乡建过程中涉及艺术工作者、村民、地方政府、企业家等多方利益主体,在政策推动的资本下乡、艺术家下乡的文旅项目建设中,往往忽视了村民主体,如何树立"以人民为中心"的艺术主体观,而不是艺术家一厢情愿地为艺术而艺术、为设计而设计,激发村民的参与成为文化建设的主体,才是重建乡土生活和振兴乡村文化的关键。

　　二是乡土记忆与当代传承及转化问题。我国乡村社会蕴含丰富民间文艺与地方文化,传统村落更新不仅仅是绿水青山和艺术结合,完成景观改造和环境美化,更是通过在地化的创作和村民主体性参与,焕发民间艺术生机,进而重建乡土社会中人与人的紧密联系,实现民众参与、民众共享受益的乡村文化发展内在逻辑。

三是艺术介入文旅不能仅仅是造景和美化的功能,应该进一步促进乡村文化资源转化为经济价值,筑牢乡村产业振兴根基。当前艺术介入乡村文旅产业,还需要在促进农、文、旅的深度融合和乡村新业态发展方面发挥更大作用,提供更多鲜活案例。

陶蓉蓉博士长期以来致力于乡村文旅的调研。她近年来一直在四川、河南、江苏、浙江、贵州、上海等多地深入乡村观察、访谈和记录,从鲜活的"艺术乡建"案例中反思、提炼和总结,体现了一个学者严谨、务实、求真的治学态度。

陶博士结合艺术学、旅游学和经济学等学科理论,对典型案例进行分类研究,从艺术介入驱动因素、风格特征、实践目标、产业痛点等方面,将田野的材料抽丝剥茧,形成理性的思考,较为客观、全面地描绘了当下艺术介入乡村文旅的图景。让我们能透过文本真切地把握当前乡村文旅实践中艺术家践行、学者主张、资本追逐、政府干预、村民参与等多方利益交织和行为互动。对这些图景的反思,激发作者追问艺术介入的村落美学的意义生产机制,及其与旅游的价值链接,进而从文化归因层面深入到价值转化的经济逻辑层面,力图建构起艺术介入乡村旅游业的文化价值创造到经济价值转化的技术路径和行动框架。

艺术介入乡村文旅既是一种艺术在场性的实践,也是一次社会建构运动,同时也是经济投入产出过程。陶博士的研究在行动框架中力图将艺术创意融入乡村旅游要素中,从艺术体验的视觉系统,到产品层面消费力提升,到产业层面品牌力建构,提出可行方案。陶博士在研究中运用多学科理论、在实践材料发掘、分析基础上进行了实证性、探索性的理论建构。研究力图在实践层面提出艺术介入乡村旅游业升级的评价方法和评价模型,体现了研究来自实践、向实践去和指导实践的路向,这也是我们当前文科研究应该秉持的一种学术精神。

陶博士的研究是执着而持续的,她先后主持"三产融合视域下文创设计与江苏民宿产业竞争力研究"、2021年度国家社科基金艺术学项目"场景理论视域下传统村落的艺术介入与乡村复兴研究"等课题,在完成本研究初稿基础上不断修改和补充。并且持续发表了多篇论文。值此岁末之时，受我的学生陶蓉蓉博士之邀为此书写序，不由想起陶博士担负着工作与相夫教子重任，在求学期间往来于盐城与南京之间，为撰写博士论文而考察于乡村田野之时，其对学问之心可谓诚也！这本学术专著既是对她将近5年来的研究工作的阶段性总结，也有对未来研究的展望。艺术介入乡村旅游业作为一种系统的文化建设行动，联结起乡村人与人、人与社会、人与自然之间的精神与情感，将会随着中国新型城镇化和城乡一体化进程不断深入展开，期望陶博士能够秉持着知行合一的精神，继续将自己的研究书写在中国乡村的大地上。

王　晨

2024 年 12 月 15 日夜

于南京四方新村

前　　言

乡村旅游业提质升级是近年来我国文化产业发展与消费文化变迁的显著现象,也是中国社会、经济高质量发展的重要组成部分。当乡村旅游业发展被作为乡村全面振兴战略的重要抓手、乡村的振兴又被纳入我国生态文明建设转型的题中之义,新发展阶段中的乡村旅游业提质升级于是被赋予了醒目的历史坐标。

2024年1月,习近平总书记在中共中央政治局第十一次集体学习时强调加快发展新质生产力,肯定了新质生产力在我国经济社会发展实践中所展示出的强劲推动力,将新质生产力与高质量发展紧密相连。同年3月,十四届全国人大二次会议中,习近平总书记再次强调要牢牢把握高质量发展这个首要任务,鼓励因地制宜发展新质生产力。同月,中央美术学院副院长林茂提交《关于加强艺术服务国家重大战略的提案》,呼吁应将审美、艺术、设计与现代化产业体系有机融合成为新质生产力、促进艺术服务国家战略发展。新质生产力的显著特征是创新起主导作用,受生产要素创新性配置而催生,将要促使产业对传统经济增长方式的摆脱。

以新质生产力推进产业迭代的视野看待乡村旅游业的升级发展,艺术尤其是艺术设计的创新性、媒介性属性凸显,成为乡村旅游高质量发展的重要驱动。相比传统旅游,升级发展中的乡村旅游业呈现出愈发注重旅游者对乡村文化体验和地方价值认同的特征,文化和旅游表现出前所未有的关系强度。如何在乡村旅游过程中,更丰富、巧妙地融入地方文化和特色资源? 如何促使有形的旅游资源,如历史建筑、山林、田园,向无形的“乡村性”旅游氛围转化? 又如何使无形的地方历史故事、生活方式,转化为可见、可感的乡村旅游产品,并使其融入中华文化的美育意涵？这些产业实践中的现实问题共同将艺术介入置于问题纾解的核心位置。从新质生产力发展的角度看，艺术介入在这诸多产业实践问题中所展现的多重"间性"，共同加剧了对其研究的必要性与紧迫性。

调研所反馈的结果支持了对于艺术介入应用的判断，以"旅游体验"的优化为中介，艺术介入被认为是乡村旅游业提质升级中的常用手段与必由之径。与此同时，艺术在介入乡村建设与产业发展的过程中，也实现了自身经验的积累与时代价值的衍生；这些因素共同决定了对乡村旅游业提质升级中的艺术介入行动加以研究，对艺术的本体研究亦具有积极的实践价值与理论意义。

本书着眼于文化产业的整体观视野，综合运用了艺术学、旅游学、社会学、经济学等学科的理论与方法，从文化归因、经济逻辑与技术路径等多个维度尝试对调研中所反映的现象与问题加以归纳、分析，并尝试从经验建构的立场，形成艺术介入乡村旅游业提质升级实践的审视框架。

全书的总体框架从五个方面进行构建。第一部分，基于现状的调研勾勒出社会发展与乡村振兴的宏观背景下，艺术介入乡村旅游业提质升级的当下图景；并着重立足艺术研究的视野，从表现与动因两个维度，对介入实践的总体现象加以梳理。第二、第三部分，分别从文化和经济两个面向，剖析了艺术介入乡村旅游业的文化要义与经济逻辑；这两者构成了艺术介入的必要性与合法性，也对应着乡村旅游业提质升级所锚定的社会效益与经济效益。当乡村旅游与地方创生、城乡共融、文化发展甚至国家文明等多元价值相关联，作为对产业实践发生直接作用的艺术介入便被赋予了更高的标准与期待。第四部分着重从介入的对象、方法以及范式特征等方面展开，从技术路径的角度对相关行动加以分析，总结出艺术参与乡村旅游业提质升级的三种主要范式。第五部分将乡村旅游业提质升级过程中的艺术介入实践，置于中国生态文明建设战略转型下的经济逻辑、文化观念、社会秩序等宏观背景中加以考量；努力将具体问题在全局地图中加以定位，试图更清晰地看到乡村旅游业提质升级中，艺术介入所面临的各种内、外部条件，及其互动的逻辑关系，从而期待得到艺术介入乡村旅游业的评价思路，并理解其未来发展的方向。

导　　论

一、选题缘起与研究目的

（一）选题缘起

对乡村问题的关注是中国改革与建设的重要传统,也是党和国家领导人的长久牵挂和重要工作。党的十九大报告提出实施乡村振兴战略之后,举国战略所派生出的政策红利与正面预期使得乡村场域重新成为各类资源的渊薮,我国乡村旅游业的高速发展正是发生在这一特定的历史阶段。回顾2017年前后中国农业农村的发展,彼时重要的阶段特征,是2015年底脱贫攻坚战打响之后,面临发展资金短缺、人才保障困难等现实问题,该如何实现广大乡村的自我造血与持续创生。

乡村振兴战略的二十字方针也可以作为理解乡村旅游业重要意义的参考指征。"产业兴旺、生态宜居、乡风文明、治理有效、生活富裕"五个面向当中,"产业兴旺"占据首位,不仅是实现乡村经济发展、人民生活富裕的重要基础,亦是乡村环境生态宜居、乡风文明可持续发展的内生动力。与此同时,鉴于旅游业综合性强和涉及面广的特征,传统的旅游六要素就涉及了社会生活的多个方面,表现出综合的资源凝聚力以及绵长的产业链系统。当然,我国乡村旅游业在这一阶段发生规模性升级,是中国乡村在脱贫攻坚阶段性成果面前的特定反映,带有中国农业农村问题发展的鲜明特色。这种由旅游业长产业链特征带来的辐射效应,符合经济学中"乘数原理"的逻辑假设:旅游业的新发展带来的产业内变化,将会以各种途径导致其他产业的连带变化。[1] 例如旅

---

[1]　臧良运:《旅游学概论》,北京:电子工业出版社,2009年,第179页。

游就业的增量与国民就业增量之间的倍数关系,这有利于理解乡村旅游业发展与其所在村落之间的内在交互。

当这些变化蔓延至整个乡村生活与生产的场景之中,乡村将迎来多维的改变:资本的到来携着包括物质、人力等多种资源,也顺其自然地带来了投资者、从业者作为"新村民"的文化与审美偏好。乡村迎来了游客,也便迎来了围绕游客的诸多需求;在地居民成为新产业的就业者,或服务提供者,在乡村旅游业的"叙事"中,在地居民对本地文化、自我认同达到新的高度,这将激发他们对在地生活的热爱以及对旅游发展的投身,其结果甚至影响到农村人口的迁移趋势。

如此看来,乡村旅游业作为一门产业,却不仅仅只是涉及经济系统,而是会与地方整体社会系统产生关联。这决定了乡村旅游业发展的重要意义,也解释了为何在基层实际工作中,乡村旅游发展普遍被作为乡村振兴与地方发展的工作抓手。基于文本与田野双重路径的调研也证实,在乡村产业工作的实际层面,发展旅游业似乎已经是一个绕不开的话题。宏观来看,将乡村旅游作为乡村经济发展和精准扶贫工作抓手的思路已经深入乡村管理的顶层意识层面,2019 年乡村旅游扶贫重点村村干部培训班在文化和旅游部北戴河培训中心开班、2024 年 1 月文化和旅游部办公厅发布"乡村文化和旅游带头人支持项目入选人员和资助人员名单",都体现了国家层面对乡村旅游扶贫工作科学、有序进行的重视。

习近平总书记号召,科研工作者要"将论文写在祖国大地上"。在乡村旅游业蓬勃发展的大势之下,许多学科的专家学者躬身入局,加入到"新乡建"的队伍当中,从各自的专业领域出发赋能乡村发展。在乡村旅游产业领域,艺术介入是最常用的方法,于是可见,大量设计师、艺术家、相关专业的高校教师投身其中,越来越多高校的艺术、设计专业将乡村旅游发展的现实需求融入到课程建设当中;这就形成了乡村旅游业中艺术介入行动主体的两股力量,即在项目产出上占绝对数量的市场型的职业艺术家或工作者,以及在知识生产领域占据主导的学术型艺术群体。当然,这两股力量并不能做一分为二的切割,一线的实践中不乏跨界主体的忙碌身影。这种现象抛出了一条彰显历史成因的特色线索:从"乡土文化"中孕育出的中华儿女对乡村所抱持的乡愁情愫,一方面鼓励了艺术工作者在乡村项目中投入更多的民族情感与审美关怀;另一方面型塑了脱胎于中国传统艺术形式的审美偏好在乡村旅游项目的场景设置中占据主流地位。

以上关于本书研究选题的归纳,所能揭示的逻辑还在于,将艺术介入乡村旅游的丰富实践作为艺术理论研究的"富矿",有助于形成艺术理论学术创新的驱动力。由此也引出,研究的主要目的也相应脱胎于产业实践与理论研究两个方面。

（二）研究目的

基于选题与社会需求的紧密联系,本书研究目的也脱胎于对现实的回应。"乡村旅游业提质升级中的艺术介入",首先,将站在乡村旅游产业发展的立场,研究艺术介入的作用逻辑与路径方法,以获得研究的实践价值,即有利于在产业实践中寻获具体问题的更优解。其次,艺术研究立场的加入使具体的产业项目得以转化为知识生产的加工素材。通过对乡村旅游业中艺术介入实践的梳理,可明确艺术介入对产业升级的赋能关系;在此基础上,研究进一步对艺术介入实践的主体、动因、范式三者关系加以建构。再次,通过对艺术介入乡村旅游业提质升级的文化归因和经济逻辑分析,探究艺术介入表象之下的深层肌理;乡村旅游业的升级发展建立在乡村创生需求与城市消费升级的相互配合之下,这种匹配便在很大程度上规约了介入行动的执行特征;处于不同阶段、利益相关者主体的项目实践,往往可以表现出不同的路径选择,从而也将呈现出各自偏好的技术特征。最后,依循研究线索,在上述研究的基础上,尝试构建对乡村旅游业提质升级中艺术介入行动的分析框架,以便结合当下社会语境,以艺术介入乡村旅游产业升级的经验作为艺术研究的轴心,分析和展望艺术介入乡村旅游业提质升级的效果和意义,这也是在尝试为重新认识艺术的社会功能提供一个新颖的视角。

二、选题范围和概念界定

（一）选题范围

本书的主要研究对象是乡村旅游业提质升级中的艺术介入行动。将广泛参与于乡村旅游业提质升级中的艺术介入作为研究对象,是建立在将乡村旅游业置于国家乡村全面振兴战略、生态文明转型、平衡城乡关系、精准扶贫的宏观社会背景的基础上,首先定位艺术介入在乡村旅游业提质升级实践中的目标和价值,分析其从审视地方资源、实施资源转化、促进产业融合、培育地方意识、实施地方赋权等方面发生的作用;并对艺术介入乡村旅游业提质升级中的技术路径进行多维分析,在兼顾理论价值与实践价值的基础上,总结艺术介入行动的经验、动力机制和执行特征等。

鉴于选题对象的发展脉络,有必要对本研究所关涉的时空范围做出限定。

在时间范围方面,本书涉及的乡村旅游议题实际有着较长的发展历史。20世纪80年代末,"中国乡村旅游协会"的确立预示着乡村旅游业进入政策性推进阶段。① 随后的30余年,国家、地方各级政府相继出台政策规范、赋能乡村旅游业发展,尤其是2005年和2008年"两山"理论和"美丽乡村计划"的提出,为美学经济在我国乡村的发展打下基础,这就为艺术介入乡村旅游业提质升级提出了具体方向与技术要求。最具推动性和影响力的政策,是2017年党的十九大报告将"乡村振兴"定位到国家战略层面,并且细化为以"产业兴旺"为首的二十字方针,为各地政府以旅游产业作为乡村工作的具体抓手提供依据。此后,各种政策红利相继涌现,尤其是"点状供地"等土地创新政策的落实,使乡村旅游产业的开发在最关键的问题上向资本敞开了怀抱,由此方才出现了2018年前后的热潮,从而开启了乡村旅游业规模化、专业化、精品化的产业升级之路。因此,本书对乡村旅游业研究的案例撷取,在时间维度的确定上,正是聚焦于2005年至今,尤其是2018年前后这一高速发展阶段。一方面是因为美学经济逐渐以结构性姿态进入乡村发展领域,审美要素在产业实践中表现出越发明确的价值创造能力,艺术介入的成果转而成为消费决策的关键影响以及产业逻辑中的生产要素。另一方面是基于项目勃发期的艺术介入实践,在这一阶段涌现出大量样本,这为本研究提供了丰富素材,同时也决定了研究的紧迫性和价值意义。

---

① 马静、舒伯阳:《中国乡村旅游30年:政策取向、反思及优化》,《现代经济探讨》2020年第4期。

在空间范围方面,乡村旅游业提质升级的发生范围之广,建立在我国乡村地域辽阔和举国经济整体发展、乡村全面振兴国家战略的基础之上;因此,在面对星罗棋布、无以计数的乡村旅游项目时,研究案例的选取就不能拘泥于数量的纠结,而更在意案例价值的典型意义。这一思路得到乡村旅游文化资源特征的支持,也与乡村旅游业发展的时序差异相匹配。例如,在文化要素比重持续加大的行业趋势下,乡村旅游发展对文化资源的依赖性增加,多样性的文化生态为乡村旅游的特色性、趣味性提供资源;可见,江南的秀美区别于中原的浑厚,这决定了两地乡村旅游呈现的风貌差异,也就决定了艺术介入的思路与效果各有特色。再比如,区域经济发展的不均往往对应着潜在客群的教育结构、消费能力不等,这些因素决定了游客对旅游体验的审美偏好存在差异,也决定了不同区域的乡村旅游发展呈现出不同的产业阶段特征。即便目前,举国范围来看,项目旅游的“农家乐”版本,与提供游学、体验的综合模式依然存在共时性,然而这两者对于艺术要素的诉求是不同的,艺术生产的方式、艺术介入价值的实现路径也并不相同,分别代表了艺术介入乡村旅游业的传统方式和未来方向。有鉴于此,本书在研究案例的选取时,尽量注意兼顾地域文化特色和经济发展差异;例如,相关的田野调研与从业者访谈就既包括了江苏、浙江、上海、北京,也深入了河南、贵州、云南、西藏。

空间范围的界定不仅限于地理意义上位置差异所决定的特征不同,还在于项目场域所决定的旅游品类意义。书中案例大量聚焦于乡村旅游产业中的住宿品类,一是由于在时间性上,艺术介入的呈现更为稳定;二是由于住宿品类在本轮产业升级实践中表现为明显的工作重心。与之相关的一项重要理由,即是在艺术介入研究的门类侧重方面,案例选择偏向对视觉艺术领域的深描,这主要出于以下四个方面的考虑。首先,对于具体的旅游项目而言,审美要素在视觉感知上的作用将兼容旅游决策阶段的传播领域与旅游体验阶段的具身感知领域,这决定了视觉艺术的介入效用在价值产生的时间维度上更具历时性,从而具有优势。其次,乡村旅游的近距离特征决定了产业升级的增量逻辑在“留客”策略上达成共识;只有改变原本“农家乐”“采摘游”的传统消费习惯、增加游客在乡村的停留时间,才可能为乡村产业创造更多利益。这一共识形成了地方政府普遍将民宿发展作为乡村旅游发展突破口的现象,乡村民宿以及精品度假项目明显在产业整体发展中凝聚了更多的资源与关注,那么基于住宿环境与艺术、设计之间的天然联系决定了视觉艺术领域研究的典型价值。再次,就目前的产业发展现状,虽然已进入到对内容产品的关注阶段,但不确定因素的影响客观拖延了乡村旅游业勃发向前的脚步,由此造成的客流受限决定了舞蹈、音乐、表演等艺术形式难以在现阶段获得更多投资;于是,在展示效果上更具有时间稳定性的视觉呈现方式更受投资者青睐。最后,基于研究者自身美术学—设计学—艺术学的学业背景考虑,将视觉艺术范畴的艺术介入实践作为本书研究的主要考察对象有利于对研究可行性的保障。

(二)概念界定

乡村旅游业:乡村旅游业究其概念,是指以乡村为地域界定,充分利用特有的在地资源,将乡村的自然环境、人文风俗甚至生产形态加以融合,以吸引游客,最终形成集休闲、康养、娱乐、学习、科普、体验为一体的综合化产业;并且近年来呈规模化、常态化的发展趋势。这一概念突出了乡村旅游资源在乡村旅游业发展中的内核作用,乡村旅游业的兴起与进化都需围绕相应的自然或人文资源而展开。旅游业作为文化产业的重要组成部分,遵循文化产业价值生产的基本逻辑;乡村旅游业提质升级的内涵即可理解为乡村文化资源转化为文化资本并用来创造旅游产品的能力得到提升。

游客的体验感是评价旅游产品优劣重要而具体的指标,在满足卫生、便捷、舒适等基本需求之后,"目的地旅游"与"主题游"的特定性体现在精神层面的沉浸甚至陶醉,而乡村旅游的"特定性"可总结为"乡村性"(Rurality)。欧盟(EU)和世界经济合作与发展组织(OECD)认为,"乡村性"是乡村旅游整体推销的核心和独特卖点;根植于乡村世界的"乡村性"是吸引游客、发展乡村旅游的基础。① 国内外关于乡村旅游动机或偏好的调研显示,关于"乡村性"特征的表述往往存在相似性与统一性,即主要反映了城市居民回归自然、释放自我的心理诉求以及对乡村淳朴、宁静、悠闲生活的向往,这可作为需求角度对"乡村性是乡村旅游核心吸引力"的某种验证。"乡村性"的学术研究

---

① 何景明、李立华:《关于"乡村旅游"概念的探讨》,《西南师范大学学报(人文社会科学版)》2002 年第 9 期。

历程指向一种动态的过程体系,从 18 世纪用其来表意"之所以成为乡村的条件",经历了社会学界、乡村地理学界、政治经济学界等领域的关注之后,自 20世纪 90 年代起,受后现代主义以及结构主义的影响,其焦点集中在乡村性过程重构。① 这种研究重点的变迁体现出学术研究对社会问题的反馈,当下中国乡村实践现场则必然将对于"乡村性"的研究与热闹鲜活的乡村旅游发生关联;以"乡村性"为启发,乡村旅游更沉心于文化内核的挖掘与社会责任的思考。这为艺术介入乡村旅游提供了重要的理论基础,"乡村意象"作为对中国传统乡村精神印象的集中概括与"田园风光"的乡村现实客观关联,形成了人们头脑中关于乡村长期历史发展的"共同心理图像"。② 这种图像,成为"乡村性"的外显,催生了人们对于乡村体验的集体认同与心理期待,也在很大程度形成对乡村审美观念与审美价值的影响,于是也自然对乡村旅游业中艺术介入的审美创造产生引导;"乡村性"成为乡村旅游场景氛围营造的追求和概括。

在我国,乡村旅游是旅游产业的重要组成部分,在中国经济整体向好、乡村振兴作为国家战略的基本国情下,乡村旅游业近年来发展尤其迅速,根据文化和旅游部 2019 年 7 月发布的《全国乡村旅游发展监测报告(2019 年上半年)》数据,2019 年上半年全国乡村旅游人数达 15.1 亿,同比增加 10.2%。2019 年 9 月 4 日,中国旅游研究院发布《中国休闲发展报告(2019)》,报告指出调查年度城镇居民工作日、周末和节假日期间休闲半径在 2—7 公里以内的比重分别为 61.2%、63.1% 和 62.1%,这支持了城市周边乡村旅游高速发展的判断。③ 2021 年 6 月 1 日,《中华人民共和国乡村振兴促进法》开始实施,更是为乡村振兴和乡村旅游提供了有力的法律保障。如今,在政策的支持和管理的促进下,许多乡村的旅游发展已从各自为战转变为全域发展,其发展与乡村社会的地方振兴紧密联系。具体看,乡村旅游业在供给端助力乡村扶贫,在

① 贺瑜、刘扬、周海林:《基于演化认知的乡村性研究》,《中国人口·资源与环境》2021 年第 10 期。
② 尤海涛、马波、陈磊:《乡村旅游的本质回归:乡村性的认知与保护》,《中国人口·资源与环境》2012 年第 9 期。
③ 赵静:《乡村旅游核心利益相关者博弈及协调机制研究》,西安:西北大学博士学位论文,2019 年,第 1 页。

需求端满足城市消费群体的休闲需要;在文化因素占比日益加重的产业新形势下,文化作为更加根本的因素居于上游位置,旅游则以相对综合的状态成为下游产业;于是,乡村旅游业既凝聚和传播了地方文化,又成为新的文化生产者。基于这个观念,乡村旅游就不只是一个经济系统,而是一个社会系统,艺术介入其中所产生的意义也将从经济和社会两种价值角度加以考量。

艺术介入:所谓"艺术介入"即是以艺术的手法、思维、技术、媒介为触点,实现对跨领域对象的干预或影响。艺术介入是艺术参与社会发展、服务社会问题的形式。近几十年来,中国经济的腾飞获得世界瞩目,旅游业亦长期处于增长状态,其中尤其受到关注的是乡村旅游业的发展。政策倡导引领出各方资源介入乡村、赋能乡村的大量实践;结合中国乡村工作的历史,文化和精神要素在农业、乡村问题上的参与度总体呈上升趋势;在本轮乡村振兴实践中,艺术作为文化的表达与构成因素在乡村旅游的发展中就显得格外活跃。尤其在2018年3月党的十九届三中全会正式审议设立文化和旅游部这一政府职能部门之后,文旅融合更成为助推乡村振兴的明确路径,艺术介入乡村旅游业提质升级的实践也由此全面铺开,吸引了大量不同领域的艺术家与艺术工作者积极参与其中。

在艺术介入乡村旅游业的升级实践中,艺术与乡村、与乡村旅游产业,呈现出手段和对象之间的互动;艺术作为塑造旅游消费精神价值的重要手段,将与乡村旅游目的地及其所属地域的文化认同之间形成不可割裂的耦合关系。乡村旅游的产品作为艺术介入的承载,无论是物质类的有形产品形态,还是非物质类的精神或内容产品形态,都既包含着乡土文化的传统基因,又与现代生活紧密相连,从而成为链接乡愁思绪、差异性体验与消费者生活方式的媒介。但客观来看,艺术介入包含艺术的各个门类,无论是视觉艺术还是听觉艺术,或者是结合现代手段的各种综合艺术,都可作为艺术介入的具体手法,但就乡村旅游业的产品形式和产业目标来看,对游客的旅游体验能产生影响的艺术介入方式必然将在产业实践中被更广泛地应用;由于视觉感知是人的最主要感知通道,因此,能够被视觉通道所感知的旅游产品或服务在产业实践中更易收获消费者反馈,这决定了视觉艺术的介入形式是艺术对乡村旅游业产生影响的最主要途径,这也构成了本书研究的主要样本。

　　乡村旅游住宿类产品：乡村旅游住宿类产品是本研究的重要样本,除了出于"选题范围"中描述的理由,还出于以下乡村旅游住宿类产品的概念和特征。在概念范畴上,其发源于旅游传统六要素中"住"的要素。所谓基本的关于"住"的功能,是游客在旅游活动期间基于生存需要的刚性需求;但在文化旅游融合发展的乡村旅游业提质升级现状下,这个基本功能的描述显然已严重脱离市场需求的实际状况。文化与精神要素的重要性不断上升,当下乡村旅游消费自然包括了物质意义上的功能消费,也包括了精神意义上的文化消费,并且在根本意义上更倾向于理解成一种文化消费。在这种观念下,因"住"所涉及的环境空间、场景风格将对游客的居住体验产生重要影响,唤起人的某种精神感受。正是由于居住体验的这种"沉浸性",对其体验的价值感强度可高至作为旅游消费的决策性理由,这构成了城市周边乡村旅游业迅速崛起的重要原因。审美化处理后的住宿类产品本身即可作为旅游目的地,这完全突破了以往传统乡村旅游的主流习惯。最典型的例子就是乡村民宿的迅速崛起,及其对所在地旅游业的带动性。

　　在新近发展的产业实践中,项目的规模化意味着项目周期的延长,住宿类产品常在启动期首先实现,承担着项目个体或集群的推广、宣发任务,项目的视觉呈现、审美表达成为对外传播的重要素材,这个现实决定了艺术介入所呈现的视觉效果将格外得到重视。伴随主题内容、娱乐类产品的开发,住宿类产品又转变为产业配套,这是新型旅游业发展的特殊现象,从侧面说明了住宿类产品在乡村旅游业中的重要价值。就产业形态来看,乡村住宿类产品既包含村民闲置用房、闲置劳力操持的普通民宿,也包括外来资本投入建设的特色民宿或精品民宿。伴随产业的规模化发展,升级中的乡村旅游业还出现了大资本投入的精品度假村项目。整体而言,艺术介入其中的深度与产业发展的总量具有明显的正向关系,这意味着乡村旅游业中住宿类产品与艺术的结合将非常紧密,对其中的艺术介入实践进行研究更具有重要性与紧迫性。

　　创意旅游："创意旅游"既可以作为名词性描述旅游业发展的高级阶段,也可以作为动词形容推动文化和旅游融合发展的手段、模式或者机制;但无论从哪种角度的理解,对无形文化旅游资源开发、游客和地方文化共享的链接是创意旅游的本质特征。① 与传统旅游一样,创意旅游是当代人重要的休闲活动,来源于人的闲暇时间,由人的自我意愿支配;这一点,若用马克思的哲学观点看,旅游行为体现了人作为目的的存在,是人自由意志和生活质量的体现。闲暇时间的长短与人类文明的发展是同步的,旅游消费的需求与实现体现了社会进步与经济发展。将我国正处于升级阶段的乡村旅游业作为创意旅游的一种,符合产业的认知与预期,也符合政府的引导和期望。乡村旅游作为短途游在全国范围迅速铺开,离不开城市客群闲暇时间和可支配收入的提高。与传统旅游相比,创意旅游更加是文化和旅游融合发展到一定阶段的产物,强调通过对文化要素的感知来加强地方旅游的体验强度。文化要素在旅游发展中的价值攀升,包括艺术、历史遗产、生活方式等具有地方特色的多维度内容相互交织,构成了创意旅游的内容素材。诚然,创意旅游的内容强调对旅游文化资源的开发、对文化内涵的挖掘,但若要从要素或资源转变为可供消费和体验的旅游产品,艺术则成为凝练和表达的重要力量。本书将创意旅游界定为乡村旅游的发展方向,强调旅游项目所传达的"乡村性"、旅游体验的原真性,旅游过程所发生的审美活动则是旅游体验的重要组成。

三、国内外研究现状综述

本书选题"乡村旅游业提质升级中的艺术介入研究"大概涉及以下几个面向,首先是宏观经济背景和国家政治环境中的乡村旅游产业发展;其次是艺术介入乡村旅游业的社会实践;最后是在社会转型背景中以艺术赋能地方振兴的观念去理解上述对象。虽然"乡村旅游业""文旅融合""艺术介入"等词汇作为学术概念加以研究的历史并不悠远,但由于各级政策与市场供需关系的推进,已然使得相关实践与反思在近年来大量涌现。中国乡村正因旅游业的发展而发生重构,艺术介入作为乡村旅游业提质升级,精品化、规模化发展过程中最核心的审美体验塑造方法,直接影响着乡村地方文化转译、旅游项目特色传达的效果。再次审视这一选题,其具有明显的实践性和紧迫性;相关行

---

① 向勇:《创意旅游:地方创生视野下的文旅融合》,《人民论坛·学术前沿》2019 年第 11 期。

动每天都在大量发生,多个学科的专家学者从各自不同的学科视野出发参与到相关研究之中,构成了丰富的研究图景。然而,在认可其积极面的同时,也应看到,受研究历史、研究视野、学科划分等因素的影响,兼顾艺术介入乡村旅游技术方法与动因逻辑的研究成果还相对匮乏。对相关研究成果做出恰当的分类总结,可以成为本书研究的理论资源。

(一)艺术介入乡村旅游业的相关实践研究

艺术介入乡村旅游业的相关实践研究偏向于对艺术介入乡村及乡村旅游产业时所涉及的具体行动进行解读。具体来看,研究成果数量与近年来日益频现的项目实践同比增长,相关成果近90%于2016年及以后发表,尤其是2018年以来,成果数量激增,占总成果数的80%左右,其中2024年1月至3月见刊中国知网的篇目也已近千篇;可见2018年后政策助推下的乡村旅游规模化发展对相关研究的明显影响。

有关艺术介入社会实践的研究具有相对较久的研究历程。从实践本身看,艺术发展本身所经历的从现代主义到后现代主义、当代艺术的历史进程孕育了当下意义上艺术介入社会实践的客观经验。当艺术内核从以艺术品为中心,转向以艺术家为中心,艺术家以自己的身体和行动成为社会发展的介入者,于是发展出当代艺术中以博伊斯为代表的、一种深刻的艺术介入社会的思潮。中国艺术乡建的代表渠岩将这种思潮概括为"艺术家通过社会介入的姿态与行动,重新确立了艺术与社会的积极关系,揭示出艺术发展的张力与维度、艺术与社会有效的互动关系,呈现出艺术在面对社会转型中秉持的积极态度,也成为一种重建社会关系的潮流。"如此,艺术成为艺术家的生活方式、艺术家自身与艺术过程本身都可以作为艺术的形式和表达,这种包容性的视野实则对艺术家提出更高的要求,艺术家因为与社会实践的深度融合、互动,而被要求同时具备文化反思力、社会批判力,以及艺术建构力。

从艺术介入的社会实践来看,艺术介入乡村是艺术介入社会的一部分,艺术介入乡村旅游又是艺术乡建的重要组成;相关研究进路也是沿着从社会实践到乡村实践,再到乡村旅游业的现实演变。20世纪90年代初,世界各地突然开始盛行社会参与、合作的艺术,这个被扩大的"后—工作室"(post-studio)实践领域后来有了许多名称,如社会介入艺术(socially engager art)、社会基础艺术(community-based art)、实验性共同体(experimental communities)、对话艺术(dialogic art)、临海艺术(littoral art)、介入性艺术(interventionist art)、参与式艺术(participatory art)、合作艺术(collaborative art)以及背景艺术(contextual art)等。具体如早前的案例,1949 年康奈尔大学人类学家 Alan Holmberg 在维柯斯地区开展"自由社区"实验,在与受访者交流中不断获得其文化价值观念的反馈,并有意识地完成介入式引导过程。再如 1931 年上海发起的木刻运动,形成了我国艺术史上艺术介入现代中国政治的发端。又如,20 世纪 30 年代到 70 年代,艺术对社会的介入实践经历从文人化到民众运动再到政治运动的转变。依照这种脉络,当下艺术介入乡村及其产业的实践,则显然是现阶段我国该研究领域的侧重方面,众多专家、学者投身乡村工作,贡献出一批具有代表性的案例。如四川美术学院段胜峰策划的"设计介入精准扶贫"①选题,旨在讨论处于不断变化的社会现实中,设计艺术如何介入乡村精准扶贫,并产生了怎样的效果。中国美术学院宋建明创造了"美丽乡村形态基础数据调研表",从经、纬两个方向的多个维度考察美丽乡村建设现场,有利于从混沌的局面中把握、研究事物的事因事理,最终抓住"文创设计"的艺术学科脉络,形成一套严密的艺术介入乡村成效的调研体系。② 同济大学李京生团队多年来从乡村规划的角度探索多元主体介入乡村建设的规划实践,助力乡村的内生发展。清华大学罗德胤团队从遗产设计的角度进行了一系列乡村改造实践,探索艺术介入怎样从遗产保护的角度从技术层面到观念层面多维度地赋能村民、赋能乡村。③

　　基于当下激增的乡村行动样本,针对实践的反思也呈活跃趋势,这种理论成果的特点是偏向针对实践路径、技术的总结,期待提出具有指导意义的策略建议。如从艺术的学科门类切入,类似《中国当代艺术介入乡村的现象研究》④

---

① 段胜峰于 2018 年为《包装工程》杂志进行"设计介入精准扶贫"的选题策划;2019 年执行国家艺术基金年度传播交流资助项目"艺术介入精准扶贫案例展"。

② 宋建明:《设计作为一种生产力,可精准扶贫》,《装饰》2018 年第 4 期。

③ 罗德胤:《乡土聚落研究与探索》,北京:中国建筑工业出版社,2019 年。

④ 伍梓瑜:《中国当代艺术介入乡村的现象研究》,上海:上海大学硕士学位论文,2018 年。

《艺术介入型乡创活动对我国乡村旅游发展路径的启示》①《青田计划——艺术介入乡村振兴的路径与经验》②的选题,体现出艺术学科内部的方法论视角,以及注重个案的研究方法。如,周钦珊以"微干预"的介入思路,观察了溪南村乡建中的"艺术介入"的具体行动;以细腻的笔触呈现了溪南村图书馆、篮球场的改造面貌,并勾勒出当地村民与新环境彼此交互而产生的生动图景。③ 曾颖2018年发表在《装饰》上的《传统实践智慧的启示:横槎村水生态基础设施的解读》,以横槎村的传统"水道"为切入点,对一个世纪以来在设计学学科内"灵活性"的发展予以探索。作为《装饰》杂志评选出的优秀论文,曾颖此文体现了艺术设计的视角从一个极为具体的小领域切入乡村实践的观察与研究,④代表了近年来,关于艺术介入乡村建设与乡村旅游实践研究的一种重要类型,即关于具体案例的解读。如在"2017中国艺术乡建论坛"中,梁克刚介绍了世界上最小最简陋的美术馆——石节子美术馆;谢旭斌以湘西五宝田村公共空间的景观规划为例,论述了对美丽乡村与文化记忆的理解;任钰以艺术新地景为媒介,思考"文旅+城镇化"模式下的乡村复兴;王巨川将乌村高端休闲度假村落的实践作为"互联网+科技+文化"的乡村建设样本。⑤

　　对艺术介入乡村旅游业相关实践的研究,其"具体性"还表现在从产业实践的角度对案例加以谋略。其合理性首先在于,乡村旅游业是立足于消费市场的一项真实的产业门类,需要面对产业本身的经济逻辑与资本诉求。正如企业的利润来源于交换价值的创造,价值转化问题的研究便是研究艺术介入产业领域的必备工作。但"纵观历史,经济学家并未就艺术进行过多的阐述",不过,关于前述逻辑的论证,仍有一些前辈学者的

　　① 陈静、陈佳洁、林佳玲:《艺术介入型乡创活动对我国乡村旅游发展路径的启示》,《南方农业》2017年第11期。
　　② 梅策迎、刘怿:《青田计划——艺术介入乡村振兴的路径与经验》,《美术观察》2020年第7期。
　　③ 周钦珊:《乡土设计之六——溪南村乡建观察:"微干预"与"艺术介入"》,《开放时代》2019年第6期。
　　④ 曾颖:《传统实践智慧的启示:横槎村水生态基础设施的解读》,《装饰》2018年第8期。
　　⑤ 方李莉:《艺术介入乡村建设:人类学家与艺术家对话录之二》,北京:文化艺术出版社,2021年,第65—186页。

理论可启迪思考。

[英]约翰·赫斯科特（John Hesket）认为，艺术介入社会所涉及的价值创造，很大程度上意味着经济价值，但绝不仅仅是经济价值（最终，价值创造的延伸超出了狭义的经济思想，这些延伸的内容是赫斯科特所关注的）。虽然赫斯科特的研究方向主要是经济学与设计之间的关系，但依据他的理论，将价值看作是经济学与艺术/设计之间的重要中介物，确实有利于对艺术介入社会的作用、路径有所帮助。

[美]克莱夫·迪诺特（Clive Dilnot）认为，传统经济学关于价值创造的模型中，并没有设计等审美要素或艺术要素的清晰位置；这使得作为价值创造因素的内容，如设计，如何通过经济学方式确实地"增加价值"变得无法理解。正是因为迪诺特看到这些弊端，因此他赞同赫斯科特的观点。在赫斯科特《设计与价值创造》一书中，通过将价值创造的动力和中介（奥地利学派经济学家强调创新和变革的工作）逐步与凡勃伦、科斯（Coase）、诺斯（North）等人就文化和制度因素的意义（制度经济学）相结合，赫斯科特为价值创造建立了更广泛的基础，从而使他能够先后接受更多关于技术、思想、过程和生产创新和"用户知识"角色的当代命题（新增长理论），最后延伸到国家经济部署政策和发展的问题。赫斯科特通过系统化地统筹上述要素，并绘制出所有相关变化因素的图表，最终为艺术/设计等因素在价值创造模型当中谋得结构性位置，展示了一种更为全面的价值创造模型方式。

[加]丹尼尔·亚伦·西尔（Daniel Aaron Silver）和[美]特里·尼克尔斯·卡拉克（Terry Nichols Clark）的场景理论，目的在于阐述"空间品质如何塑造社会生活"。其中引用经济学中的"舒适物"概念，这对解释艺术介入乡村环境改造、空间美化升级如何促进在地生活与在地产业提供启发。"经济学认为'舒适物'与'消费'有关，通常是指使用或享受相关商品和服务时所带来的愉悦，但又很难量化。这与增加市场价值的生产性'资本'概念形成鲜明对照。"布尔迪厄（Pierre Bourdieu）提出有关如何建立文化或符号资本有助理解舒适物也具有生产性的市场价值。当艺术介入后的"乡村场景"作为生产要素的概念被确立，传统经济理论下乡村土地的概念便开始消失和转化，阿尔弗雷德·马歇尔的"情境价值"（Situation Value）与"公共价值"（Locational

Value)理论对理解艺术、审美要素在乡村的价值创造同样具有参考价值。①

　　总体而言,艺术介入乡村旅游业的相关实践研究侧重研究成果的应用价值,及其对日后实践的指导意义。乡村旅游业是未来乡村场域中的活跃产业,具有资本回报的天然诉求,因此,对艺术介入实践的效用评估也具有较强的实践性质。本研究选取"艺术的价值转化"视角对其予以关注:艺术介入乡村文旅融合,意味着艺术化乡村作为一种新的"生产要素"加入乡村地方经济发展,必然将对产业供需双方均产生影响。一方面,对乡村旅游产业供给侧而言,艺术介入对文化资源提炼、产品审美表达、服务流程优化、品牌传播效果等方面产生直接作用;另一方面,对需求端而言,旅游消费需求在居民整体消费水平上升的背景中践行,这种需求来源于体验式消费的渴望与对情境式或"逃避式"消费的好奇。文化旅游是旅游产业发展的高级阶段,当这种注重审美性和体验性的消费需求得以满足,需求方的消费价值也得以收获。乡村旅游业作为乡村与城市互动的载体,利用乡村的自然、文化等资源进行乡村建设、社会建设,吸引城市居民来到乡村进行体验与消费,并探寻对乡村的认同和乡愁记忆的再生。同时,在乡村文旅产业的相关方中,还有一类"中间"情况需要被考量:经由艺术介入达成较好旅游要素升级的乡村中,这些升级后的各种资源,包括有形的物质态改变,还包括无形的"他者"认同。在这个逻辑下,作为乡村原住民的在地居民本身的生活体验得以优化,这也同样会影响到乡村原住民作为"自者"的价值认同。

　　当下关于艺术介入乡村实践的研究明显表现出注重个案分析的研究偏好,其分析重点时常聚焦于某一个具体的案例上,容易形成研究的限度与不足;许多研究仍然是在单个学科的传统视野下进行,缺乏文化产业视角的跨学科整体把握。因此,如何形成整体性的、对当下艺术介入乡村实践路径和意义的认识显得重要。

　　(二)艺术介入乡村旅游业的相关理论研究

　　有关艺术介入的理论研究在国际上跨越艺术学、社会学和人类学等多个

---

　　① ［加］丹尼尔·亚伦·西尔、［美］特里·尼克尔斯·克拉克:《场景:空间品质如何塑造社会生活》,北京:社会科学文献出版社,2019 年,第 146—164 页。

学科领域,当将样本范围缩小到乡村旅游业,那么还会结合旅游学的相关内容。与实践研究偏重方法、策略的研究特点不同,用理论研究的视野去审视乡村旅游业提质升级发展进程中的艺术介入行动,试图从哲学高度对艺术介入提出美学上的思考以及艺术价值与功能上的考虑,对"艺术介入乡村社会实践"提出整体观的理解是此类研究的共同态度。

因此,有关艺术介入乡村旅游业的相关理论研究,首先脱胎于对艺术介入乡村实践的理论研究当中。在"美丽乡村"等政策行动加速了乡村旅游业的发展之时,艺术介入乡村与在地旅游,以及文旅发展与区域社会之间的互动乃至重构关系,成为艺术介入乡村实践研究中不可回避的重要侧面。国内的代表性研究如方李莉提出"艺术介入美丽乡村建设的意义在于通过艺术复兴传统的中国生活式样,修复乡村价值,推动乡土中国走向生态中国的发展之路。"[1]刘妹曼亦从人类学视角予以补充,进一步探讨人类学与艺术乡建的相互关系;对比分析了"许村计划""碧山计划"以及"青田范式"三种不同的艺术介入乡村建设的典型方式,阐明传统文化与地方性知识在乡村复兴中的关键作用,将艺术家作为引发这些关键变化的实践主体,描述了艺术实践在相关行动中的核心价值。[2] 赵辰从建筑艺术角度分析在北村的整体乡村复兴探索工作;强调复兴行动在社会学意义上的"村民自主体系"、空间规划意义上的"整体性规划",以及在建筑设计意义上的"闽东北传统建造体系"。[3] 曾莉从村落文化景观着手,用文化表征理论对云南双廊白族农民画所展示的地方景观要素、空间形态和社会形态进行文本分析,归纳出双廊"本土个性"的景观形象与乡民"乡愁"的对应关系。[4] 麻国庆在《文化人类学与非物质文化遗产》中,虽然没有在书名中直接表现出艺术与乡村,或者乡村旅游的概念定义,但行文中则是以非物质文化遗产这种大概率置身于乡村的文化实践作为主要研究对象,所论及的文化创意产业对文化遗产的传承影响、文化遗产与艺

① 方李莉:《论艺术介入美丽乡村建设——艺术人类学视角》,《民族艺术》2018 年第 1 期。
② 刘妹曼:《艺术介入乡村建设的回首、反思与展望——机遇"青田范式"的人类学考察》,《民族艺林》2017 年第 4 期。
③ 赵辰:《我在北村的整体乡村复兴探索工作》,《开放时代》2019 年第 1 期。
④ 曾莉:《基于文化表征理论的传统村落景观意象研究——以云南双廊白族农民画为例》,《美术与设计》2018 年第 4 期。

术家工作的密切关系,于侧面描绘了非物质文化遗产与地方文化旅游资源之间的内在关系。相似的研究很多,表现出艺术介入乡村旅游业相关理论研究的一种共性,就在于对国家文化实践的立足,以及将其转化为学术研究的思考路径。①

　　与人类学研究的交叉也是较为典型的学术现象。方李莉在《艺术介入乡村建设:人类学家与艺术家对话录之二》中,将当代艺术家与人类学家们在田野中的相遇,看作是学科发展中艺术家第三次受到人类学家的影响。当艺术家从美术馆转向乡村生活的现场、介入乡村建设;原本就潜心于田野的人类学家,在这一领域中从事着人类社会变迁与重构的研究。于是,渠岩将人类学家与当代艺术家共同思考的问题,聚焦于"发现乡村价值""重估乡村价值"以及"修复乡村价值"三个面向。② 这类关于艺术介入乡村实践的研究,由于乡村旅游业在乡村发展中愈发显见的客观作用而多少产生彼此关联。尤其在乡村振兴国家战略提出之后、乡村旅游在全国多地成为"产业兴旺"方针落地的具体抓手之后,艺术介入乡村的行动本身开始越来越多地参与到乡村旅游业的氛围营造当中,艺术化场景成为"乡村性"旅游氛围的物质表现;关于艺术介入乡村建设的理论研究,便开始不可避免地与之交融;这必然激发学界以更加多维的理论视角对其进行分析,"从艺术介入与文化认同的二者关系出发",也已成为艺术介入乡村实践研究的常用角度;如王建民的《艺术乡建:对村民观念和知识体系主体性的尊重》,王阳文的《艺术乡建的内在张力与当代价值》均作出了有价值的思考。③

　　有关艺术介入乡村旅游业的相关理论研究,有时也会激发一些其他非艺术学科的研究意趣。如在美学和旅游学领域,都有关于艺术与旅游二者的相关性研究,其内在逻辑延伸至乡村旅游范畴也依然成立。国内较为典型的研究有王柯平的《旅游美学论要》,其核心观点是:将旅游理解为一种泛化的、涵盖一定物质文明与精神文明内容的双重现代性生活方式。旅游活动也因此被

---

　　①　麻国庆、朱伟:《文化人类学与非物质文化遗产》,北京:三联书店,2018 年,第 5 页。
　　②　方李莉:《艺术介入乡村建设:人类学家与艺术家对话录之二》,北京:文化艺术出版社,2021 年,第 46—49 页。
　　③　王建民:《艺术乡建的内在张力与当代价值》,《艺术探索》2021 年第 6 期。

认为是一项集自然美、艺术美与生活美于一体的综合性审美实践活动。王柯平的具体论述从旅游美学的生成出发,全面涉及了现代旅游业的传统六要素,系统地研究了旅游审美活动、旅游审美心理、旅游审美对象等与旅游审美文化相关的问题;审美成为其研究与艺术发展关联的天然中介。①

以"审美"为中介链接艺术与旅游的思路,在国外相关研究中依然成立。约翰·赖特布认为这是受到西方(尤其是希腊)哲学的影响。其核心问题涉及真、美和善的生活;其中,"美"就在于培养强烈的旅游审美感。约翰·特赖布在《旅游哲学:从现象到本质》中,对"旅游与人工环境美感""旅游与艺术"以及"审美愉悦:灵性与旅游之沉思"展开专门讨论,认为在旅游的语境中,艺术是某种可以"到达"观众的方式,使观众可以获得旅游的"价值"。更为宽泛的,他还衍生出艺术与媒介在旅游领域中彼此关联,提出媒体报道和评论往往对"意识"的煽动和激发至关重要,对艺术和随后的"艺术旅游"需求的产生也至关重要。②

西方研究的另一亮点在于其较早地将艺术与旅游的关联置于文化产业的整体观中加以考察。希拉里·迪克罗和鲍勃·麦克彻在《文化旅游》中,专门探讨"当代文化和创意旅游的出现",并以标识、旅游产业的文化资产、旅游产品的吸引力等,作为研究的直接对象,从而对文化旅游中的艺术问题予以涉及③。

通过对上述研究的梳理可以发现,相关成果从艺术的产业实践向学术研究的转变逐渐展开,除了艺术学领域的学者,人类学、旅游学,甚至管理学等诸多领域的学者广泛参与其中。但从国内文献调研情况看,两个问题较为明显,一是相关论述以个案研究或碎片化处理最为常见,二是对"乡村旅游业"这一特定领域的针对性研究不足。这些问题共同导致了艺术介入乡村旅游业相关问题的研究限度明显、研究系统性不足。许多研究仍然是在单个学科的传统

---

① 王柯平:《旅游美学论要》,北京:北京大学出版社,2015 年,第 1—21 页。

② [英]约翰·特赖布:《旅游哲学:从现象到本质》,北京:商务印书馆,2016 年,第 194—206 页。

③ [澳]希拉里·迪克罗、[加]鲍勃·麦克彻:《文化旅游》,北京:商务印书馆,2017 年,第 122、169 页。

视野下进行,缺乏文化产业视角的跨学科整体把握,这就凸显出此项研究的紧迫性与现实性。

（三）乡村旅游业提质升级背景的相关研究

对于乡村旅游业提质升级背景的研究主要来自于两个视野。其一,是在乡村振兴与生态文明转型的国家战略背景下考察乡村旅游业的升级实践,例如对相关政策文献的梳理与研究,为厘清问题发展的历史脉络提供明晰线索;其二,是立足于旅游业内部发展,以梳理乡村旅游的演变进程,例如从文旅融合、创意旅游等视野出发,对旅游产业内部结构的变化演进展开讨论。

在乡村振兴与生态文明转型的国家战略背景下考察乡村旅游业的发展问题,即是探寻乡村旅游业的社会行动价值。其首先表现在对国家政策的积极响应,政策支持是产业实践能够迅速普及的重要原因。在知网搜索相关文章,可见已成为近年来增长迅速的热门选题。由于国家战略的时序差异,这类文章首先对乡村振兴与乡村旅游的相互关系进行分析;多从政策分析开始,例如以"产业兴旺"为中介理解乡村旅游对乡村振兴的价值与作用,乡村旅游业作为乡村振兴的工作抓手为城乡融合与乡村产业结构调整作出贡献。如耿松涛、张伸阳以《乡村振兴背景下乡村旅游与文化产业协同发展研究》为题,将党的十九大报告提出的脱贫攻坚任务与乡村振兴战略共同构成乡村旅游爆发的时代背景,深入分析了乡村旅游产业发展的内生文化需要与现实发展问题。其次,对乡村旅游业提质升级背景的研究除了在国家宏观政策层面的考虑,还需从产业发展的历时性角度分析,文旅融合的范围和质量为产业发展的阶段判断提供帮助。[①]

关于文旅融合与乡村旅游产业升级研究的理论成果,需放在当代中国乡村工作的宏观背景中思考。中国乡土复兴事业的重大意义与其历史中以农耕文明为主导而形成的文化系统深刻联系,相较于20世纪20、30年代兴起的"乡村建设运动"所植根的动荡时局,当下的"乡村振兴"面对的社会背景与当年相差甚远。今天的情况是:城市建设由增量时代步入存量时代,典型的二元

---

① 耿松涛、张伸阳:《乡村振兴背景下乡村旅游与文化产业协同发展研究》,《南京农业大学学报(社会科学版)》2021年第2期。

经济结构导致城乡发展不平衡现象日益严重,乡村面临"空心化"窘境;与此同时,人民需求发生深刻改变,我国社会主要矛盾已经转化为人民日益增长的美好生活需要和不平衡不充分的发展之间的矛盾。从需求性质来看,作为第三层次的心理性需要,相比第一层次的物质性需要和第二层次的社会性需要,其关注程度上升极快。因此,在这个社会背景中探讨乡村旅游,就不会只是讨论一个单纯的产业经济层面的问题,而是将乡村旅游作为乡村文化与经济整合、城乡互通共生的平台。

2008 年浙江省安吉县提出"中国美丽乡村"计划,2012 年党的十八大报告中提出"建设美丽中国",2018 年党的十九届三中全会正式审议设立文化和旅游部这一政府职能部门,真正将发展乡村文化旅游作为乡村振兴战略易于落实的重要抓手,这一策略的制定与执行,不仅关乎中国乡村的保护与重建,还关乎中国未来发展如何找到一个文化和经济新增长点的问题,甚至关乎中国未来发展之路如何前进。(方李莉,2019)

至 2024 年 3 月底,在中国知网上检索到以"乡村文旅融合"为主题的成果中,2018 年 1 月以后的文章逾成果总数的 90%。以"文旅融合"为主题进行检索,仅 2023 年起始的文献即占总成果数的 38% 以上,可见该研究领域的发展之势。2019 年 6 月,《人民论坛·学术前沿》杂志在第十一期杂志的特色栏目"二十四个重大问题研究"中策划主题为"文旅融合的理论与实践"的学术成果展示,戴斌(中国旅游研究院)、黄永林(华中师范大学)、宋瑞(中国社会科学院)、白长虹(南开大学)、范周(中国传媒大学)、刘士林(上海交通大学)、李志刚(武汉大学)、向勇(北京大学)、燕连福(西安交通大学)、李炎(云南大学)、魏敏、夏蜀(云南师范大学)、柴焰(中国海洋大学)等国内该领域知名学者分别从大数据、文化阐释、发展路径、人才培养、理论实践、消费城市、特色小镇、创意旅游、市场融合、现代性驱动、动力机制、IP 概念探微、内在价值审视等角度丰富了国内文旅融合研究的理论探索。

在文旅融合研究领域不乏有心学者将相关研究成果进行细心总结,例如巫程成、朱倩倩发表的《我国文旅融合研究学术态势——基于(2009—2019)国家社科、教育部人文社科基金立项数据》,对我国文旅融合现状、立项总体样态、研究历史脉络进行梳理,认为目前我国文旅融合研究正在不断契合我国人民需求与国际可持续发展格局;研究的路线是实践理性的整合,提出未来的研究方向将一方面紧跟国家战略政策而不断深入,如乡村振兴对乡村社区和精准扶贫机制的融合;另一方面即注重文旅融合的本质探讨,尤其是对我国本土文化和中国国情的研究,从理论与实践融合的哲学基础、理论界定、文旅职业教育、文旅产业深度融合、文旅融合政策、文旅融合质量量度等方面不断推进。①

再细分到"乡村文旅产业融合"或"乡村旅游产业"研究,成果明显少于文旅融合研究,但依然可以看出其研究逻辑不外于文旅融合研究,又更多倾向于在"乡村振兴"尤其是"乡村产业振兴"的背景下进行研究探索。

结合相关研究,在中国推进生态文明建设的战略转型语境中,艺术介入乡村旅游业提质升级,对我国空间生态资源再定价、城乡融合、乡村新业态培育、存量设施性资产激活等方面均具有直接意义,生态文明转型下的艺术介入行动,也将具有更加综合的学科视野,从而引导具体创作的价值归宿。

四、研究方法、研究思路及主要创新点

(一)研究方法

本书所涉及的乡村旅游业提质升级议题,具有较强的交叉性与实践性;文化产业与旅游产业的综合特征,决定了研究乡村旅游业提质升级中的艺术介入问题当需运用到多个学科的研究方法。书中将结合研究的不同阶段、不同问题,以及不同的论述目标,采用不同的研究方法加以组合,主要涉及以下几种:

1. 文献分析与综合分析相结合

在文化产业的学科视野下审视乡村振兴、乡村旅游发展热潮中的艺术介入经验,需要综合艺术学、经济学、社会学、旅游学等多学科的观点与方法。那么,书中首先运用文献研究法,梳理政策脉络以及前人研究成果,对乡村振兴、乡村旅游业、艺术介入等相关研究进行系统性研究,有助于本书切入点的深度

---

① 巫程成、朱倩倩:《我国文旅融合研究学术态势——基于 2009—2019 年国家社科、教育部人文社科基金立项数据》,《旅游论坛》2019 年第 6 期。

挖掘,也有利于了解当前研究中的闪光点与不足之处。其次,对旅游学、经济学、社会学、艺术学等学科基础理论的研读,筛选启发性的研究视角与研究工具,有助于理解艺术介入乡村旅游业的内在机理,为本书研究提供理论支撑。在此基础上,综合考虑艺术介入乡村旅游业提质升级实践的各方利益相关者,使本研究尽量全面。

2. 田野调研与深度访谈相结合

以学者、志愿者、实践者的不同身份深入乡村旅游业提质升级发展的一线展开调研,结合深度访谈法与调查问卷法,力求了解艺术介入乡村旅游业提质升级的真实现状,为研究提供可靠资料。

面对近年来大量涌现的艺术介入赋能乡村旅游业提质升级的产业实践,实际是直面当代中国社会转型特定语境中的、鲜活的艺术现场经验;田野调研可以采集最鲜活的案例作为研究样本,这对于研究一个现实中正在发生的产业问题尤为重要。研究涉及多次田野调研,完成了浙江省、江苏省、四川省、河南省、贵州省、云南省、上海市、北京市等地多个乡村的案例调研工作,尤其是对浙江省、江苏省、四川省、河南省的相关调研各具特色;如浙江省的调研对湖州市妙西镇妙山村进行乡村旅游发展的历时性研究,跟踪"甘舍度假村"[①]"野界营地"[②]等项目长达5年之久;江苏省的调研以实践者身份介入,作为主创人员完成大丰市"麋鹿小镇文化旅游赋能策略"的设计和汇报工作,并参与指导学生以"稻画乡"为主题实施的创新创业项目,获得"互联网+大学生创新创业大赛"全国银奖;四川省的田野工作是以志愿者身份参与达州市宣汉县毕城村"花田艺绘节"项目,驻地大巴山腹地20天,与来自国内多所高校的志愿者们共同完成了艺绘节的主力创作;又以学者身份应邀参加河南省文化和

---

① 甘舍度假村于2016年进入策划阶段,2020年开业。作为同济大学李京生教授团队投资建设的自主运营度假品牌(湖州仁和永酒店投资管理有限公司),甘舍项目从设立之初就确立了助力乡村实践,带动乡村旅游发展的初衷。项目团队依托甘舍度假村为基地,着力打造"农、旅、商、学、创、研、艺"等多位一体的综合体。

② 野界度假酒店于2108年进入策划阶段,2021年开业。野界的概念基于循环。建筑设计师出身的两位创始人秉持"人是伟大自然循环中的一分子,借助自然的力量可疗愈人自身"的理念,以覆土建筑的形式,塑造一种"可以居住的雕塑"。项目基于完善的工程经验,实现艺术与工程学的完美结合,旨在塑造一种尽量接近自然的空间体验。

旅游厅组织的"穿越河南、豫见华夏"民宿发展调研,有机会现场参与当年河南省民宿工作推进会。在这些以不同身份参与的田野调研中,有机会完成对乡村旅游业利益相关者的深度访谈,受访者涉及投资方、管理者、艺术家、游客、乡村干部、留守儿童、打工者,所采集的信息为论文研究提供重要支撑。

3. 专家咨询与问卷调查相结合

在对艺术介入的投资、收效、渠道、路径等专业性高、实践性强的问题研究方面,采取专家咨询与问卷调查相结合的方法以收集权威资料。通过对途家民宿执行副总裁兼首席商务官李珍妮女士、开封市文化旅游投资集团副总经理、上海鑫嵘九点管理公司总经理许峰先生、上海交通大学安泰经济与管理学院旅游发展研究中心主任武邦涛教授、《民宿蓝皮书》①主编过聚荣教授、劲旅网主编陈杰先生、裸心谷设计师吕晓辉、吴兴区民宿协会副会长等人的面询访谈,深入了解艺术介入与乡村旅游业实际衔接中的诸多问题;在此基础上与本研究所设计的、指定由乡村民宿创始人或管理者填写的问卷调查结果相结合,为本书对实际问题的判断和理解提供支撑。

4. 案例研究与比较研究相结合

基于以上研究方法的扎实推进,研究获得大量的案例样本,形成资料丰富的研究素材库。写作过程中综合运用个案研究的具体成果,针对不同类型的案例展开比较,有利于从纷繁的现象中凝练出本质,总结艺术介入乡村旅游业的结构性经验。例如,在对不同阶段、不同地域的案例研究基础上,研究将艺术介入的动因加以归纳,并抽象出不同动因所偏好的介入方法与效用特征。此外,案例研究与比较研究相结合有利于以整体观的视野将归纳分析的成果加以逻辑推理,便于对关于艺术介入乡村旅游业分析模型的建构目标得以实现。

(二)研究思路

研究建立在对乡村旅游业提质升级中的艺术介入现状调研之上,遵循"现状分析—理论研究—实证研究—模型归纳"的逻辑思路展开,以乡村旅游业提质升级过程中的产品为中介,针对艺术介入赋能乡村旅游业提质升级的文化归

---

① 过聚荣:《中国旅游民宿发展报告(2019)》,北京:社会科学文献出版社,2020年。

因、经济逻辑、技术路径、评价展望等议题探赜索隐,具体研究思路如下:

全书正文部分首先从调研着手,综合运用多种调研方法了解我国乡村旅游业提质升级的宏观背景以及综合定位,提取和归纳产业现状中暴露出的主要问题,同时对艺术介入其中的动因加以分析总结。随后,在第二章和第三章中,以一种接近平行的逻辑关系,分别从文化和经济两个角度对艺术介入乡村旅游的价值实现、意义影响深入分析。文化和经济两个角度,分别对应了我国乡村旅游业提质升级所锚定的社会价值与经济价值,突出了社会主义文化产业的全面价值;同时,也论证了艺术介入乡村旅游发展的合理性与必要性。第四章从实践层面探讨艺术介入乡村旅游业的具体实践,作为对介入产业的艺术本体的分析单元,通过对艺术介入的传统方式与创新思路的双重分析,进而尝试用三个范式去归类艺术介入的技术类型,并总结三者之间不同的执行特征。最后,在完成以上论述的基础上,尝试对"乡村旅游业提质升级中的艺术介入"相关问题加以系统建构,提出评价分析的模型构架,以期对未来实践提供参考,并提出展望。(图1)

(三)主要创新点

第一,从宏观性、整体性视角探析乡村旅游业提质升级中的艺术介入实践,体现本研究的选题创新。在中国发展的历史背景中考量乡村旅游业的升级问题,绝不仅仅只是一个经济或产业的问题,而是具有更丰富的社会实践意涵。艺术介入是旅游产业升级中的常用方法,也符合新质生产力中所提倡的创新性特征,在整体观的视角下对其进行研究,实践中所创造与表现出的东方意蕴与中国审美就成为民族深层文化力量的延伸,乡村美学成为中华文化基因传承转化的载体。

第二,从乡村旅游业的现实问题与艺术发展内部需求的双重立场出发,体现研究的视角创新。研究注重案例选择的典型性,针对乡村旅游业提质升级中突出的工作重心,抓住"旅游产品"这一中介,兼顾旅游业发展与艺术创作本体的双方面价值与成长。

第三,从文化、经济以及技术路径三个角度系统构建艺术的价值实践,体现研究的内容创新。书中对艺术介入路径方法的分析,建立在艺术介入价值实现的多维分析之上,无论是文化和经济逻辑的内在关系,还是文化与经济因

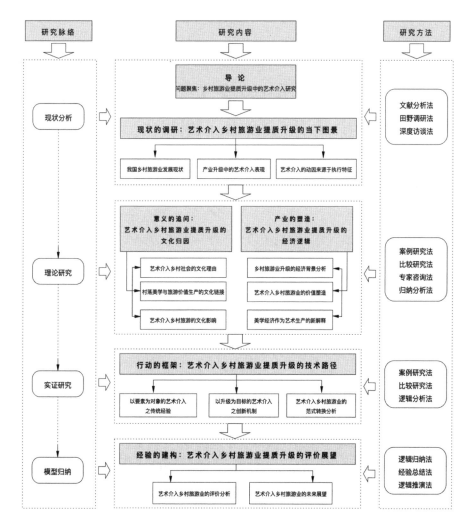

图 1　研究思路图

素对技术层面的影响,书中各章节内容之间,均存在着一条社会主义文化产业特殊性的潜在线索。

第四,从旅游地竞争力角度出发构建艺术介入效用的评价与分析思路,体现研究的结论创新。基于对乡村旅游业价值锚定与艺术介入的技术路径分析,进而结合乡村分类以及旅游目的地竞争力理论,提出艺术介入乡村旅游业的评价分析框架,并从社会消费文化变迁与艺术学科的角度,展望乡村旅游审美化的美育价值。

第一章　现状的调研:艺术介入乡村旅游业提质升级的当下图景

对社会事实的把握是社会科学研究的学术基础。① 将乡村旅游业提质升级中的艺术介入作为对象展开研究,首先建立在对我国乡村旅游业发展脉络的梳理、近年状况的把握之上。充分、深入的调研不仅从政策、效益、趋势等表象上呈现产业发展的现状图景,更通过对内在动因的剖析,展开对乡村旅游业提质升级中艺术介入实践的理解。

第一节　我国乡村旅游业发展现状

在我国,乡村旅游是旅游业的重要组成部分,尤其是近年来,乡村旅游被作为践行乡村振兴国家战略的重要途径,发展尤为快速。2016 年 12 月 7 日,国务院印发《"十三五"旅游业发展规划》,在规划的第三章第二节,"大力发展乡村旅游"被以独立条目的形式明确提出,为积极促进乡村旅游健康发展提供了重要的制度性资源保障。在细节上,规划倡导"实施乡村旅游创客行动计划,支持旅游志愿者、艺术和科技工作者驻村帮扶、创业就业",通过系列的路径和方法,发展乡村旅游,"使亿万农民通过乡村旅游受益"。② 2018 年全国两会期间,文化部、国家旅游局合并为"文化和旅游部",为我国旅游产业升

---

① ［美］克利福德·格尔茨:《地方知识——阐释人类学论文集》,北京:商务印书馆,2019年,第 2 页。

② 《国务院关于印发"十三五"旅游业发展规划的通知》,http://www.gov.cn/zhengce/content/2016-12/26/content_5152993.htm,2020-9-25。

级、文化与旅游融合发展形成有力引导,文化资源的产业要素作用显著提高。在乡村旅游发展的"一线"领域,2019 年 7 月,文化和旅游部联合国家发展改革委共同遴选出第一批全国乡村旅游重点村名录,320 个乡村收录其中;2020 年 7 月,第二批重点村名录发布,全国 680 个村落入选,成为国家部委有序推进《"十三五"旅游业发展规划》落实的证明。时间推移到 2021 年 8 月,文化和旅游部网站如期公布第三批全国乡村旅游重点村名录,并在此基础上增立第一批全国乡村旅游重点镇(乡),进一步验证了国家将乡村作为我国旅游业发展重要载体的思路。① 截至 2023 年 11 月,第五批全国乡村旅游重点村镇遴选推荐和全国乡村旅游重点村评选工作再次启动,相关工作的有序进行充分反映出乡村旅游发展的积极势头。

2020 年中央一号文件《关于抓好"三农"领域重点工作 确保如期实现全面小康的意见》中,将"三农"问题作为关系国家根本利益和中国共产党核心使命的战略任务,符合新中国成立以来党和国家领导人对农业、乡村问题的一贯关注。意见中所提"加大农村公共基础设施建设力度""提高农村供水保障水平""扎实搞好农村人居环境整治""改善乡村公共文化服务"的工作内容和"持续抓好农民增收""提升农民群众获得感、幸福感、安全感"的重点任务引导,使乡村旅游发展和"三农"工作形成强连接,乡村旅游成为乡村振兴工作的重要抓手。

2020 年 9 月 12 日,受文旅部高度重视的全国乡村旅游与民宿工作现场会在甘肃省兰州市榆中县召开,时任文化和旅游部党组书记、部长胡和平指出:"习近平总书记关于文化建设和旅游发展、乡村振兴战略、打好脱贫攻坚战等重要论述,是做好乡村旅游工作的根本遵循。"②这明确了旅游扶贫是助力脱贫攻坚的重要渠道。

2021 年 8 月底,文化和旅游部官网陆续发布了文旅部对十三届全国人大四次会议中相关建议的答复,如对 1296 号、3191 号、3304 号、3349 号、3638 号

---

① 《文化和旅游部 国家发展改革委 关于公布第三批全国乡村旅游重点村和第一批全国乡村旅游重点镇(乡)名单的通知》,http://zwgk.mct.gov.cn/zfxxgkml/zykf/202109/t20210902_927488.html,2021-11-8。

② 《全国乡村旅游与民宿工作现场会在甘肃省兰州市榆中县召开》,文化和旅游部政府门户网站,https://www.mct.gov.cn/whzx/whyw/202009/t20200912_875050.htm,2020-9-26。

等建议的复函中,回应问题的逻辑均体现出将乡村旅游发展问题与有效利用乡村自然和人文资源、促进农村三产融合、"三位一体"①等乡村发展的现实需求相结合的根本遵循。

2023年12月25日,文化和旅游部办公厅协同商务部办公厅,发布《关于部署开展2024年"游购乡村"系列活动的通知》,进一步发挥乡村旅游促进消费增长、助力乡村振兴的作用。②

在这样的宏观社会背景下,乡村旅游业的发展意义就绝不仅限于旅游业作为第三产业的单一产业价值提升,而是将其与乡村全面振兴战略紧密相连,成为解决"三农"问题、满足人民群众美好生活愿望的重要抓手。因此,近年来我国乡村旅游业发展总体向好,政策和资金配套情况虽各地细节有别,但总体上基本均处于产业发展、升级阶段。可以从政策、效益、趋势三个方面洞察乡村旅游业现状。

一、政策逐级推进

对任何产业而言,高质量发展均有赖于科学合理的政策体系与制度框架,积极的政策、制度引导是产业快速发展的基石。我国乡村旅游政策始于1989年的"中国农民旅游业协会"更名,"中国乡村旅游协会"随之成立。③ 30余年过去,我国乡村旅游的相关政策已逐渐形成了制度性资源的支持体系。国家、地方,各级政府相继出台诸多具体政策,回顾这类相关政策发展历程,大致可分为1989—2000年的政策依附阶段、2001—2005年的政策起步阶段以及2006年至今的政策细化阶段。在政策依附阶段,乡村旅游主要是以一种自发性模式展开,作为消费社会的新生事物,彼时的乡村旅游并没有具体的针对性政策,而是多以依附于其他行业政策的形式出现。在政策起步阶段,乡村旅游围绕"三农"问题展开的思路逐渐明确,原国家旅游局2001年出台《农业旅游

---

① "三位一体"指乡村生产、生活、生态一体化发展。

② 《文化和旅游部办公厅 商务部办公厅关于部署开展2024年"游购乡村"系列活动的通知》,文化和旅游部政府门户网站,https://zwgk.mct.gov.cn/zfxxgkml/zykf/202312/t20231227_950531.html,2024-3-25。

③ 马静、舒伯阳:《中国乡村旅游30年:政策取向、反思及优化》,《现代经济探讨》2020年第4期。

发展指导规范》,紧随其后于 2002 年又发布《全国农业旅游示范点、工业旅游示范点检查标准(试行)》,这两项政策的推出为农业旅游发展与示范点创建提供依据,有效促进了专业化、规范化和市场化的乡村旅游行业生成。同时,在这一阶段,2004 年国务院一号文件《关于促进农民增加收入若干政策的意见》提出了增加财政对农业、农村发展投入的要求,例如加强农业和农村基础设施建设、加快土地征用制度改革等具体要求;通过这类政策引导,在事实上实现了从资金投入、基础设施、土地利用等方面为农村发展第三产业创造条件,乡村旅游也迎来前所未有的发展契机。[1] 从 2006 年开始,与乡村旅游直接相关的政策开始密集出现,如此开启了乡村旅游政策的细化阶段。各种层级分明的政策在这一阶段陆续推出,通常是国家层面出台指导政策,地方政府跟随制定具有针对性的规范文件或标准,大量专项规划和政策也在这一阶段涌现。时至今日,乡村旅游发展的相关政策已逐步形成一套日渐完备的制度体系,涉及国家机关多个部门、不同层级,根据自身的施政领域共同建构起一套不断进化的乡村旅游制度性资源体系。(表 1)

表 1 中国乡村旅游政策各阶段标志性内容主题分类表[2]

发展阶段	政策依附阶段 (1989—2000)	政策起步阶段 (2001—2005)	政策细化阶段 (2006—2018)
标志性政策 (理念)	1989 年中国乡村旅游协会 1998 年华夏城乡游 1999 年生态旅游年	2001 年《农业旅游发展指导规范》 2002 年《全国农业旅游示范点、工业旅游示范点检查标准(试行)》 2003 年旅游厕所质量等级划分与评定 2004 年中央"一号文件"《关于促进农民增加收入若干政策的意见》 2005 年乡村旅游年	2006 年《关于促进农村旅游发展的指导意见》 2007 年《关于促进社会主义新农村建设与乡村旅游发展合作协议》 2018 年中央"一号文件"《中共中央、国务院关于切实加强农业基础建设进一步促进农业发展农民增收的若干意见》 2009 年《全国乡村旅游发展纲要(2019—2015 年)》

---

① 马静、舒伯阳:《中国乡村旅游 30 年:政策取向、反思及优化》,《现代经济探讨》2020 年第 4 期。

② 马静、舒伯阳:《中国乡村旅游 30 年:政策取向、反思及优化》,《现代经济探讨》2020 年第 4 期。

发展阶段	政策依附阶段 （1989—2000）	政策起步阶段 （2001—2005）	政策细化阶段 （2006—2018）
			2009年《国务院关于加快发展旅游业的意见》 2011年《中国农村扶贫开发纲要（2011—2020年）》 2012、2013、2015年中央"一号文件" 2014年《关于促进旅游业改革发展的若干意见》 2015年《关于支持旅游业发展用地的意见》 2016年《全国乡村旅游扶贫工程行动方案》 2016年《国务院办公厅关于推进农村一二三产业融合发展的指导意见》 2017年《促进乡村旅游发展提质升级行动方案(2017年)》 2018年《促进乡村旅游发展提质升级行动方案(2018—2020年)》 2018年《关于促进乡村旅游可持续发展的指导意见》
内容主题	无针对乡村旅游的专项政策,其政策内容和对象均是依附于其他行业的相关政策	政策内容主要是围绕"三农"问题中的"农业旅游"和"乡村风情"	与乡村旅游直接相关的政策开始密集出现,政策层级分明;政策内容围绕农业供给侧结构性改革、农村三产融合、脱贫攻坚、乡村旅游提质升级等

通过梳理近年来的政策表现可以归纳,乡村旅游相关政策的发布与实施正呈现出更加明确的层次性与联合性特征。

所谓层次性的明确,是指政策的发文主体层次分明、不同层次主体的参与也决定了政策的强度有所差别。在乡村旅游发展政策体系中,既包括了发展较早的标准、规范类文本,如21世纪初的《农业旅游发展指导规范》《全国农业旅游示范点检查标准》;也包含了指导性的纲要、意见类文件,如对本轮产业升级影响较大的《关于促进乡村旅游可持续发展的指导意见》《促进乡村旅游发展提质升级行动方案》;还产生了一些与国家立法相联系的政策内容,如

2021 年以来,文化和旅游部积极推动的将支持乡村旅游发展、乡村旅游重点村镇建设写入《中华人民共和国乡村振兴促进法》,从立法层面探讨乡村旅游的相关问题体现了国家为保障和推动乡村旅游发展所付诸的决心,也证实了相关政策发文主体的层级高度。伴随着这种宏观政策发文主体上延,与微观政策不断细化、发文主体不断下沉的双重趋势,乡村旅游政策的颁布与实施呈现出层次上的丰富性。

所谓联合性,亦是指向发文主体方面,随着乡村旅游实践行动的不断落实,其与社会生活所交织的广度与深度愈发显现,政策主体的联合性,可理解为是对这一现实的回应。乡村旅游业的发展价值绝不等同于一般经济行业、产业部门,而是综合着更多的价值元素;乡村旅游在中国语境中被强调,自初就与"三农"问题、环境问题、传统文化等诸多问题相关,与广大乡村人口的日常生活彼此嵌套。因此,当"乡村"本底的多元与"旅游"产业的庞杂交织,我国乡村旅游业发展的这 20 余年时间里,经历了太多单一部门难以解决的现实困境;那么,近年来发文主体所呈现出的联合性特征就是对乡村旅游业这种复杂性系统的因应。如 2017 年的《促进乡村旅游发展提质升级行动方案(2017年)》就是由国家发展和改革委员会联合 13 个部门出台;紧接其后的 2018年,文化和旅游部更是联合了 17 个部门共同发布《关于促进乡村旅游可持续发展的指导意见》,具体涉及文化和旅游部、国家发展改革委、工业和信息化部、财政部、人力资源社会保障部、自然资源部、生态环境部、住房城乡建设部、交通运输部、农业农村部、国家卫生健康委、中国人民银行、国家体育总局、中国银行保险监督管理委员会、国家林业和草原局、国家文物局,以及国务院扶贫办,从中可见乡村旅游可持续发展所需协调的部门之多,也暗示出乡村旅游发展的牵涉之广。

回望 2006 年以来的乡村旅游政策发展,所谓"细化阶段"实际也是相关政策不断完善的进路概括,尤其是 2009 年的《全国旅游发展纲要(2009—2015)》与精准扶贫、乡村振兴战略的匹配与结合,促使乡村旅游成为扩大城乡消费、增加农民收入和乡村产业振兴的重要途径,产业实践的增加带来产业政策文件数量的急速增长。大量基于产业现实的专项政策纷纷出台,建构出逐渐丰富的、务实的中国乡村旅游政策体系。

以在旅游业中占比较重的居住专项为例,各种细化政策在这一阶段呈体系性集中出现。中国民宿预订平台头部企业"途家"(途家网)于 2020 年 9 月发布《民宿政策简况》,对近年来,尤其是 2018—2020 年间"民宿"这一细分领域的相关政策进行了梳理。由于乡村旅游"居住"要素的载体形式绝大多数是以民宿体现,因此,对民宿政策的梳理有助于对乡村旅游、至少是占较大比重的"居住"要素政策加以理解。《简况》归纳:国家层面政策导向总体趋好;民宿管理规范主要集中在乡村民宿领域,各地关于乡村民宿的政策逐步趋于成熟,扶持政策充分、发展空间较大。(表 2)在细分行业的具体政策中,也会出现具有界定价值的文件,如 2014 年 1 月 23 日,浙江省德清县发布《德清县民宿管理办法(试行)》,成为全国首个民宿管理办法,这与德清县乡村民宿发展的历史积淀不无关系,域内的莫干山民宿集群汇聚了一批国内民宿头部品牌,如裸心谷、法国山居、西坡、大乐之野等,均是创下业界声名的现象级品牌。乡村民宿成为当前国内乡村旅游发展的重要载体,这与乡村旅游业的短途特征、对消费能力的依赖性、消费者消费倾向以及生活方式偏好等因素均有联系,江浙沪地区能够发展出中国民宿的行业高地,正是这些因素综合作用的结果。

表 2　国家层面直接涉及民宿的 10 个法规或文件

国家层面直接涉及民宿的 10 个法规或文件			
时间	部门	文件	内容
2015 年 11 月	国务院	国务院办公厅关于加快发展生活性服务业促进消费结构升级的指导意见	首次点名积极发展客栈民宿
2016 年 1 月	国务院	中共中央、国务院关于落实发展新理念加快农业现代化实现全面小康目标的若干意见	明确指出有规划地开发特色民宿
2016 年 2 月	发改委、中宣部、科技部等 10 部门	关于促进绿色消费的指导意见	支持发展共享经济,有序发展民宿出租
2017 年 2 月	住建部、公安部、旅游局	农家乐(民宿)建筑防火导则(试行)	不纳入开业前消防安全检查范围
2017 年 8 月	国家旅游局	旅游民宿基本要求与评价	民宿经营者必须依法取得当地政府要求的相关证明

续表

国家层面直接涉及民宿的 10 个法规或文件			
时间	部门	文件	内容
2018 年 1 月	国务院	中共中央、国务院关于实施乡村振兴战略的意见	建设一批设施完备、功能多样的乡村民宿
2019 年 7 月	文旅部	旅游民宿基本要求与评价	应符合治安、消防、卫生、环境保护、安全等有关规定与要求
2019 年 8 月	国务院	国务院办公厅关于促进平台经济规范健康发展的指导意见	指导督促旅游民宿领域的政策落实
2020 年 7 月	发改委等 13 部委	关于支持新业态新模式健康发展激活消费市场带动扩大就业的意见	鼓励共享住宿发展
2020 年 8 月	文旅部	在线旅游经营服务管理暂行规定	要求对平台内经营者信息进行真实性核验、定期核验更新

表格来源:途家网简报。

　　资源类政策也是乡村旅游政策细化的重要代表,以土地资源领域为例,文化和旅游项目的行业特性决定了土地供给作为项目落地的必要前提,直接决定了项目开发周期、开发成本、业主投资态度,从而对项目的可持续性产生较大影响。在土地供给政策领域,传统的"块状供地"形式在乡村旅游项目中表现出较大的不适应性,严重制约着乡村旅游项目落地发展。2018 年年初,海南省出台《关于进一步加强土地宏观调控提升土地利用效益的意见》,"积极探索百镇千村、共享农庄以及其他旅游项目设施建设中,主体项目周边用地保持原貌的情况下,采取分散化块、点状分布的方式'点状供地',进一步提升土地利用的精细化、精准化、集约化程度。"①紧跟其后,同年 6 月 30 日,浙江省人民政府办公厅发布《关于做好低丘缓坡开发利用推进生态"坡地村镇"建设的若干意见》,提出"实行点状布局、垂直开发",明确指出"对充分依托山林自然风景资源、进行生态(农业)旅游、休闲度假等项目开发的区块,可以实行点

---

① 《海南省人民政府关于进一步加强土地宏观调控提升土地利用效益的意见》,http://www.hainan.gov.cn/hainan/szfwj/201801/22eab524fad940e294ce9655c9b95f62.shtml,2020-9-27。

状布局多个地块组合开发"。① 之后,广东省、吉林省、安徽省、重庆市、四川省先后出台相关政策支持"点状供地",即在大片土地上散状或带状供地(建筑用地),其他土地可以通过租赁方式获得。土地问题的解决,使得相关省份的乡村旅游进入资本介入的快速规模化发展阶段。

综上,乡村旅游政策的演进对应着乡村旅游发展的产业进程,乡村旅游所具有的空间广泛性和功能综合性共同决定了政策供给的层次性与联合性。如今,我国乡村旅游政策体系已基本构建,展望"十四五"乡村旅游政策供给,在与国家重大战略及经济社会发展紧密衔接的大前提下,乡村旅游政策也体现出相应的变化。例如,从政策目标来看,传统的单一产业发展式正转向与乡村振兴、生态文明等宏观战略的全面衔接;从政策内容看,对产业要素配置的聚焦被拓展为对更广大意义上社会生态环境建设的关注;在政策工具方面,环境型为主的策略也转向以环境型与需求型相结合的思路。② 政策的调整必然作用于转型升级中的乡村旅游业,那么介入其中的艺术难道会不受影响吗? 当然不是,以上三方面恰好对应着乡村旅游业提质升级中艺术介入所面临的产业与社会背景、载体与对象,以及策略和导向。

二、效益着眼多元

利好的政策是产业发展的催化剂,当乡村旅游与乡村振兴、"三农"问题形成强链接,大量政策支持和舆论导向吸引资本入场,尤其在供地方面的政策创新落实之后,乡村旅游业迅速获得规模性发展;其红利一方面来自乡村旅游业规模扩大与产值增加带来的经济效益,更重要的方面在于旅游业发展背后的农村环境治理、人居环境改善、交通路网通达等基础设施建设完善所带来的社会效益。

---

① 《浙江省人民政府办公厅关于做好低丘缓坡开发利用推进生态"坡地村镇"建设的若干意见》,http://www.zj.gov.cn/art/2018/7/10/art_32432_297649.html,2020-9-27。
② 姚旻、赵爱梅、宁志中:《中国乡村旅游政策:基本特征、热点演变与"十四五"展望》,《中国农村经济》2021 年第 5 期。

表3 "十三五"期间旅游业发展主要指标

"十三五"期间旅游业发展主要指标			
指标	2015年实际数	2020年规划数	年均增速(%)
国内旅游人数(亿人次)	40	64	9.86
入境旅游人数(亿人次)	1.34	1.50	2.28
出境旅游人数(亿人次)	1.17	1.50	5.09
旅游业总收入(万亿元)	4.13	7.00	11.18
旅游投资规模(万亿元)	1.01	2.00	14.65
旅游业综合贡献度(%)	10.8	12.00	—

表格来源:《中华人民共和国"十三五"旅游业发展规划》。

表4 2016—2020年我国旅游业部分情况数据①

时间: 最近5年 ▼

指标 ⇕	2020年 ⇕	2019年 ⇕	2018年 ⇕	2017年 ⇕	2016年 ⇕
● 国内游客(百万人次)	2879	6006	5539	5001	4435
● 城镇居民国内游客(百万人次)	2065	4471	4119	3677	3195
● 农村居民国内游客(百万人次)	814	1535	1420	1324	1240
国内旅游总花费(亿元)	22286.3	57250.9	51278.3	45660.8	39389.8
城镇居民国内旅游总花费(亿元)	17966.5	47509.0	42590.0	37673.0	32241.9
农村居民国内旅游总花费(亿元)	4319.8	9741.9	8688.3	7987.7	7147.9
国内旅游人均花费(元)	774.1	953.3	925.8	913.0	888.2
● 城镇居民国内旅游人均花费(元)	870.3	1062.6	1034.0	1024.6	1009.1
● 农村居民国内旅游人均花费(元)	530.5	634.6	611.9	603.3	576.4
● 国内居民出境人数(万人次)		16920.54	16199.34	14272.74	13513.00
● 国内游客(万人次)	287900.00	600600.00	553900.00	500100.00	443500.00
国内旅游总花费(亿元)	22286.30	57250.92	51278.29	45660.80	39389.80

　　旅游业所具有的综合性特点以及乡村旅游在我国乡村振兴与生态文明建设中的重要担当决定了对乡村旅游的效益评价也应当是多维度的。因此,在看待表3与表4所提供的数据时,也需具有全局性眼光。表3和表4分别是摘自《中华人民共和国"十三五"旅游业发展规划》中的"'十三五'期间旅游

---

　　① 国家统计局:《国家数据查询》,https://data.stats.gov.cn/adv.htm? m = advquery&cn = C01,2021-11-20。

业发展主要指标"以及 2021 年 11 月登录国家统计局网站检索到的近五年旅游业相关数据。这两组数据一方面代表了旅游业发展的整体增势与正面预期,另一方面也显示出 2020 年数据的剧烈下滑;但结合全球新冠疫情的客观情况加以分析,却可以解读出乡村旅游的特殊机遇。表 4 中各项指标在 2016—2019 年区间均稳步上涨,2020 年数据明确受疫情影响,但值得注意到的是"国内居民出境人数(万人次)"由上年度 16920.54 骤降为未达显示度,反而凸显了境内旅游的贡献值,加之近年来乡村旅游被作为旅游业扩大供给的重要渠道以及疫情期间旅游消费呈短途游、近郊游的倾向,恰恰证明了乡村旅游业在疫情这一特殊境况下孕育的机遇与生机。

借鉴旅游学中代表性的巴特勒"旅游的生命周期(TALC)模型"(Butler,1980),以"发展"的眼光观察乡村旅游项目也有助于获得较为全面的评价视野。例如,将乡村旅游的发展评价从三个层面着手考量:第一个层面是将乡村旅游业作为一种经济增长的过程,评价与衡量的标准便会聚焦于产品和财富增长以及就业的增加。第二个层面则将乡村旅游业的发展作为一种社会经济的转变过程,关注的是经济增长带动地域间关系的改变以及社会经济团体之间的关系变化,生产和消费模式的转变成为观察的焦点。第三个层面则将旅游视为一种任何生产区域的空间重组过程,认为旅游发展可以将原本闲置或利用率不高的资源加以利用,进而成为社会经济转型的有形结果。①

根据巴特勒 TALC 模型引导分析当前我国乡村旅游业发展的现实情况,亦偏于一种综合、正面的倾向。乡村旅游业评价中经济效益与社会效益之间的非一致性为行业发展的整体效益观察带来张力。实地调研中不乏一些引发思考的现象,近年来我国乡村旅游增量发展的重地常体现出一些共性:大多数具有自然风景优美、乡风民俗淳厚的特点。然而换个角度理解,这些区域之所以能够在工业化与城镇化建设多年后仍能够保持洁净的自然和纯净的民风,很大原因是在工业发展效率优先的逻辑下它们难以取得比较优势,如区位因素所造成的物流成本高昂、对外交流欠发达等现实情况均

---

① [英]斯蒂芬·威廉斯、[美]刘德龄:《旅游地理学:地域、空间和体验的批判性解读》,北京:商务印书馆,2018 年,第 35—86 页。

成为发展限制。作为大多数贫困村的聚集地,山区便成为非常典型、易于理解的案例,但就乡村旅游业而言,山区却在一系列政策引领下有了劣势转变为优势的可能。浙江省湖州市在旅游发展带动区域村镇经济社会转型方面做出了积极探索。

以湖州市政府数据作为案例分析的起点,湖州市统计局 2008 年 6 月 17日在市政府网站发布《加快欠发达村经济发展　推进农村全面小康建设》,公布该市内百个欠发达村在县区的分布情况(表5)①,将分布情况比对湖州市地形图(图2)②便可发现,这些欠发达村多数位于山地丘陵地带,网站中发布的《对全市百个欠发达村的追踪调查分析》中,将这些地区经济发展的制约因素归纳为六点,为首一点是"受自然资源禀赋的制约,发展缺乏先决条件"。报告指出,这些欠发达村大多位于交通不便的山区与半山区,距离县城和经济中心普遍较远,常年面临农业产出不足、工业发展既缺技术又缺资金的困局,但最关键的还是缺乏区位优势,从而长期无法与外界竞争。③

表5　湖州市百个欠发达村在县区的分布

百个欠发达村在县区的分布					
	吴兴区	南浔区	德清县	长兴县	安吉县
2003 年	11		2	43	44
2002 年	13	2	4	32	49

表格来源:湖州市人民政府网站。

2005 年 8 月 15 日,习近平同志在湖州市安吉县余村调研时,针对当地关停矿山,发展生态旅游、借景生财的做法,首次提出"两山"理论("绿水青山就是金山银山"),形成了生态环境和特色经济齐头并进的经济发展理论,也引领了山区发展生态旅游的趋势,随后叠加一系列扶持政策,尤其是前文述及之

---

①　湖州市统计局:《加快欠发达村经济发展　推进农村全面小康建设》,http://tjj.huzhou.gov.cn/hzgov/front/s29/xxgk/tjxx/tjsj/20080617/i269238.html,2020-9-28。

②　中国国家地理编委会:《湖州》,北京:中国地图出版社,2017 年,第 3 页。

③　湖州市统计局:《加快欠发达村经济发展　推进农村全面小康建设》,http://tjj.huzhou.gov.cn/hzgov/front/s29/xxgk/tjxx/tjsj/20080617/i269238.html,2020-9-28。

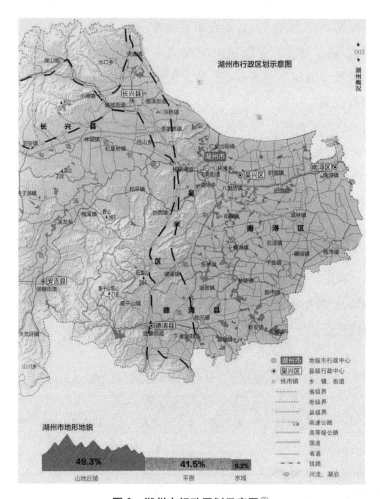

图 2　湖州市行政区划示意图①

"点状供地"政策解决了根本制约农村旅游发展的用地问题之后,资本开始大量介入,从而明显推进了乡村旅游业的规模化发展,形成一批乡村旅游业发展生力军。

2019 年 8 月 11 日,浙江日报发布湖州市农业农村局信息,仅 2019 年,该市42 个"集体经济 30 万元以下的欠发达村"摘帽,案例介绍如"部分地区组织各村通过股份合作的模式,参与优质资源、项目的开发,如长兴县八都岕五个村成立了'经济合作社联合总社',实施了观光小火车、银杏谷漂流等项目,其中'观光

---

① 中国国家地理编委会:《湖州》,北京:中国地图出版社,2017 年,第 3 页。

小火车'项目自 2018 年投入运营以来,经营性收入已达 100 余万元。"①再如表 4 中的湖州市吴兴区通过旅游业的"全域模式"发展,2019 年实现全区旅游总收入 253 亿元,所有贫困村"摘帽",一度因为采石业没落而陷入低谷的妙西镇,培育了如慧心谷绿奢度假村、长颈鹿庄园、原乡小镇等一批优秀旅游产品,获评浙江省旅游风情小镇,实现了对区域经济的赋能②。

如果说整村脱贫是乡村旅游发展经济效益的验证,那么还应看到旅游业发展背后更多维度的整体效益提升。将旅游作为产业,当作助力乡村振兴的抓手,其意义也不仅仅落实在产业层面。党的十九大提出乡村振兴的二十字方针,"产业兴旺"为首但又绝不是唯一目标,产业在执行过程中实际是作为一种手段,使乡村人民获得可持续的生活质量提升;二十字方针中的"生态宜居、乡风文明、治理有效、生活富裕"都是乡村工作评价的重要维度。湖州的经验告诉人们,从"靠山吃饭"(采石业)到"靠景吃饭"(旅游业),转变的不仅是支柱产业的更迭,更是生存环境和生活质量的革新。"生态宜居"与"两山理论"两相辉映,自然环境是乡村社会可持续性发展的重要基础,费孝通先生在分析我国农民收入方式时提出"多元性"特征,对农村而言,自然生态的多样性恰也是产业多元性与收入多元性的一种保证。

由于旅游业的行业属性与特征,以及当下国内由政府牵头、扶持发展的产业现状等因素,以乡村旅游作为乡村振兴抓手的认识比较普遍;在这种情况下,乡村旅游自身虽自成体系,又有自己独立的产业逻辑与产业链特征,但在实际操作过程中,其对一、二、三产业融合的作用往往受到关注,也形成了行业发展的重要指引方向。2016 年,国务院办公厅印发《关于推进农村一二三产业融合发展的指导意见》,将农村三产融合上升为国家战略,2018 年国家旅游局和文化部合并;近年来乡村旅游在此二者叠加的效应下对产业的引导性和文化性尤其重视,农产品一产生产和二产加工的传统形式在新理念的引导下,

---

① 浙江日报:《强村模式加政策撑腰 近年湖州已有 42 个欠发达村"摘帽"》,https://bai-jiahao.baidu.com/s? id = 1641522731031383221&wfr = spider&for = pc,2020-9-28。

② 吴兴区人民政府:《2019 年国民经济和社会发展计划执行情况》,http://www.wuxing.gov.cn/col/col1229210810/index.html,2020-9-29。

转变为生产、加工之间的文化过程、社会过程以及经济过程相融合的综合过程。乡村旅游业在政府激励的发展过程中,时常承担起"媒介"或"平台"的作用,催化出超出经济价值的社会价值,因此也不难理解当下乡村旅游业发展中对社会效益的看重。仍以山区为例,一方面,就旅游业发展的历史与现状来看,山区一直是乡村旅游的发展重地;另一方面,山区的综合资源特征决定了其案例的典型性价值:相比平原地区,山区天然不具备发展大农业与工业的优势,旅游业的发展则是遵循将劣势转化为优势的初心与发愿。首先,山区发展乡村旅游遵循生态效益,森林生态系统与农业生态系统在这一特定领域产生复杂交织,孕育出的生物多样性交叠着山区富有变化的时空、季节等具体因素,从而产出各种各样的自然产品、生活方式,涵养着多元的文化生态。由此形成的地域特征或文化特质通过策略性转化,努力形成乡村旅游发展的特有文化资源。

综上,乡村旅游业发展的效益问题,是经济、生态、社会等多维因素复杂作用、互为影响的过程;因此,对其效益的判断自然也不能建立在单因决定论的思考逻辑之上。无论是从政策导向还是从产业规划来看,乡村旅游业发展明确处于扩张,而不是收缩的阶段,这可作为对乡村旅游业效益认可的积极说明。但对于乡村旅游业效益的考查也不能仅从基本面作下论断,尤其是在产业的总体趋势与企业的个体存亡之间存在着愈发紧张的对比关系的情况下。如果说在宏观层面上对乡村旅游业的效益与发展作出积极判断是正确的,但也不能据此而忽视微观层面上具体项目、企业在经营中所面临的重重危机。这是因为,宏观层面的判断往往将乡村旅游业发展的社会效益、综合效益最大化地考量,而微观层面的产业经营者却现实面临着一些现实问题。

因此,得出的结论是:关于乡村旅游业发展现状的效益判断,应具有综合的眼光。宏观上,由于生态文明建设战略的实施以及乡村资源内部可交易性的国家发展需求,乡村旅游业的整体效益积极向上。然而微观上,行业的微观主体却面临着极为现实的经济压力;A股市场上,旅游业的实力企业如"中青旅""岭南控股"等,2021年1月初至11月底的业绩表现分别是-5.1%和-11.3%,"财经十一人"完成的行业调研更是将2021年旅游业收缩率锚定在

84%的惊人高位。[①] 但与此同时,许多乡村旅游企业在经历了经验积累、效率增加的行业成熟过程之后,又确实表现出可以为之期待的效益潜力。那么,对于乡村旅游业发展现状的效益判断是否就一定是无法明确的呢? 也不是。从本研究调研的诸多案例看来,较为典型的情况是,乡村旅游业项目的启动将会对所在区域产生综合性影响,与之相关的,将不仅仅是经济效益问题,还关乎社会文化、地方认同以及生活方式层面的系统变化(图3)。

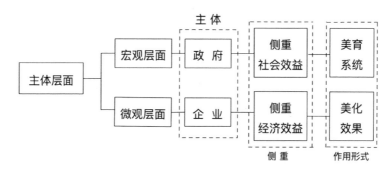

图3 乡村旅游业效益评价路径示意

三、趋势总体向好

行业预期往往建立在现有状况和未来条件的综合基础之上,那么,我们对乡村旅游业发展趋势的预判,也就不可避免在后疫情的影响与消费理性化叠加的徘徊之上,以及与国家生态文明建设战略转型的确定性之间迂回前行。一方面,2020年猝不及防地为世界开启了一段特殊的经历,新冠疫情席卷全球,为各地产业经济带来巨大冲击。

乡村旅游业向好发展的趋势主要基于以下原因:首先,人民群众对美好生活的向往,以及由此引发的对旅游消费的需求,是旅游业发展向好的客观基础。其次,全球经济发展态势等客观因素,是国内乡村旅游业逆势而上的现实条件。最后,相关职能部门的针对性政策是乡村旅游快速增长的重要引导与政策保障。2020年9月,文化和旅游部2020年第三季度例行新闻发布会上

---

① 财经十一人:《2021十大收缩行业》,https://baijiahao.baidu.com/s? id=17182895819803 24220&wfr=spider&for=pc,2021-12-15。

将"推动乡村旅游复苏发展"作为季度工作总结的重要方面。国务院联防联控机制和相关部门印发文件,将乡村旅游作为率先开放和重点恢复的领域,文化和旅游部印发了《关于统筹做好乡村旅游常态化疫情防控和加快市场复苏有关工作的通知》,出台对接政策服务、加快基建进度、推出新产品新线路等八条措施,积极引导地方加快乡村旅游恢复振兴。同时,文化和旅游部积极探索金融层面的扶持路径,例如与中国农业银行深度合作,加大金融支持乡村旅游的力度。比如前文提到的 1000 个"全国乡村旅游重点村",截至 2020 年 9 月共获得中国农业银行贷款 150 亿元,并特别指出针对"三州三区"地区投放的旅游贷款 2020 年内达到 34.3 亿元①。2023 年 7 月,文化和旅游部联合中国银行出台"支持乡村旅游高质量发展金融政策",从"加大信贷投放""推进产品创新""开展综合服务"等方面,加大对乡村旅游高质量发展的金融支持。②

以上引导主要针对乡村旅游市场的供给端方面,而推进工作亦要涉及市场的需求端。举例如,2020 年 9 月底文化和旅游部官网在主页面中以醒目的浮窗形式推介"全国乡村旅游 300 条精品线路",按地区对各省份、直辖市乡村旅游线路进行针对性推荐,如江苏地区推出十条乡村旅游精品线路,以主题、地区、天数命名(表6),线路信息的易得性强、指向性明确,推介页面的信息可视化亦处理得风格友好。鉴于线路发布的具体时间(9 月 22 日),推动中秋、国庆双节假期乡村旅游市场的意图明确,凸显出从需求端促进的方案的落地性特征;紧随其后,各地纷纷落实相应活动,仍以江苏为例,9 月 26 日江苏省启动第十一届乡村旅游节活动,江苏省农业农村厅、省广播电视总台(集团)现场联合签署《江苏省乡村农文旅产业融合发展战略合作协议》,区域性乡村文旅业推进方案是地方旅游产业发展重要且具体的保障。

---

① 《文化和旅游部 2020 年第三季度例行新闻发布会》,https://www.mct.gov.cn/vipchat/home/site/2/321/,2020-10-6。

② 《文化和旅游部联合中国银行出台支持乡村旅游高质量发展金融政策》,文化和旅游部政府门户网站,https://zwgk.mct.gov.cn/zfxxgkml/zcfg/zcjd/202307/t20230717_945978.html,2024-3-25。

表 6 江苏省内乡村旅游精品线路推荐

江苏省内乡村旅游精品线路推荐	
线路一	"醉美山野"常州李阳休闲 3 日游
线路二	"一江春水两岸景"南通常熟休闲 4 日游
线路三	"水城慢生活湿地仙鹤"泰州盐城 3 日游
线路四	"乐游宜兴"宜兴生态 3 日游
线路五	南京市江宁区最美乡村十七公里一日游
线路六	和我在小镇的街头走一走(苏州张家港永联村专线 2 日游)
线路七	江南水乡甪直休闲之旅一日游
线路八	镇江市福地养生一日游
线路九	徐州黄河故道乡村田园风情二日游
线路十	仙都金坛,品味山水二日游

信息来源:文化和旅游部网站。

除了基于上述直接作用于乡村旅游市场供需两侧的行业原因,国家层面的战略部署及宏观政策也成为乡村旅游业正面发展的重要因素。通过民意征集审议后的《乡村振兴促进法(草案)》明确提出国家支持乡村旅游和乡村旅游重点村建设,也进一步加强了各地发展乡村旅游的信心和动力。

2021 年 3 月,十三届人大四次会议通过的《国民经济和社会发展第十四个五年规划和 2035 年远景目标纲要》是引领我国社会主义现代化国家迈向新征程、开启第二个百年奋斗目标的重要决策;其中涉及旅游的相关表述达三十余处,是历次国家五年规划中对"旅游"部署最多的一次。这一方面体现出党中央、国务院对旅游工作的高度重视;另一方面也是对旅游产业的发展释放出正面信号。随后,文化和旅游部编制印发了《"十四五"文化和旅游发展规划》,更是为我国今后一段时间的文化旅游发展描绘了更为细致的蓝图。在新的规划中,旅游业发展以高质量发展为主题,以深化旅游供给侧结构性改革为主线,对乡村旅游的发展要求便呈现为"乡村旅游精品建设",乡村旅游的精进也被纳入乡村行动计划。

由此可见,在乡村旅游发展的宏观格局上,鼓励与期待交织成行业向上推动的总体势能;但无奈于上节内容("效益")中所述的微观企业所面临的现实问题,乡村旅游业的趋势预判也需辩证而为。

因此,在搜集关于乡村旅游业发展趋势的佐证材料时,会听到两种并不重合的声音:一方面是来自管理部门在宏观层面的积极发愿与推进举措,另一方面是来自一线从业者发自内心的焦虑与压力。在访谈浙江省湖州市 2021 年乡村酒店奖得主"甘舍度假村"时,总经理胡敏君先生并没有许多获奖感言,一句"活下去"令人百感交集,其中既凝结了当代知识青年、学者团队投入乡村建设的情怀与抱负、对乡村旅游行业的执着情感,也包含了挥不去的企业生存的现实压力。

也正由于这种诸多因素复杂交织的现实情况,反倒更加确定了乡村旅游业继续发展对艺术介入的需求。对产业实践而言,客源骤减却加剧了业内竞争的形成,买方市场的特征就体现为对乡村旅游消费的体验感、价值感等均提出了更为苛刻的要求;乡村旅游项目中所包含的空间审美、品牌形象、文创周边、内容体验等重要环节均依赖艺术介入的专业赋能。从这个角度讲,艺术介入通过提高旅游要素的审美性和愉悦性,或者简单说通过优化了乡村旅游的产品及其体验,从而实现了获客的优势。对于宏观导向而言,乡村旅游业发展所搭载的文化强国建设、传统文化弘扬、文化自信塑造的社会价值期待也需要依赖艺术介入在凝练文化符号、传播精神内容、影响审美感知的专业效能从而加以实现。因此,也可以归纳,在乡村旅游业高质量发展的前进方向上,对其中艺术介入的要求和关注度也将更加精深。

同时,从观察与研究角度,伴随产业实践的持续推进,与日俱增的项目落地也孕育了对乡村旅游发展热潮的反思,如世间万物,很难找到某件只是有利而未存弊;既然乡村旅游业发展关系到乡村全面振兴的国家战略,那么在高速发展过程中进行及时观察、研究,对可能出现的问题作出积极应对,就显得尤为必要。

第二节　产业升级中的艺术介入表现

艺术介入之于乡村旅游业发展的影响,伴随着产业升级的进展而愈加体现。乡村旅游业提质升级的最大表征在于文旅融合过程中文化要素在产业中的作用不断增强,例如旅游空间从"消费空间"向"空间消费"的转变,"景点消费"向"内容消费"的变化等,这些变化还蕴藏着一个共同的特征即是有意识地延长旅游产业链、有意识地增强文化旅游业的"产业文化化"属性等。在这个逻辑中,"文化"是贯通和延长产业链的线索,"艺术介入"则常常是将"文化"转变为可交易产品的实现手段。

从 2016 年国务院印发《"十三五"旅游业发展规划》提出"大力发展乡村旅游",到 2017 年党的十九大报告明确乡村振兴国家战略,再到 2020 年习近平总书记提出将旅游扶贫作为助力脱贫攻坚的重要渠道,进而到 2021 年中央宣传部正式印发《中华优秀传统文化传承发展工程"十四五"重点项目规划》中重点项目与文化旅游的叠加契机,乡村旅游业的发展迎来历史性机遇,这一利好在 2023 年 7 月中共中央办公厅、国务院办公厅印发的《关于实施中华优秀传统文化传承发展工程的意见》中再次得到强化。其形式也由传统的"农家乐""采摘游"等传统观光性质的游览逐步升级为注重沉浸式、体验感的休闲度假游形式,业界常用"1.0""4.0"等符号性语言来指意乡村旅游发展的特定阶段,这些代码迭换的背后,核心是对乡村旅游资源理解能力和利用水平的变化,艺术介入在这一过程中的实践进路是这种理解和利用水平的现实写照。

如前文所述,乡村旅游的快速发展有赖于政策的规划与支持,但更重要的是相关旅游产品本身以及围绕着产品而产生的服务、管理等一整套体系能够适应市场需求。乡村旅游业发展的过程恰也是旅游产品升级的过程,包括对在地旅游资源"乡村性""审美化"地利用,以及资源转化能力不断迭代的过程。艺术介入凭借其广泛的参与性活跃在产业运营的"第一现场",成为乡村旅游业提质升级实务中的常用手段。基于这样一条"务实"地看待问题的线索,对乡村旅游业提质升级中的问题聚焦,即是对艺术介入现状加以归纳的合理通道。

一、产业痛点与艺术介入的实践目标

艺术介入乡村旅游业的产业升级行动,具有明确的目的性,即是通过艺术的手段与方法,参与解决产业中面临的现实问题,赋能产业升级发展。遵循这个逻辑,乡村旅游业提质升级过程中的产业痛点就与艺术介入的目标与效用产生强关联。

(一)视觉同质化与艺术的表达多样性

"重复与雷同"是本研究关于乡村旅游业的调研中所反映出的最明显痛点,无论是对从业者即旅游项目的经营者来说,还是询问走入乡间的那些游客,对于这种判断一定不算陌生。伴随乡村旅游消费的普及,大众走进乡间的机会越来越多,某种感受逐渐形成共性:越来越多的乡村开始发展旅游,但这些村子看多了,却仿佛见到了"俄罗斯套娃"。这该如何理解呢? 投入旅游发展的村落越来越多,看起来愈发丰富,但游客走走停停,却可能觉得第二个与第一个些许相似,第三个和第二个亦是似曾相识……如此继续,像极了那层层叠套却难有惊喜的俄罗斯套娃。多方评论也都呈现相似判断:无论是政府工作报告对属地经验的总结,还是学术论文的案例分析,又或者是行业论坛的发言讨论,但凡述及乡村旅游业发展的困扰、痛点几乎必提"同质化"问题,具体又涉及"形式"和"内容"等不同维度的重复与雷同。"形式"方面的雷同,如建筑风格、装饰效果、视觉传达甚至周边产品设计,其视觉层面的创意容易陷入"乡土"的限制,从而表现为相似视觉符号的重复使用,最终造成效果雷同。"内容"方面的同质化主要是乡村文脉的叙事逻辑过于统一,从而派生出的"故事"趋同、体验项目趋同。

造成此类问题的原因主要涉及三个方面:首先,由于乡村旅游本身的范畴界定,决定其文化旅游资源具有先天的共性。乡村生活与城市社会的场景对比,城市密集与乡村开阔的场域对比,以及对中国传统文化与"乡愁"的追寻,等等,都构成了对乡村旅游的理解存在形成思维定势的可能。因此,如果在对乡村旅游进行项目定位与产品设计时不能具备足够全局的眼光,而仅是以个案的落地作为目标来进行,那么哪怕是能够周全涉及以上几方面对乡村旅游的遐想,但项目呈现的最终效果恐怕也很难摆脱"不出错"但也"不独特"的窘境。

有一个客观条件参与构成了乡村旅游业提质升级的宏观背景,即 2018 年全国两会期间文化部与国家旅游局合并成立国家文化和旅游部,文化与旅游融合发展的思路上升为国家层面的策略,文化因素比重的提高由此成为旅游业升级的内核。于是,挖掘"本地"文化,梳理和凝练文化资源、转化文化资本……成为乡村旅游项目开发的标准"流程"。这一过程在以国为单位的对标逻辑下似乎正确,中原的浑厚、江南的灵秀,陕北的窑洞、福建的土楼……客观自然条件下产生的生活方式、建筑形态南北差异、东西有别的确形成了旅游产品丰富的区域性特色。然而,当比较研究的比例尺缩小,这个关于"丰富"的结论却常常难以普适。回顾乡村旅游的定位,"自驾游"占主导形式;消费者主要来自周边城市,排除"采摘游""观光游"等一日行程的游客,产生住宿行为的客群其行车时间多数集中在2—2.5小时,这符合旅游体验的交通测度研究,也符合城市规划的动能圈理论。与此同时,这还决定了乡村旅游项目在经营过程中实际竞争对象的物理空间距离。以目标客群为定位,行程时间的固定决定了行驶路程的相似,也就决定了乡村旅游项目在获客角逐时竞争的很可能是同一波游客,叠加私域流量的宣传因素以及短途旅游作为生活方式的推广,这一现象就变得更加明显。

于是,由地理位置的相近与目标客群的重合所共同构成的旅游体验同质化就显得格外突出。这其实不难理解,因为在2.5小时左右的车程距离中很难在自然、气候以及民风传统上构成鲜明的特色差异;而对陌生客源消费习惯的培养,相比对既定客群的深度开发,也显得更不可控。这两者合力为乡村旅游业提质升级提出的难题是:如何在区域文化与旅游资源共享的现实面前,依然能够创造出具有差异性与层次感的旅游体验? 实践证明,艺术介入在此时被深深地期待。

艺术在创意和表达方面的突破性是这种期待的来源,艺术史本身已证明了艺术的这项"能力"。以艺术史上几幅著名的"泉"为例,名称相同的画作却能呈现为迥然的风格、表达完全不同的精神思潮。安格尔的《泉》可谓古典艺术的扛鼎之作,穷26年之时光目的明确地去表现美和创造美,努力将每一个细节都呈现得高贵与典雅。库尔贝的《泉》则是将安格尔的"完美"刻意消解,画中女子肥硕的臀部仿佛在鲜明地告诉观众,西方艺术即将改道,现实主义的态度与创作手法登场。杜尚的《泉》则更为大胆,一个路边卫生设备商店随手买下的便池不亚于给艺术史投下一枚炸弹,将现代主义对艺术家的束缚炸开一线生机、将艺术的权威炸得体无完肤。《泉》的例子充分说明在艺术领域,"同主题创作"具有表现形式上的丰富多样性。艺术设计领域可以提供相同功能主题的多样性表现案例,经典如对"椅子"的设计,单单20世纪的西方设计师们就提交了难以计数的创意可能,成为现代设计史的重要组成。基于这种创作时对既定文化资源所表现出的多样性可能,艺术介入被期待可以解决乡村旅游业中的同质化问题。

（二）品牌体系薄弱与艺术的设计增殖力

产业链上下游资源整合的专业性服务系统缺乏,与行业内垄断性优势品牌尚未形成,是乡村旅游业提质升级发展所需面对的客观现实。两者直指当前乡村旅游业发展中品牌体系薄弱的问题,而这两者,在任何成熟发展的行业中都是不被认可的。品牌在产业发展中的意义,不仅在于其对产业价值生产能力的提升,还在于其所起到的标杆作用以及对未来发展、社会责任等方面的引导意义。改革开放以后,中国商品经济经历了高速发展进程;实践证明,品牌意识的强弱与经济、市场的发展水平正向相关,北京、上海等特大城市也恰是品牌建设的高地;"品牌"成为溢价能力、附加值创造的代名词。

无论是对行业整体,还是对企业单体来说,文化相较于物质,前者总是更具根植性的部分,对人与社会的影响也更为深远。这等于是佐证了文化和旅游融合发展的产业实践过程本身就已经包含了旅游产业升级的主体思路。据此类推,以文化力量为核心的文旅品牌发展也将是乡村旅游业提质升级发展的必由之路。

"品牌"并不是新鲜的词汇,对"品牌"的理解本身也在迭代。品牌研究认为,社会商业化程度与品牌价值呈正向关系,伴随社会商业的发展,品牌所体现的价值逐步提升。回溯现代概念的品牌发展史,威廉·贝思（William Bass）公司于 1875 年获得英国商标注册法施行后的第一个注册商标,标志着法律意义上"品牌"的面世。品牌发展从未离开艺术的加持,彼得·贝伦斯为德国电器公司设计世界上首个视觉识别系统,为品牌设计的行业诞生迈出重要一步;而此背后的重要脉络,离不开 19 世纪后趋于简洁的现代主义美学探索对于商业平面设计走向成熟的催化。伴随文化和精神要素在社会经济中的作用攀升,品牌的价值亦逐步攀升,品牌通过识别系统与独特的消费体验获得消费群体的价值认同,从而形成对企业至关重要的无形资产。① 现代艺术设计教育

---

① 徐适:《品牌设计法则》,北京:人民邮电出版社,2019 年,第 14—16 页。

首先因对"企业识别"的赋能而与品牌产生直接关联;作为企业理念的外显,企业理念又构成了企业形象的内核,对企业发展与消费者决策都构成重要影响。"企业形象"的字面意义很容易产生"视觉性"的思维定式,但其内涵实际是一个整体系统,它由企业理念(MI,mind identity)、企业行为(BI,behavioral identity)和视觉形象设计(VI,visual identity)三部分组成。[①] 第三部分"视觉形象设计"是对前两者的理解与表达,也是企业的文化与观念可为外界所感知的必由途径。熟悉我国高校艺术设计专业课程设计的人都知道,相关课程一贯是平面设计专业或视觉传达设计专业的必修课程。这种学科背景与其间的内在关系决定了艺术介入必将成为品牌体系营建的工具,也预示着艺术介入与乡村旅游业提质升级的"合作"必然。

"合作"的可行性由艺术介入的专业特征与实践能力决定,但"合作"的效果好坏则首先取决于对"品牌体系薄弱"这一行业痛点的理解深度,只有在深入理解问题起因的基础上,艺术介入所提出的方案才能可靠。对于乡村旅游领域而言,行业品牌的塑造工作相较于一般行业确实有其特殊性。基于调研素材,研究发现在乡村本身的多样性、复杂性与传统旅游业品牌扩张、连锁的资本"性格"之间存在着天然矛盾。保留乡村风貌、珍惜地域文化多样性以及尊重乡村自然本底资源的社会共识彼此合力,决定了乡村旅游业标准化发展的知行鸿沟。

难道乡村旅游业品牌体系薄弱的问题就是不能克服的吗?来自行业内部的探索与艺术系统自身的边界拓展正努力为问题求解。首先是乡村旅游业内部规范的建立,在"多样性"与"标准化"之间谋求了宝贵的操作空间,为行业有序扩张提供可能,也为品牌体系的塑造构筑基础。近年来,一批地方性的乡村旅游行业规范相继出台,如2020年9月16日湖州市市场监督管理局发布了《乡村酒店基本要求与评价》,作为乡村旅游酒店领域的地方标准。根据文件内容,对乡村酒店的定义,以及物质规范、管理原则与服务模块所做的规定本身,就是为乡村旅游住宿行业的体系化发展搭建框架,这同时也推进了行业品牌化发展的进程。可以留意的是,在《乡村酒店必备项目表》中,"管理"模

---

① 朱铭、奚传绩:《设计艺术教育大事典》,济南:山东教育出版社,2001年,第34页。

块第3点就明确提出"有可识别的企业品牌形象和企业文化"。① 可以说,品牌体系的建设已成为乡村旅游业提质升级中不能忽视的问题。

综上,已经可以看到艺术,尤其是艺术设计在介入乡村旅游品牌建设的学科传统和技术优势,以及来自行业内部对艺术介入的呼声;但在当下产业升级的特殊阶段,艺术介入的合理性和必要性还来自于艺术设计在社会创新时代所表现出的功能扩展(图4)。

图4 "设计关注点的演变"示意图

图片来源:付志勇,第一届设计伦理研究大会。

因此,艺术介入乡村旅游业的品牌塑造通过艺术设计实践领域的拓展而得以深入。在完成对视觉形象、品牌包装等视觉传达领域的传统挑战之后,艺术设计进而介入产品及服务设计领域,参与到游客体验层面的创意之中;更进一步,根据对"品牌"内涵理解的深入,新经济时代品牌作为企业灵魂的外在显像,艺术为企业"灵魂"塑造"外观"的使命就已经决定了这项任务的完成,较此前更需要介入企业最核心的规划和改造,即企业的组织设计。最后,设计所关注的"社会转型"有利于品牌建设过程中将社会责任、永续发展等议题内

---

① 湖州市市场监督管理局:《乡村酒店基本要求与评价(DB3305/T 162-2020)》,http://scjgj.huzhou.gov.cn/hzgov/front/s72/hdjl/bzcx/20200922/i2774121.html,2020-9-22。

化为企业经营的自省要求,这一点在乡村事业中尤显重要。

其实,艺术对品牌的增值价值早有案例,无论是标志设计之于可口可乐,还是建筑艺术之于毕尔巴鄂,又或者是今天的光明致优涉足艺术品国际交流,甚至是让人感到夸张的齐藤了英关于《加歇医生像》与《煎饼磨坊的舞会》的声明①;我们看到的是艺术的不同形式对产品作为品牌、城市作为品牌、集团作为品牌以及个人作为品牌的积极作用。

回归乡村旅游业范畴,乡村本底条件所决定的产业经营中的特殊性,为艺术参与品牌体系建设提出新的挑战。与早前艺术单纯以品牌表达与传播工具的角色介入品牌塑造所不同的是,乡村旅游业品牌体系建设与艺术的品牌增值能力之间形成一种彼此增进的关系:艺术以更广泛的形式介入企业组织管理的策略层面,参与品牌精神内核的凝练并加以表达,从而对品牌体系的建立提供了超出视觉表象层面的结构性作用。而对于艺术本身而言,乡村所提供的特有的价值生产逻辑为艺术、设计的价值增值功能指引了新时代的拓展途径。

（三）内容产品不足与艺术的文化阐释力

为真实了解乡村旅游业提质升级发展中的现实问题,本研究以乡村旅游业中起步较早、体量较大,并处于扩张与升级风向中的乡村住宿业为访谈调研的样本对象,受访者限定为相关实体项目的一线从业人员,例如投资人或经营者;力求呈现真实且具代表意义的问题导向。（详见本书附录一）

问卷以《乡村民宿中的艺术介入情况访谈问卷》命名,预先将行业论坛和个案访谈中提取出的代表性问题加以归纳,在第九题中表述为"A. 视觉上的重复与雷同问题（空间体验）""B. 内容与精神上的个性化不足问题（内容与活动体验）""C. 二次消费不足问题"以及"D. 品牌塑造与推广"四大类型,要求受访者根据自身经验为选项排序。最终结果显示,选项 B、D、A 位列前三,本章所列产业痛点与之对应,又尤以 B 选项为首;真实反映了乡村旅游业在升级过程中所面临的特色问题,即"文旅融合"导向下的产业"文化化"困境。（图5）

---

① ［英］戈弗雷·巴克:《名利场:1850 年以来的艺术品市场》,北京:商务印书馆,2014 年,第 237 页。

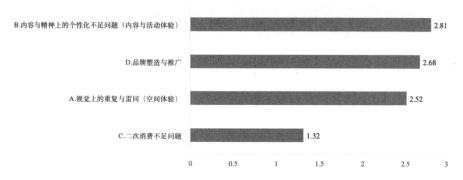

图5 调研排序"艺术介入乡村民宿或乡村旅游业可以解决如下问题"结果分析

"内容产品不足"反映的是作为经营主体的乡村旅游提供商们,作为自主盈亏的企业主体,在内容产品,如主题活动、参与式体验等旅游产品的研发时所遭遇的痛点,深层逻辑是项目本身"核心内容缺乏"的问题,实践中往往还伴随着视觉表现的同质化以及品牌特色难以彰显。因此,可以发现,所谓"核心内容"或者说是文旅项目所赖以生发的"文化资源"在旅游业升级中发挥着重要作用,它既是产业痛点的来源,也指明了解决问题的方向。

与此同时,B、D、A的依次排序恰好反映出乡村旅游业发展历程中的阶段特征,其本质是同一问题在产业发展的不同阶段所表现出的时间差序。例如,在产业初期阶段,对旅游项目的关注点集中在空间风格、硬件设施、区位条件等方面,物质因素是旅游业升级最基础、最显见的指标,也就是本书归纳的第一个行业痛点,其在时间上的前置性也表现为两个维度:从经营者角度看,场所风格、视觉呈现在项目启动期,甚至图纸阶段就已构成投资决策的讨论要点;从消费者角度看,目的地影像资料的展示效果常常是旅行动机的首要激发条件。因此,视觉性中所表现的问题成为产业升级中首先要面对的重要问题;当这一阶段过去,经营者与游客都经历了乡村旅游的"熟悉化"过程,那种为一张图片"一见钟情""说走就走"的旅行冲动渐渐平息,伴随该阶段项目主体的不断涌现,消费者对品牌以及品牌所带来的体验保障开始凸显,而经营者所面对的管理压力和扩张需求也将目光指向"品牌塑造与推广"的出路。

到了最近阶段,伴随行业经验与消费经验的双重沉淀,品牌也不能保证的内容产品多样性问题成为眼前日渐迫切的问题,乡村文化的多样性特征与品牌经营的标准化模式在乡村旅游领域碰撞出新的经验,如"西坡""大乐之野"等头部品牌均推出了基于地域特色的跨区分店,使品牌主体在整体意义上呈现出多样的视觉体验。但问题是,即便是这种基于地域特色的项目风格多样化能够解决品牌客源的二次开发问题,但对单体项目而言,这种开发的有效性则并不明显;对于旅游这种带有"猎奇"心理的消费诉求而言,依靠视觉体验的更新而带来的二次获客,必然伴随着硬件投资的再次支出。因此,从业者才会在这一阶段将内容产品、精神体验的开发、营造作为行业竞争的首要出路;无论在产品多样、品牌特色还是在经营的持续性与成本控制角度,对内容产品和精神体验的挖掘都显得势在必行。

　　然而,这种行动的根本诉求实则是对项目文化资源的挖掘与表现的进一步发力,在相关行业研讨会上,或经营者向外部团队寻求帮助的讨论中,对话的线索常围绕"核心内容"展开;找到可以作为项目内容运营的文化资源,即可挖掘、凝练的在地文化的"核心内容",便是找到艺术表达与创新的"源头活水"。鉴于艺术在文化表达方面的天然优势,艺术内部的不同类型、借助当下丰富的媒介系统,作用在特定主题的阐释与表达时就会伴随对"文化"本身的理解不同而呈现出无比丰富的组合。(图6)

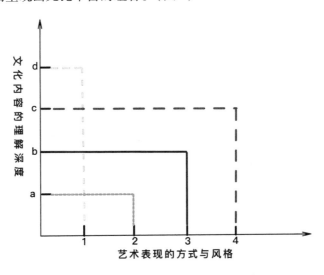

图6　文化理解与艺术表现的可能性示意图

所谓"核心内容",在"掌门人"们口中讨论时,多指向旅游项目或产品在精神层面的文化内容,具有明显的文化资源特质,在行业竞争中表现为从业者对文化资源转化与应用能力水平的考验。举例来说,乡村旅游的文脉资源指向"乡村",对"乡村"的理解深度就成为项目对这一主题演绎能力高下的先决条件。如果简单地把乡村限定于"农作物""泥土""老房子"等符号,那么最后呈现的不过就是这样一批符号的堆叠而已。问题的开解首先在于对"乡村"这一核心内容的理解能力存在差异,如果用传统的工业化思维将乡村生产仅看成一种简单的农产品生产销售过程,将农业当作一个产品,则必然会忽略其背后包含的文化内容。是否可以具有"大农业"的认知?是否可以理解"一切在农村的产业都跟农业有关"?中国绝大多数的乡村是"普通的乡村",绝大多数乡村旅游项目所依附的地域载体不可否认地具有共通性。那么,载体类似、农村文化背景相似,以"农村"为主题的旅游产品自然极易出现"主题明确但核心内容缺乏"的问题。于是,对"农"的把握便成为文旅发展可用资源梳理时的基本工作。"内容产品不足"的底层是"核心内容缺乏",投射到项目运营中还容易形成内容营销不足与活动体验设计单一等表现,归纳问题的意义还在于解决路径的探寻,对经营决策者的考验,就在于能否对相应资源进行创新性的认知与应用。

举例说明,"三产融合"就提供了一条创新的思路。上升为国家策略的"三产融合",在乡村旅游发展的大农业观中绝不能简单地理解为一、二、三产的粗放整合,而是更倾向于演绎为 1+2+3 = 6 或者 1×2×3 = 6 的"六次产业",意指整个农业的生产、加工之间的文化过程、社会过程以及经济过程最终相融成为一个产业。那么,在这个地域中所产生的旅游业也就是这一大系统下的组成部分,在这个视角下看待乡村旅游业的资源问题,则可将项目所涉之景观建设、生态修复等多重因素均赋予价值转化的可能,从而拓宽了乡村旅游核心内容的思考维度。

此外,理解农村产业的多样性以及农民收入的多元性也有利于丰富对"乡村"/"农村"的理解,如果将农业生产过程看作一个每环节都可以产生价值的过程,而不是仅仅靠农人种地、收获、再出卖的过程,便容易理解关于"文化是物质和精神财富的总和"的论断。当对"乡村文化"的认识上升到这一高度,回首过往,对"农"这一资源的认识深度不知不觉已被拓展,"乡村"这一看似宽泛的"内容"在深入理解之后体现出更大的张力与弹性,从而有利于避免在内容上出现的同质化问题。

对文化资源本体的认识深度需叠加表现的方式才能最终产生旅游产品的具体经验,艺术介入就是保障这种认识论层面的精神成果得以在乡村项目实体中落地的工具。艺术在"文化阐释力"方面的天赋表现为多样化的文本呈现能力,也即艺术表现手法的丰富可能。例如对同一风景的表达可以有古典学院派的庄重,也可以有印象派的浪漫,亦可以有后现代主义的或冷静或狂放,并且,它可以是架上绘画、可以是影像视频,还可以是舞蹈演出……那么,图6便不难理解。由对乡村文化认识深度不同以及艺术表现的风格、媒介不同,可在模型中借由横轴与纵轴的不同标记生成无数的象限。例如图6,纵轴中字母表示对同一文化主题的理解可以达到的不同深度,横轴上则是艺术介入作为工作方法所能涉及的不同类型、风格以及媒介;那么,从理解深度看,第一阶"a"可以和"1""2""3""4"……产生任意组合,文化理解的深度在"d"之后也可能存在更多衍生,以此类推,这张图就代表了产业实践中项目对资源开发与利用的无限种可能。正是这种可能,使乡村文旅项目得以演绎为多样的形式,形式的优劣又构成了良莠的判断,这也为艺术介入赋能乡村文旅项目运营提供了理论依据。

综上,本节所整理的"视觉同质化""品牌体系薄弱"以及"内容产品不足"问题,是乡村旅游业提质升级过程中所面对的共性问题,三者可共同存在,但依据产业发展的阶段还是呈现出一定的时间差序:在乡村旅游发展的早期阶段,困扰人们的主要是视觉上、风格上的同质化问题,这个问题究其根本,属于物质层面的表现性问题。伴随产业进一步发展,资本逐渐进入乡村领域,旅游产业也开始进入准规模化阶段,于是开始对品牌、系统等内容产生兴趣,也正是在这一阶段,民宿及其辐射的乡村旅游业的标准化与非标准化之间的矛盾受到关注。最后,行业发展的近期阶段,在应对了"物质层面""准规模化"的阶段性问题之后,中国乡村旅游在乡村振兴的宏大背景下进入资本大量介入的规模化发展阶段。产业不断升级的同时,所面临的问题也相应发生改变,产业的规模化发展阶段具有更明确的层级差异,同层级项目的主要竞争内容已由物质层面向精神层面转化。这些痛点的总结即是对艺术介入乡村旅游业的期待,借由艺术在表达方面的多样性、在设计方面的增值力,以及在文化方面的阐释力,试图揭示艺术介入赋能乡村旅游业提质升级的合理性与必要性逻辑,同时也指明了艺术介入的发力方向。

二、艺术介入的媒介视野与风格特征

(一)艺术介入乡村旅游业提质升级中的媒介视野

所谓"媒介",无论是汉语中追溯到《旧唐书·张行成传》,还是拉丁文中的 medius 或是 medium,"媒介"都具有相似的含义,即"使双方发生关系的人、事、物"。19 世纪末 20 世纪初,传播学领域发起的对"媒介"的界定和研究,由于对技术和材料因素的依赖,而具有内生的流动性;也有学者如麦克卢汉,将飞机、服装、住宅、游戏……都归为"媒介",从而使"媒介"具有极大的概念包容性,"媒介不局限于与大众传播相关的媒介,而是人体的任何延伸,也可能是社会组织和互动的各种形式"①。包括"介质、载体、中间物和手段"②在内的丰富内涵赋予"媒介"以包容宽泛的视野,这种视野为考察当前乡村旅游业提质升级中的艺术介入实践提供了一种双向的线索。

首先,立足艺术,"艺术媒介"是指艺术家在创作中凭借特定的材料,将内在的艺术构思外化为具有独创性的艺术品的符号体系;就当前艺术介入乡村旅游业的现实状况看,或者是艺术创作发展至今的主要成就看,这种"特定材料",主要是物质性的。艺术创作不能仅是艺术家头脑中的构思,而必须借由某种"存在"而表达。③ 海德格尔在《艺术作品的本源》中提出,"艺术家是作品的本源,作品是艺术家的本源。二者相辅相成,缺一不可。"④

依循这个思路,乡村旅游业为艺术创作、艺术介入社会现实提供了一片蓝海,呈现出多样的媒介可能。无论是在空间介质领域,还是在时间性媒介当中,艺术与产业实践的诸多环节产生合作。以单体项目为例,由构思到落地大

---

① [加]马歇尔·麦克卢汉:《理解媒介》,南京:译林出版社,2019 年,第 516 页。
② 刘俊:《理解艺术媒介:从"材料"到"传播"》,《当代文坛》2021 年第 11 期。
③ 张晶:《艺术媒介论》,《文艺研究》2011 年第 12 期。
④ [德]海德格尔:《艺术作品的本源》,北京:文化艺术出版社,1991 年,第 23 页。

致分为五个阶段:"前策(立项)—规划(设计)—报建(施工)—交付(筹开)—运营(sop)",每一个环节都可能与艺术交叉,为艺术创作提供某种媒介的可能。这种可能性首先建立在产业升级本身对艺术介入提出需求。对比我国"十三五"和"十四五"两个阶段的旅游业发展规划,"十三五"规划文本中描述的旅游业发展主要目标为"旅游经济稳步增长、综合效益显著提升、人民群众更加满意、国际影响力大幅提升";与之相比,"十四五"阶段的文本标题由"旅游业发展规划"更变为"文化和旅游发展规划",发展目标的制定也充分突出文化要素的作用,以及文化目标的明确:"力争到 2025 年,我国社会主义文化强国建设取得重大进展,文化事业、文化产业和旅游业高质量发展的体制机制更加完善,人民精神文化生活日益丰富,中华文化影响力进一步提升,中华民族凝聚力进一步增强,文化事业、文化产业和旅游业成为经济社会发展和综合国力竞争的强大动力和重要支撑。"①可以说,国家规划本身就已经为接下来旅游业升级中文化内涵的深化明确了要求,文化的表达与彰显成为旅游业升级的必要路径和有利方法,文化与旅游的关系、艺术与文化的关系,都演绎为一种相辅相成的彼此促动,艺术既是文化的凝练与表达方法,又参与构成了文化本身;文化为旅游业升级赋能,旅游业又被寄予传播文化的期望。

这种彼此依附的关系在实践中也能得到验证,从《乡村民宿中的艺术介入情况访谈问卷》的回收情况看,对于"艺术介入在乡村民宿项目中的重要性"调研,逾七成受访者认为"非常重要"(图7);逾九成受访者在项目启动中设置了包含专业设计师或艺术家的团队(图8)。

艺术介入产业的媒介方式依据产业推进的不同阶段呈现差异与侧重。总体而言,乡村旅游业中最主要与受众接触的,至今为止依然是以视觉感知的媒介为主,无论是游客获取旅游地信息时的媒体广告,还是私域流量中的推荐信息,都主要以图像的形式出现,这些图像决定了游客对旅游地的最初印象,也是最初的一种体验。然而,对艺术的研究而言,这些传播渠道的图像内容都只是二级图像,作为乡村旅游一级图像的构成物如建筑物、景观本身才是艺术介

---

① 文化和旅游部:《"十四五"文化和旅游发展规划》,http://zwgk.mct.gov.cn/zfxxgkml/zcfg/zcjd/202106/t20210604_925006.html,2021-12-31。

1.您认为艺术介入在乡村民宿项目中的重要性为：　　　[单选题]

选项	小计		比例
A.非常重要	23	▬▬▬▬▬	74.19%
B.重要	8	▬▬	25.81%
C.一般	0		0%
D.不必考虑	0		0%
本题有效填写人次	31		

图7 《乡村民宿中的艺术介入情况访谈问卷》第1题
"艺术介入在乡村民宿中的重要性"分析图

选项	小计		比例
A.有	29	▬▬▬▬▬▬	93.55%
B.没有	2	▪	6.45%

图8 《乡村民宿中的艺术介入情况访谈问卷》第2题"项目启动团队中
是否有专业的设计师或艺术家参与"分析图

入乡村旅游的具体路径,是艺术媒介的物质载体。与之相关的则是建筑设计、景观艺术设计、环境艺术设计、室内装饰设计、艺术品及艺术品陈列等相关的艺术学科门类,这些艺术创作的结果通常都以视觉感知的形式被捕捉,也同时具有空间性媒介的特征。当旅游项目进入运营阶段、旅游实践开启体验旅程,在空间性媒介之外,时间性媒介的形式也会参与进来,表演艺术就是非常典型的一类,如云南的《印象·丽江》、广西的《印象·刘三姐》……都已经发展为具有代表性的旅游体验项目。表演艺术在乡村旅游中的介入,通常便是以在地的历史文脉作为文化资源进行文本创作,再由相关艺术表演人员进行现场演示的艺术活动,包括歌唱、演奏、戏剧、舞蹈等多种艺术表演形式,伴随乡村旅游的升级发展,旅游项目进一步进入对内容产品的需求阶段,这种以表演为形式的艺术介入手段将不可回避,盐城市大丰区农业旅游项目"荷兰花海"与导演王潮歌合作《只有爱·戏剧幻城》体验剧,盐都区"东晋水城"推出的主打节目《九九艳阳天》水幕实景演出……代表了当下城市周边旅游的新趋势;2021年6月开业的《只有河南·戏剧幻城》更是宣告了一种以聚集性演出体验作为卖点的旅游项目新模式,这一模式在 2024 年中国旅游研究院的首场峰会上依然得到推介。与上一类型相比,其媒介的时间性特征就主要表现在"作品形态的过程性"以及"传播功能的在场性"。无论是作为艺术输出的表演者,还是作为艺术接受的游客,在这一过程中需要面对的都是呈现为多元艺术符号表达的视听"综合可感性"。①

相比前文所提,传统经验中作为项目内部艺术介入体验主要形式的、作为空间性媒介的"成品艺术"门类,以及在项目体验阶段出现的"表演艺术"类型,"仿像艺术"也逐渐受到重视。尤其是在多媒体技术、人工智能高速发展的语境下,在作为"元宇宙"元年的 2021 年,这个话题似乎尤其需要注意。所谓"仿像艺术",是指需要运用仿真技术编码而制作或传送的艺术信息产品,受众需要通过特定的设备才能体验和欣赏。② 它不仅具有虚拟的空间性体验还可以具有时间性媒介所具有的过程性、在场性特征;与之相关的艺术介入行动则相应需要调动的多媒体创作或者多媒体辅助的专业门类,这成为"云旅游"布局的技术前提。

因此,可以立足艺术去看乡村旅游业中艺术介入的繁多行动,无论是从产业落地的周期来看,还是从游客旅游体验的生成过程来看,艺术介入渗透其中,形成了以视觉为主的空间媒介艺术主打,又包含了表演、仿像等时间性媒介的综合格局,具体包含了建筑、景观、园林、室内、装饰、环境艺术、艺术品、视觉传达、音乐、表演、影视、多媒体、公共艺术、服务设计、设计管理,甚至社会设计在内的全面门类。

其次,立足产业,乡村旅游业对地方文化的传播依赖于艺术的技能和方法来充当地方文化传播与精神塑造的"文本媒介",而乡村旅游业中,"吃、住、行、游、购、娱"各种要素中被艺术"浸润"的环节又成为艺术作品的公共传递介质,担当起"传媒媒介"的角色。在产业实践中,伴随文化要素在乡村旅游业中的重要性增加,项目中呈现的视觉特征与内容产品都倾向于特定的主题表达,主题成为地方故事的文化线索,艺术介入则是用艺术的语言去凝练和转

---

① 陈鸣:《艺术传播原理》,上海:上海交通大学出版社,2009 年,第 26—27 页。
② 陈鸣:《艺术传播原理》,上海:上海交通大学出版社,2009 年,第 27 页。

译来自主题内涵的文化符号。因此,我们看到,乡村旅游业中所运用的文化资源,无论是基于地方历史遗存的河南省济源市"老兵工酒店",还是购买 IP 发展旅游的贵州省中建乡"大话西游漂流",又或者江苏省大丰区引进花材开办"荷兰花海"旅游度假区,进而派生出"只有爱·戏剧幻城"歌舞剧,都可以看到艺术的符号与手段相对于内容所指之间的对应与表达关系。这样,乡村旅游中经由艺术介入而生成的各类作品,就成为乡村文旅执行与传播,地方文化表达与生产的媒介,发挥媒介的"中间物"意涵。

以"媒介"视野观察当下乡村旅游业提质升级发展的现实状况,一个重要的出发点是以"媒介"为居间量,将艺术介入的多样学科门类与方法,与乡村旅游升级过程中涌现出的庞杂纷繁的介入实践,统合到一种整体观视野当中,从而应对近年来数量激增的乡村旅游项目实践,以及乡村旅游业在当前我国社会背景中所担负的多重期待。

(二)艺术介入乡村旅游业提质升级中的风格特征

艺术当然是有风格的,这一点对艺术的诸种类型均是如此。迈耶·夏皮罗或是阿洛伊斯·李格尔,理论先驱们关于风格的讨论启发了梳理当下乡村旅游业中艺术介入现实的重要线索。夏皮罗认为,从艺术史的视角出发,风格是一个带有一定品质和意义表现的形式系统。对于参与其中的艺术家或艺术团体而言,这个系统可以作为一种世界观的显现载体;形式、母题或品质构成了风格系统的主要内涵,这些都是极易被感知的因素,于是形式具有了暗示情感的功能,风格也就可以是文化共通的情感倾向和思想习惯的体现或者是投射。如此,风格具备了传达社会和生活价值导向的功能,风格也成为了艺术作品或是形式母题的意义载体。对于文化史家或是历史哲学家而言,风格是一种文化整体的特定表现,是这种文化的统一性的可见符号;这种观点符合诸多"风格研究"背后所潜藏的共同假设:每种风格都对应一个特定的文化阶段、社会背景,因此在一种既定的时空范围中,往往只有一种或几种有限的风格。① 这种假设在我国乡村旅游业中艺术介入所呈现的结果中得以验证。

_____

① [美]迈耶·夏皮罗:《艺术的理论与哲学:风格、艺术家和社会》,南京:江苏凤凰美术出版社,2016 年,第 50—60 页。

　　诚然,当前产业的现实是实践中涌现出难以计数的案例量,但究其风格,这些项目本身都一定会以一种可视或可听的形式为人所感知;因此,在乡村旅游项目中,以一种风格为主,三两种风格为补充的主流趋势明显可见,风格之间的彼此差异或许可以理解为一种审美意义上的复杂的统一,这种统一很大程度上来自于其底层母题的相似,同作为中国乡村旅游的参与者和推进者,就难免共同隐藏着某种一致性的、内部的精神亲缘关系。

　　具体就风格而言,"可视"是最直观、最普遍的感知形式,这与旅游体验的性质有关,也与游客的消费习惯、诉求,以及行业的传播本质有关。因此,尤其是文化与旅游融合发展的背景中,乡村旅游项目更加会倾向于以一种预先计划的形式加以孵化,也由此赋予了项目特定的风格特征。

　　客观而言,虽然艺术介入的门类或媒介众多,但其风格却是较为集中的。文化和旅游部于 2021 年 11 月 8 日发布了一份《全国甲级、乙级旅游民宿评定结果公示》名单,其中包含了全国第一批甲级旅游民宿 31 家,以及乙级旅游民宿 27 家;为乡村旅游业风格判断提供了具有典型性和权威性的样本,本研究根据实际情况,采用实地走访与线上调研相结合的形式将获评甲级的 31 家民宿进行梳理,总结出如下主要情况:

　　首先,从地理坐标上看,在入选的 31 个甲级旅游项目中,23 个项目的坐标信息直接落于"村"上,哪怕不去争辩"古镇""老街""郡"的位置属性,仅依这逾七成的"在村"比例就已经说明这一名单的属地乡村性。(表 7)这一方面说明了乡村旅游业与民宿发展的重要关联,另一方面则是从乡村民宿的等级评定侧面证明了乡村旅游业近年来的积极发展。

表 7　文旅部公布第一批 31 家甲级民宿地理坐标

全国第一批 31 家甲级旅游民宿地理坐标		
序号	民宿名称	地理坐标
1	听松书院	河北省保定市易县西陵镇五道河村
2	北戴河归墟花堂民宿	河北省秦皇岛市北戴河区费石庄村
3	平遥县一得客栈	山西省临汾市云丘山康佳坪古村
4	康家坪民宿	山西省临汾市云丘山康佳坪古村

全国第一批31家甲级旅游民宿地理坐标		
序号	民宿名称	地理坐标
5	准格尔黄河大峡谷峡谷雅宿	内蒙古自治区鄂尔多斯市准格尔旗魏家峁镇杜家峁村
6	山居壹聚民宿	江苏省无锡市滨湖区马山街道嶂青社区
7	蘭園客栈店	江苏省南京市高淳区河滨街
8	如隐小佐居民宿	浙江省丽水市景宁畲族自治县小佐村
9	村上酒舍民宿	浙江省衢州市常山县新昌乡对坞村
10	云里安凹	安徽省庐江县万里镇长冲村
11	塔川书院	安徽省歙县宏村镇塔川村
12	厚塘庄园民宿	江西省上饶市婺源县塘村
13	灵泉妙境·石光院子	河南省鹤壁市淇县凉水泉村
14	云上院子	河南省焦作市修武县金岭坡村
15	清舍客栈	湖北省长阳土家族自治县马加溪村
16	恩施星野民宿	湖北省恩施市屯堡乡长岭岗组
17	生庐洋潭里民宿酒店	湖南省湘潭市虞塘镇大洋潭村
18	明仕雅居	广西壮族自治区崇左市大新县堪圩明仕村
19	阳朔墨兰山舍	广西壮族自治区桂林市阳朔县骥马谷村
20	无所·归止精品民宿	海南省琼海市潭门镇潭门村
21	飞莴集—巴谷·宿集	重庆市垫江县十路村
22	古道别院	四川省甘孜藏族自治州磨西镇磨西老街
23	成都锦府驿	四川省成都大邑县新场古镇
24	峰兮半山客栈	贵州省黔西西南州兴义市万峰林上纳灰村
25	瑶池小七孔民宿	贵州省黔西西南州兴义市万峰林上纳灰村
26	大理白玛假日	云南省大理市海东镇罗荃半岛
27	中华郡·远古部落(炎黄阁)	陕西省渭南市富平县中华郡
28	五福临门民宿	甘肃省康县岸门口镇街道村
29	肃云香庄	甘肃省酒泉市滨河东路
30	中卫南岸民宿	宁夏回族自治区中卫市沙坡头区常乐镇上游村大湾自然村
31	西融禾木民宿	新疆维吾尔自治区阿勒泰地区布尔津禾木新村

信息来源:根据文旅部官网整理。

其次，获批的甲级民宿在类型特征上的相对集中，成为窥见其风格所长的一种借鉴。在作为样本的 31 个民宿中，"改造型"案例以超过十家的样本量形成了这批民宿中的主流类型。（表8）其中，无论是对于传统老宅的改造，还是对于名人故居的改造，又或者闲置院落、历史老宅的改造，对既有资源的利用是这些类型的共有特征。从文本梳理就已经不难理解，民宿类型与其风格调性的相互匹配，对历史资源的拥抱使得这些民宿在视觉样式上偏向于基于地域特色的中式传统。于是，传统建筑那种与自然的接近性，具体如对天然材料的使用、古朴风格的营造就往往构成了乡村旅游中令人感到熟悉的场景。传统建筑与大自然的亲近性与另一些主要的类型特征如"田园山居""生态田园""乡野寄情""临江山水"所倚赖的大自然主题具有异曲同工之效，两者彼此呼应造就了当下乡村旅游项目尤其是住宿类项目倾向于对自然的表达、与自然环境、历史背景之间的呼应。因此，在这类项目中，常见的现象是空间场景中大量对天然材料的使用，以及历史类案例中对旧有材料的利用。

这些项目中的亲自然特征很容易得到肯定，但吊诡的是，从设计艺术的角度分析却不能将其直接称作自然主义，因为从设计的主题与样式上看，并没有形成如工艺美术运动中那样对自然纹样的运用；从符号和表现上看，又没有如高迪那样极端纯粹地对曲线加以利用，更没有提出如"自然界没有曲线"这样明确的口号或是理由。但对空间场景设计而言，大量天然材质的使用与接受者之间的互动究竟如何，早有设计师加以关注。瑞士建筑师彼得·卒姆托注重设计的多感官体验，认为构成作品总体形态的元素，那些微妙细小的环节，共同构成了接受者的体验，而多维度的感官体验正是项目作品之所以能激起他者情感共鸣的关键。如此，他表达了空间细节的重要意义。那么，天然材质是不是空间细节的依托？当然是。哪怕是作为现代主义旗手的阿道夫·卢斯，尽管他的口号是"装饰及罪恶"，即便他的室外设计风格是冷峻简洁的，但是他在维也纳、布拉格，在巴黎的住宅室内设计中，却大量使用木质材料，其理由便是取自木材温暖、安全的"个性"特质。材质与设计感受的内在联系是确定的，那么乡村旅游项目的特征类型、材质选用，便最终会形成对风格体验的某种导向。

或许，当我们讨论乡村旅游场景营造中的设计时，面对这样一个升级发展中的产业和事件,难以用设计史或艺术史的研究方法加以"某某主义"的定调,但这种亲自然的、怀旧的主流风格是明确的。这与乡村旅游业整体归依的"乡愁"情绪相吻合,但在内部又根据地域社会的综合情况分化出不同分支。例如,在历史文化资源厚重的地区,乡村旅游项目就尤其青睐对历史资源的利用,那么,项目设计的风格便成为对记忆"修复"的依托。本研究在参加河南省文旅厅与途家民宿共同组织的行业调研时,发现一个有趣的现象,在筛选出的重点单位中,从命名看,尤其乐于使用"云""山"这样的意象,如"云上院子""云合山间""山石民宿""小有洞天山居",从中国文化艺术中对"云""山"意象的固有设定来看,中国绘画中的"卷云纹",古人心中对"昆仑"的仙山崇拜……都将接受者的感受引向一种"野逸"、古朴之境,于是便自然产生一种艺术设计表达的主流方式,或是风格。

与河南省这种中原文化底蕴深厚的地区相比,江浙沿海地区的乡村旅游项目的"亲自然"性则表现为另一种风格,姑且用"野奢"与前文的"野逸"相对。"野奢"的案例,以莫干山的"裸心"系列为典型代表,首先,在时间上,高天成的"裸心谷"参与开创了莫干山这个中国民宿的高地;其次,原始风貌的设计表达加顶级室内布草、服务体系的组合深度匹配了"野"与"奢"的组合,并凭借其高效的资金回报率促成一种风潮,影响了一批后起民宿,如宁夏中卫的"黄河·宿集",在此类项目的推广宣发中,"野奢"的确已具有一种风格上的指代性,并形成一定的客源匹配关系。

表 8 文旅部公布第一批 31 家甲级民宿类型特征①

全国第一批 31 家甲级旅游民宿类型特征			
序号	民宿名称	类型特征	开业年份
1	听松书院	传统老宅改造型	2016
2	北戴河归墟花堂民宿	历史老宅改造型	2017
3	平遥县一得客栈	名人故居改造型	2002
4	康家坪民宿	古村活化型(窑洞改造)	2018
5	准格尔黄河大峡谷峡谷雅宿	古村活化型(窑洞改造)	2016

---

① 文化产业评论作者团:《100 张图片,全国首批 31 家甲级民宿公布,到底"火"在哪?》,https://www.sohu.com/a/502237621_152615,2022-1-22。

全国第一批31家甲级旅游民宿类型特征			
序号	民宿名称	类型特征	开业年份
6	山居壹聚民宿	原野生态型	2018
7	蘭園客栈店	历史老宅改造型	2019
8	如隐小佐居民宿	古村生态田园型	2017
9	村上酒舍民宿	历史老宅改造型	2017
10	云里安凹	田园山居型	2019
11	塔川书院	徽州民居型	2018
12	厚塘庄园民宿	徽州园林型	2016
13	灵泉妙境·石光院子	古村活化型	2017
14	云上院子	老宅改造型	2018
15	清舍客栈	临江山水型	2017
16	恩施星野民宿	乡野寄情型	2020
17	生庐洋谭里民宿酒店	闲置院落改造型	2018
18	明仕雅居	壮乡田园度假型	2020
19	阳朔墨兰山舍	历史古宅改造型	2017
20	无所·归止精品民宿	海滨渔村度假型	2018
21	飞莺集—巴谷·宿集	历史老宅重建型	2020
22	古道别院	历史古宅改造型	2018
23	成都锦府驿	历史老宅改造型	2019
24	峰兮半山客栈	传统民居改造型	2017
25	瑶池小七孔民宿	民宿文化体验型	2020
26	大理白玛假日	海滨度假型	2015
27	中华郡·远古部落(炎黄阁)	主题文化型	2021
28	五福临门民宿	传统民居型	2018
29	肃云香庄	仿古院落型	2018
30	中卫南岸民宿	黄河文化型	2019
31	西融禾木民宿	牧民体验型	2019

此外,乡村作为一个巨大的场域,对于建筑而言它是一个巨大的"容器";除了能够容纳上述"自然的""历史的"等诸多场所类型,还为新建筑的实现提供了另一种可能。尤其是对于经济发达地区周边的乡村旅游项目而言,在存量建筑资源难以满足快速铺开的旅游项目时,新的用地政策成为创新建筑形

式得以落地的关键一步。在浙江湖州,"野界营地"打造了我国乡村文旅领域第一个新型覆土建筑。"覆土建筑"作为建筑学中新兴的一门综合学科,在代表一种技术范式的同时,也提供了一种别样的风格类型。(图9、10)

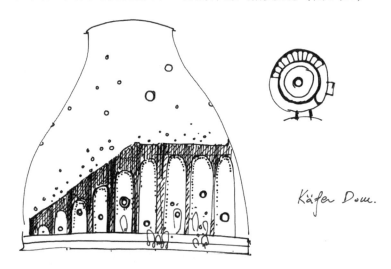

图 9　野界营地建筑草图　(图片来源:彭金亮①)

图 10　野界营地室外场景　(图片来源:彭金亮)

① 彭金亮为野界度假创始人之一。

　　"野界营地"紧邻的"慧心谷"项目,其设计方案本身乃是"野界营地"创始人彭金亮作为建筑设计师的一个商业项目;没有了作为"甲方"的"自由任性",相比"野界营地"建筑及其风格的实验性特质,"慧心谷"则代表了一类更易复制、更亲资本的乡村文旅项目类型,在产业发展的规模化阶段扮演了重要角色。如图11、图12,项目本身的设计诉求就是为消费者打造一个亲近自然、根植乡村的度假产品,无论是山腰的泳池、还是山顶的瑜伽、spa 会所,这里使乡村成为容纳城市精英生活方式的定制场所;这里甚至曾因为参观的游客过多,而特意设置了"参观票","将乡村酒店本身做成了景点"可见其风格的接受程度与市场需求。

图 11　慧心谷建筑群俯瞰

　　至此,本书对当前产业升级中的乡村文旅项目,尤其是度假、住宿类项目的风格归纳,在尊重其时间维度所表现出的进行性基础上,并没有以传统设计史或艺术史的判定方法以严格的"主义"界定;而是更倾向于对其空间上的线索加以概括。在市场可见的项目中,有作为主流价值青睐的历史文化资源利用型,暂且将其称为"野逸"风格;也有利用传统建造技术将原始风貌与奢华

图 12　慧心谷云顶会所瑜伽馆

生活相互结合的"野奢"风格；还有利用现代建筑技术创造人与自然趣味互动的"野趣"风格；又或者只是现代建筑的框架结构与乡村自然结合所产生的"高通透"视觉体验……无论哪一种，它们都是构成乡村旅游场景样式多样性发展的组成部分，每一种都渗透着当下城市客群生活方式与艺术、设计的"乡村性"表达诉求相互交融的深刻痕迹。

第三节　艺术介入的动因来源与执行特征

艺术介入乡村旅游业提质升级是艺术在当代社会中的一种实践形态，置身于中国乡村社会的现实场域中，会涉及艺术家、村民、企业、政府等不同的利益相关者，牵扯出诸多复杂的关系线索。①

在本书的问卷设置中，有关"项目启动中是否有专业设计师或艺术家参

---

① 王孟图：《从"主体性"到"主体间性"艺术介入乡村建设的再思考——基于福建屏南古村落发展实践的启示》，《民族艺术研究》2019 年第 6 期。

与""艺术介入乡村旅游项目的投资是否具有商业转化的价值意义""对乡村旅游业发展的宏观态度"三个问题的思考分别在第 2 题、第 7 题、第 13 题加以表述,所获结果如图 13 至图 14 所示,逾九成的超高占比显示了专业艺术或设计团队在项目启动中的重要作用;艺术介入的投资被百分之百地认为是可实行商业转化的,异议仅在于转化效果有所差别;排除不确定因素影响,绝大多数人对乡村旅游业抱持乐观的态度。

选项	小计		比例
A.有	29		93.55%
B.没有	2		6.45%

图 13 关于"项目启动中是否有专业设计师或艺术家参与"的调研图示

选项	小计		比例
A.可以,转化效果很好	19		61.29%
B.可以,多少有些效果	12		38.71%
C.没有效果	0		0%

图 14 关于"艺术介入乡村旅游项目的投资是否具有商业转化价值"的调研图示

选项	小计		比例
A.非常乐观	21		67.74%
B.乐观	9		29.03%
C.很难说	1		3.23%
D.不乐观	0		0%

图 15 关于"对乡村旅游业发展的宏观态度"的调研图示

排除诸多不确定因素,调研的结果显示了在既定发展路线上,从业者对乡村文旅业的信心以及产业实践中艺术介入的现实可行与实际贡献。艺术介入乡村旅游业的产业升级行动,具有明确的目的性,即是通过艺术的手段与方法,参与解决产业中面临的现实问题,赋能产业升级发展。在这个过程中,乡村旅游业提质升级所面临的问题,也对艺术介入的目的与效用提出要求,而产业发展的受益主体则决定了艺术行动的参与者及其行为方式的各自特征。在当下中国乡村如火如荼的"艺术乡建"现场中,参与者共同面对着基于利益、诉求、观念不同而产生的种种分歧;此时,艺术介入的实践主体所受到的驱动力量将影响艺术介入的思考与路径。调研发现,艺术家、学者以及资本三者构成了艺术介入乡村旅游业行动的最典型力量,并且呈现出并不完全相同的行为逻辑与赋能路径。

一、艺术家的创作契机

(一)乡村作为创作场域

在文化资源认同的背景下,考量艺术介入乡村旅游业提质升级发展,同样需要顾及艺术介入乡村本身;事实如此,在艺术介入作为乡村旅游业提质升级过程的重要赋能因素之前,自 20 世纪 50 年代,"艺术乡建"就已经逐渐形成一种全球性的文化现象。例如,波兰萨利派村在第二次世界大战后的乡村复兴计划中以"手绘"为创作手段,打造了特色的地方风貌;芬兰的菲斯卡村则是以卓越的手工艺品制造为"名片",使地方知名度蜚声海外。在亚洲,韩国釜山甘川洞村推行的"胡同艺术工程",大大改善了曾经作为难民聚集地的区域生活质量。但当类似的事情不约而同地在世界各地发生,人们发现,当艺术介入乡村,其对地方的创生力量往往终会间接或直接地指向旅游。

今天的研究很习惯于将这种旅游发展的动力归因于艺术介入乡村,创造了可供开发、消费的文化资源;但如果这一观点是成立的,那么乡村原生的艺术形式、艺术对乡村的表达历史不都是内蕴于乡村的文化资源吗? 也有学者认为,虽然"艺术乡建"的态度被表达为要尊重乡村肌理与乡村文化,以尽量呈现出乡村的固有美感;但现实情况是所谓的乡村固有之美并非来自乡村在地居者的审美理念,而是现代的、都市的审美理念投射。① 现实情况唯其如此吗? 将乡村作为艺术创作的场域加以考察,而不仅仅是作为物质的因素,这些抗解的问题或许可有不同的思路。

---

① 季中扬:《"艺术乡建"的审美理念及其文化逻辑》,《粤海风》2021 年第 10 期。

布尔迪厄受卡希尔关于关系式思维的启发,提出"场域"的概念对社会空间加以建构。

将"场域"的概念用于乡村范畴的研究,即是以关系式的思维去思考社会空间的不同领域,旨在对地方的文化变迁进行更灵活的研究,其中或明或暗的关系之间的运作也成为启发的能源。① 乡村作为艺术创作的场域,生成了内部性的与外部性的两种不同创作关系的结构。首先,乡村作为一种群体的生活空间,必然孕育人的需求,提供了艺术的生成条件。因此,对乡村而言,由于对日常生活事件的回应,原生的艺术形式经常以民间艺术的形式赋予乡村艺术以重要的价值。例如贵州省黎平县黄岗村,在地村民的生活方式、生产方式以及节庆习俗孕育了侗族大歌,也孕育了典型的侗族村貌特征,在经历了时光沉淀之后,这种民族地区集体内部生成的生活方式升华为非物质文化遗产与物质文化遗产的集合体,被认为是地方文化具有艺术性的表达形式。在文旅发展的语境中,就孕育了在这些村落中开展旅游产业的重要基础。其次,乡村历来是一种外来"他者"寻求感官陌生化的路径,这种陌生化形成了艺术家所谓的灵感来源或创作的"文本"。乡村生活和自然景观所形成的不同于城市的风貌,古往今来是多少人创作的源泉。且不说透纳、米勒的乡村风景与农人的生产生活成为西方美术史不能忽视的类型;单就中华文明瑰宝中,就有数不清的例子,南宋夏珪《溪山清远》的巨幅绵长,元代倪瓒《容膝斋图》的隔江山水,黄公望在江河山岭之间行走 29 年终在浙江富阳绘就《富春山居图》,都是对乡野景观的描绘。众所周知,开封市依据张择端《清明上河图》为蓝本开发了大型宋代历史文化主题公园"清明上河园",获评国家 5A 级景区,那么古代先贤留下的灿如星河的文化瑰宝都可以成为文旅资源转化的前提条件。

将乡村作为艺术的场域,还意味着将要关注艺术的创作主体与乡村的关系;因为对创作者来说,是"身处其中"还是"置身事外",其思维方式和行动的特色将会存在巨大差异。这或许从某个面向开解了,为什么人们总是强调执行者与乡村之间的内在联系。比如福武总一郎受到家学影响以及自身对"公益资本主义"的理解,促使他投身濑户内海的艺术改造;再比如靳勒作为村里

---

① 汪民安:《文化研究关键词》,南京:江苏人民出版社,2020 年,第 24—26 页。

难得走出去的大学生,回到石节子村,做成世界上"最土"的美术馆;石节子美术馆的行动承载靳勒"用艺术拯救农村,修复人与土地的关系"的理想。于是,我们看到最贫瘠、最闭塞的一个自然村,成为创造艺术、容纳艺术的空间,看到了艺术家"具身"投入的行动热情,也看到人的因素对艺术介入乡村的重要,他是能量的生生之源,却也包含着脆弱的现实。

于是,我们看到,乡村作为艺术创作的场域,既孕育了原生的乡土艺术,也构成了职业艺术家创作的母题。在今天乡村振兴、艺术乡建的背景下,艺术家以更多可能性介入其中:乡村成为艺术作品的容器;传统民俗也可能被以更标准的艺术方式再现;民宿支持艺术家驻村创作成为时下流行的艺术事件。

(二)艺术家的行动路径

艺术家与乡村携手的契机虽有多样,即使是对于同一个艺术家而言,人生的际遇当中也会遇到不一样的介入计划,虽然艺术可能会以不一样的形式发生,但是艺术家的经验性本能是不断介入新项目的能量,通过调研可以发现,虽然艺术家介入乡村、参与乡村建设、产业发展的案例如繁星浩渺,但将其归入某几种路径有利于理解艺术家的行动特征。

艺术家在乡村实践中所表现出来的主体实践性的确影响着具体行动的思路与特征。从艺术家的初衷出发,赋能乡村旅游业的发展常常是作为美丽乡村建设与振兴乡村的工具和手段;近年来越发丰富的"艺术乡建"案例表现出艺术家深耕乡村领域的热情,这种热情可追索到艺术本身的进化与艺术家自我发展因素两个层面。

这两个层面的具体分析离不开对其所处之社会环境进行解读。费孝通先生指出,在生存问题解决之后,人类将表现出对美好生活的追求,此乃人类社会生活的共性;而此时也正是艺术发挥社会职责的时刻;艺术家需要深入群众生活,了解生活所需,从而帮助社会创造一种高层次的、精神化的生活。同时,费先生叮嘱,"艺术家不要忘记了大众,艺术始终是属于大众的",他让当时作为博士后学生的方李莉将此观点写入文章,提醒艺术家们需时刻注意这个"艺术的责任"。[①] 依据费先生的观点,所谓美好生活,就是艺术化的生活;联

---

① 费孝通:《文化与文化自觉》,北京:群言出版社,2016年,第262—264页。

系习近平总书记强调的"不断满足人民群众对美好生活的需要"之目标,定位了艺术在当下社会语境中的时代价值与紧迫功用。当"美丽乡村"超越了"富裕乡村"的发展定位,这便决定了艺术家成为乡村建设的必备力量;因为艺术家可以把看不见的文化凝练为象征性的文化符号,转变为可视、可感的场所氛围,并让文化的"分子"渗透到乡村生活的日常之间。从这个意义上说,艺术家可以弘扬传统,并在传统之上探索人类"新的生活式样"。这个艺术家的探索的过程同时也是艺术在社会实践中逐步完成自我定义的过程。[1]

19 世纪末以前,美学界对艺术的定义还局限在"美的艺术",艺术与社会现实的关系仅仅是如何"再现真实的世界"[2];克莱夫·贝尔的理论拓宽了艺术的范畴,定义为"有意味的形式"[3];再经过"行为艺术"这一反思性的形式阶段,艺术的疆域终于扩大到了艺术家所参与的社会实践本身,参与的过程即可以认为是一种艺术了。在 2016 年 8 月北戴河召开的"艺术介入社会:美丽乡村建设"学术研讨会上,张原将艺术的这种形态界定为"行动艺术",他认为"那些回到现实的乡村现场"的艺术家们的社会实践就属于这一类型;艺术策展人王南溟则认为"一个社会实践足以成为艺术本身"。由此,艺术参与/介入社会,使其彻底地脱离了"美术馆"的束缚,脱离了"高雅"的束缚,真正回归到了生活的现场。[4]

此外,艺术家的天性也是驱动其介入乡村的诱因。法国巴黎北部的蒙马特村(Montmartre Village)、美国纽约西区的格林威治村(Greenwich Village)、北京的 798、宋庄艺术区,甚至江西的景德镇,这些艺术家聚集地的"生长"过程都显示了艺术家远离物质至上主义、贴近自然、反一体化、反束缚,偏爱多样性、追求自由的普遍特质,乡村与主体城市的文明差异以及土地价格因素都成为吸引艺术家涉足探索的因素。

在这些动因之下,当深入到艺术家介入乡村、赋能地方旅游的具体现实,又发现其可分化为两种不同的执行特征。

---

① 方李莉:《论艺术介入美丽乡村建设——艺术人类学视角》,《民族艺术》2018 年第 1 期。
② 高明潞:《西方艺术史观》,北京:北京大学出版社,2016 年,第 16 页。
③ [英]克莱夫·贝尔:《艺术》,北京:中国文联出版社,2015 年,第 2 页。
④ 方李莉:《论艺术介入美丽乡村建设——艺术人类学视角》,《民族艺术》2018 年第 1 期。

第一种是个体艺术家的有意为之，他们通过将艺术介入乡村，通过改变乡村的氛围条件、激发地方文化创意，使村民的生活得以改善。其结果往往是物质条件改善、文化审美化表达之后，借由互联网的传播，旅游业萌发也便成为顺理成章之事，策略上则理解为以产业保证村落可持续发展。艺术家在这个过程中，好像是在村落中播撒一粒粒种子，萌发为"审美化的场景"，待苗萌发成树，地方政府、职能部门、文旅公司则承担起旅游产业规划和管理的责任；排除艺术家作为"乙方"的商业操作类型，其个体实践在乡村旅游发展中的作用通常都是具有这种"直接实践、间接转化"的特点。举例而言，甘肃的石节子艺术村、山西的许村都已经在全国造成较大影响。两个村落原本都是在现代文明漩涡中日渐衰落的凋敝乡村，却都经由艺术的介入而被激活，媒介的传播、互联网的力量使他们受到关注。石节子村这个甘肃省天水市秦安县叶堡乡的"土"村子却诞生了第一个以村民为主体的美术馆，荣誉村长靳勒把自己的认知、信息分享到村庄，让村民有机会与艺术、艺术家产生联系，让村民以新的眼光来审视自己的历史与未来。① 与靳勒引导村民"作"艺术不同，渠岩则是引进了许多艺术家进行驻村创作，就像石节子艺术村是靳勒与村民的共同果实，"许村计划"也不是渠岩一个人的项目，它是一群艺术家、建筑师、相关学者，以及在地村民共同努力，并以政府的政策和行政为中介的一种互动过程，但由于渠岩的确是以艺术家的身份来使这一行动得以开展，它被界定为以"艺术推动村落复兴"开始，人们看到艺术所代表的活力，许村因行动艺术而被激活。② 无论是石节子艺术村、美术馆，还是渠岩的"许村计划"，甚至他之后的"青田范式"……当一个项目形成品牌、影响力扩大，必然会被宣传、被好奇，最终吸引一些人到访参观。于是，"给客人提供一个吃饭的地方""给过来的人提供一个能住一晚的房间"这样朴素的想法，很快萌发为旅游服务、村民收入多元化的来源。

第二种执行特征则是艺术家集体无意识的产物。如宋庄艺术区从单纯的47 个行政村、116 平方公里的大型空心农业区（高峰期农民住宅空闲率达

---

① 方李莉：《艺术介入乡村建设读解》，《中国文化报》2019 年 3 月 20 日。
② 王南溟：《许村计划：渠岩的社会实践》，《公共艺术》2012 年第 4 期。

46%以上),到驻有1万多名艺术家,税收从7000多万元增至13亿元的艺术区;揭示了艺术家如何因为经济、环境等原因进入农村,艺术如何成为一个经济发展的亮点,以及农村如何成为涵养艺术的场所,艺术如何激活农村地方的循环逻辑。在这个过程中,租金、场地等条件是艺术家们集体无意识聚集的前提,本身和旅游并无关联,但当集聚形成规模、周边配套完善,艺术所具有的表现力与感染力赋予村落以充满活力与创意的场所精神,旅游又成为顺其自然的产出,网络搜索"北京宋庄旅游",携程、马蜂窝等头部平台都能检索出不少攻略。

艺术家的聚集与区域氛围转变之间存在一定的联系。类似于丹尼尔·亚伦·西尔和特里·尼克尔斯·克拉克的研究,"文化元素可以在不同的历史和地理环境中以多重方式组合在一起"①,艺术家的介入为地方生活嵌入新的意义,在原本既定的历史和环境中创造新的可能。

总结艺术家主体实践赋能乡村旅游的行动特征,往往存在一些共性的特点:艺术家通常作为村落本底条件与旅游经济之间的中介,他们不直接参与旅游业发展的谋篇布局,但却在不断实践中赋予了地方发展旅游的资源禀赋。对一个村落的艺术复兴而言,不可能是某一个艺术家的艺术展场,但当艺术发展到"行动艺术"阶段,艺术家的个体精神和号召力却可以成为促使项目发生的理由;同时,他个人对艺术的理解、观念的角度都将影响村庄中艺术介入作品的感官呈现。旅游经济的最终实现,实际是艺术家、政府、村民、媒体的综合作用,艺术最感人的魅力,乃是在于为村落所带来的活力。

二、学者的主动性参与

(一)知识生产的内在动力

习近平总书记对广大科技工作者提出"将论文写在祖国的大地上"的期许,引领着各个学科、专业学者们的努力目标。实然,中国的知识分子向来抱有这种理想与情怀;钱理群先生在《中国知识分子"到农村去"运动的历史回

---

① [加]丹尼尔·亚伦·西尔、[美]特里·尼克尔斯·克拉克:《场景:空间品质如何塑造社会生活》,北京:社会科学文献出版社,2019年,第27页。

顾》中通过对"五四"时期李大钊的《青年与农村》和新村运动、20 世纪 30 年代"乡村建设运动"、40 年代的知识分子与工农相结合的"下乡运动"、50、60 年代"到农村去,到祖国最需要的地方去",以及后来的知识青年的"上山下乡"运动等时代事件的梳理,提出在中国存在着一个持续了一个世纪之久的"知识分子、青年学生到农村去,到民间去"的运动,这形成了知识分子代代相传的精神谱系。①

当下阶段知识分子参与乡村建设的行动无疑构成了这一精神谱系的新节点,"美丽乡村""乡村振兴""两山理论"等政策谋略向当代知识分子发出时代的召唤,学者们投身参与是其中重要的代表性形式。与此同时,乡村实践也为这些智慧资源提供了专业拓展、应用的宝贵机会。于是,从学者参与的角度往往能够追索出从乡村产生需求,到学者参与实践,再到成果理论转化的时间线索,指引出学者参与乡村建设的主要工作路径。鉴于学者们的专业所长和工作、资源背景,他们的实践往往具有明确的问题意识,从乡村所面临的现实问题出发,兼容学术研究和文化研究的专业使命,这也就注定了他们的工作是从学术出发,又内在地需要走出学术,直接参与到乡村建设、改造的实际工作中去。

从实践动力的角度探寻,除了出于专业研究与价值实现的自然内驱力,国家机构也给予了明确的引导与激励,各级课题指南其实就可以理解为国家机构、管理部门对学者们提出的具有鲜明时代特征和问题导向的研究需求,如《2021 年度国家社会科学基金艺术学项目课题指南》中,就给出"推进文化和旅游治理体系和治理能力现代化研究""文化和旅游融合发展研究""黄河流域文化和旅游区域协同发展研究""'资源枯竭型城市'文化和旅游产业发展研究""乡村振兴战略中的文化和绿色发展研究""文化和旅游服务贸易研究"等明确与旅游发展相关的课题指引。《国家社会科学基金项目 2022 年度课题指南》中有关乡村的议题,如"'景—村'互补性资源共享推动乡村振兴策略研究""社交媒体与乡村旅游的融合发展研究""乡村振兴背景下旅游人才与乡村生态旅游高质量发展研究"。《国家社会科学基金项目 2023 年度课题指

---

① 钱理群:《论志愿者文化》,北京:生活·读书·新知三联书店,2018 年,第 2—10 页。

南》中可以看到"乡村振兴背景下的基层治理创新研究""乡村振兴统计监测与评价研究",《国家社会科学基金艺术学项目 2023 年度课题指南》中,可见"设计推动乡村振兴建设策略与案例实践研究""文化和旅游深度融合发展研究""文化产业和旅游业的中国式现代化发展战略研究"等议题,代表了党和政府对乡村问题、旅游问题的持续关注。除此之外,农业农村部、文化和旅游部每年还会组织相关专项课题,可以说,这种从国家层面到省部级、市厅级层面建立起的多维立体的课题体系起到了激励学者们聚焦于国家、社会紧要问题的实际作用。

在课题完成层面,根据研究的经验来看,在课题从申请到完成的过程中,项目主持人、参与者本身在研究的过程中必然会越来越深切地感受到自己的学术、教学工作以至于整个自我价值实现的层面,都会和祖国建设、乡村改造之间存在着一种密切的关联。钱理群先生认为,这才是学术研究、文化研究所显示的真正意义和价值,符合于社会发展和学者自我生命价值发展的双重需要。

这一势能还在不断强化,2021 年 12 月 14 日习近平总书记出席中国文化艺术联合会第十一次全国代表大会并发表讲话。会上强调文艺作品与所处时代的紧密关系,文艺作品只有与时代共情才能拥有经久不衰的生命力。在"文化兴国运兴,文化强国运强"的使命召唤下,"时代、人民、品德"是习近平总书记讲话的三个关键词。[①] 在面对广大科技工作者、科研工作者时,习近平总书记同样强调"面对国家现实问题",这种来自党和国家领导人的信赖和期许亦是广大学者投身乡村建设的强劲动力。

从本书开展研究的这几年时间截面来看,在相关课题逐年累积、实践日益丰富的现实情况下,学者圈层内部的交流和互动也进入高潮。北京大学举办的中国文化产业新年论坛连续几年都以专题关注乡村发展、文旅趋势;中国艺术研究院主办的"中国艺术乡建论坛"激发出人类学家与艺术家思想碰撞的火花。2022 年 1 月 9 日,由《山东大学学报(哲学社会科学版)》《福建论坛

---

① 《理解习近平对文艺界的最近讲话请看 3 个关键词》,海外网,https://article. xuexi. cn/articles/index.html? art_id=15364352355848247844&t=1639730732322&showmenu=false&study _style_id=feeds_default&source=share&share_to=copylink&item_id=15364352355848247844&ref_ read_id=afa474af-67cf-4799-a41a-f121c873d392_1642437043882。

(人文社会科学版)》《深圳大学学报(人文社会科学版)》合作的第四届"新时代文化创新论坛"征稿启事发布,其中也不乏对乡村振兴、文旅发展话题的涉猎,这种 CSSCI 核心期刊资源的聚焦,当然也会对作为知识生产者的学者群体起到行动引领的指向作用。

(二)作为学者的方法可能

如前所述,在党和国家的期许之下,学者参与乡村建设和产业发展不仅是个人专业学以致用、田野实践促进知识生产的内在要求,也是社会主流中的政治正确。在如此正面积极的宏观背景下,作为学者也便有了参与其中的多种可能。

在开始案例研究之前,有一种现象需要首先界定:作为本节调研对象的"学者",其内容与上文参与其中的"艺术家"在人群界定上具有一定的重合性。例如,"学者"中也包含了以艺术为专业的学者,他们自然也是介入乡村实践的重要力量,如前文"石节子艺术村"的发起人靳勒老师本身也是作为西北师范大学美术学院的专业教师;但在本部分研究的对象的选择上,还是主要是以不直接从事艺术创作、作品生产的学者群体为例,以求和上文的"艺术家"群体相区分。

区别于直接从事具体创作的"艺术家"以及"艺术家学者",这一学者群体参与艺术介入乡村旅游业的方式主要是通过对已有资源的艺术转化和整合、管理,来实现艺术赋能乡村文旅发展的目的。如中国人民大学乡村建设中心、北京大学文化产业研究院、甘肃创意乡村研究中心等单位都有丰富的经验;类似的案例不胜枚举,本书以北京大学文化产业研究院向勇教授返乡实践的案例进行详述,在这个案例中,作为学者身份的向勇老师既将乡创课程、学术资源带入农村,又作为地方节庆的发起人和组织者,还是一个在地项目的业主,更重要的是他还在进行商业模式的探索,有意让地方文旅进行面向真实市场的考验。

向勇教授的实践,概括起来是"由一座老宅翻修开始的乡创行动";这座老宅,就是坐落于四川省宣汉县白马镇毕城村的向家祖宅。(图16、图17)故事缘起于 2015 年秋,向教授家人商议落实回乡翻修祖屋的计划,一个"回"字,在中国人的传统里牵动着多少深厚的情绪。在中国前现代社会里,"回"是一种社会流动的秩序指向,也是传统观念的牢固约束;在中国古人的传统中,对乡土的依恋沉沉,即便离开,所思所想,也是为了有朝一日能够衣锦还乡、荣归故里。"回乡"这件事有多重要?王国维甚至将其视为中国现代社会的分界,研究人口流动的专家,牛津大学社会人类学教授项飚教授在授课时列举王国维的这一观点,王国维的标准是读书人离家当官,卸任后不再返乡生活,便是中国社会步入现代性的某种体现。

显然到了今天,我们早已进入现代社会,城市所提供的庞大系统的便利性使人们不再适应长久的返乡生活,城市科技、文化的冲击下形成了现代人新的生活方式。向家兄弟也遇到了同样的困惑,投入颇高代价翻修祖宅如果只是偶尔小住是否存有遗憾?要如何才能实现家族的现实需求,又还能兼具更加长远的意义和价值?这种思考催生了后来的"向家院子",一个坐落于四川省大巴山深山腹地的国际创客营地,它还有一个美丽的名字,叫作"花田间·国际创客营地"。(图18)有了这个"大本营",便有了承载外来文化、创意资源的"驿站",也有了与村民、长者协商共议的场景;于是,这座山间小院便承载了"乡创人之家"、村民的公共空间、教育空间在内的多种功能,其原本的家族属性倒反而淡化,其公共文化的价值属性得到彰显。

图16 翻修前的向家祖宅 (来源:姚肖刚)

图 17　翻修后的祖宅，作为"生活记忆馆"

图 18　花田间国际乡村创客营地入口

图 19　向家院子院景　（来源:姚肖刚）

借由这种半开放甚至全开放的空间属性,"向家院子"（图 19）成为村民、志愿者、智慧资源之间的链接中介,在这个基础上,向勇教授利用自身的专业特长与文化资源的优势以多种方法尝试对这个腹地山村的创意赋能与文旅培育。

策办节庆是一种重要的方法。自 2019 年起,"花田艺穗节"以文创的名义开启这里艺术赋能乡村的原创活动。2019 年 8 月的"首届大巴山花田艺穗节开幕式暨白马国际乡村创客大会"聚集了国内外近 30 位专家、艺术家就乡村动员与地方共生等话题进行探讨;活动旨在以文化创意的当代观念激活在地资源,实现文化遗产、文化传媒、文学艺术与文化创意的可持续开发,形成一批有特色、有价值、可复制、能推广的成果助力宣汉县实现发展全域旅游的目的。① 首届艺穗节形成的共识以《白马宣言》的形式发布,从知识分子使命、复兴乡村美学经济的目标、"共创、共建、共享"的生态理念、村民集体的意识凝结与乡村事业影

---

① 《首届大巴山花田艺穗节开幕! 国内外 30 多位专家、艺术家齐聚宣汉》,达州新闻,ht-tps://www.sohu.com/a/335718341_171328,2019-8-22。

响力、工艺与商业相结合的实践主义原则,以及乡间文化场所与文化场域营造几个角度阐明了对乡村建设、乡土复兴的理解、原则和工作方针。(图20)宣言发布之后,通过多个渠道发声,比如向勇教授在参加会议论坛时(当年的紫金文化产业论坛暨中国文化产业管理专业委员会年会上即做了该主题报告),包括相似乡建活动的开幕仪式上、小组讨论时,常常会陈述《白马宣言》的思想,这对乡创精神的凝结和白马实践的分享、项目影响力的传播都是有益的。

图20 《白马宣言》 (图片来源:花田艺绘计划活动手册)

作为志愿者,本研究参与了2020年第二届"花田艺穗节"的前期活动——"花田艺绘节"计划。(图21)秉承前文介绍的方法逻辑,向教授的师生团队担任活动的发起、组织工作,"向家院子"承担起"国际乡村创客营"的功能定位,作为活动的大本营,"向家院子"接纳了来自全国各地的志愿者。就工作方法而言,为了扩大影响力,争取更多的支持,工作团队广拓外部资源,联合了宣汉县文化体育和旅游局、宣汉文化创意发展促进会、中共宣汉白马镇委员会、宣汉县白马镇人民政府、兰州文理学院创意乡村研究中心等单位一同合作;最终参与报名的志愿者 1000 多名,借由网络力量,经过招募、收集简历、筛选、发布等环节,最终形成了一个凝聚 60 人力量的志愿者团队,在此投身在以美术、创意为手段对乡村部分美育资源进行再表现,以及乡村空间美化的行动当中;他们是来自各个大学的青年艺术创作者,有来自高校的老师、也有在读的学生们,还有艺术专业毕业的创业者。

图 21 "花田艺绘计划"志愿证明

艺绘计划的具体行动分为线上、线下两个部分,在抵达毕城村的营地之前,线上活动早已启动,不仅向勇教授本人,还包括其他一些受邀的、来自不同高校的老师们共同授课、参与辅导,让志愿者们在到达营地之前首先形成对乡建事业的积极理解。与此同时,由于艺绘计划活动本身涉及墙面绘画、墙面装饰、地面绘画、装饰雕塑、公共装置设计等诸多内容,工作量巨大,因此绘画的创意底稿在网络会议期间就已经开始征集、论证,以求在志愿者到达营地的第一时间就能展开绘制工作,尽最大可能保证工作效率。关于乡建工作的在地性,与村民互动、沟通的重要性,组织团队当然清楚,由于 2020 年新冠疫情的影响,以及志愿者的空间距离、时间限制等因素形成的客观困难,也一并通过线上、线下互动的方式予以克服;在拟定的创作程序中,"实地调研"部分由向勇教授的学生、项目负责人黄彬彬同学负责,通过实地拍摄、访谈的形式在网络会议中分享,志愿者再基于这些实地资料进行创作,经过小组讨论、实地复盘等环节,最终形成落地的方案。(图 22)小组讨论的成员包括负责人黄彬彬、各指导老师、志愿者们;在笔者参加的第二小组,行动方案就经过不下五次的线上讨论环节,广州美术学院的张啸老师、兰州文理学院的唐兴荣老师、中国人民大学的丛志强老师、四川美术学院的曾令香老师、江南大学的赵昆伦老师等都曾参加活动的线上环节,给予指导。

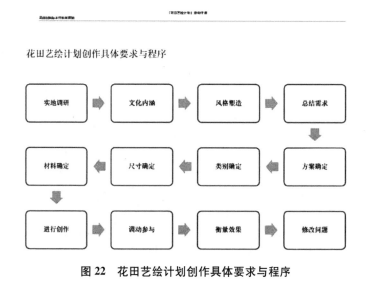

图 22　花田艺绘计划创作具体要求与程序

图片来源:花田艺绘计划活动手册。

　　基于线上工作的扎实推进,营地工作才能紧锣密鼓地展开。开营仪式在志愿者们到达营地的当天举行,仪式后随即分组投入创作,笔者所在的大墙绘组,10 余天内完成墙绘面积达数百平米(图 23),小组成员们白天进行室外创作,晚上进行室内讨论,年轻志愿者们身上的才华和激情不仅碰撞出方案的优化策略,而且结下了来自五湖四海的同道者情谊。(图 24)这份情谊当中,凝结了年轻一代对祖国乡村的情感认同,也看到了新时代"青年下乡"的热情与力量。

图 23 "花田艺绘计划"部分室外工作

图 24 "花田艺绘计划"小组讨论

回顾此次活动的工作路径,大致分为:定位整体风格和服务功能、归纳分类不同地区的文化与经济整体特征、分析主要路线和沿途区域、定位不同地区的艺绘风格与服务、确定不同地点的具体艺绘作品内容与服务、志愿者绘制作品内容、回访调研作品效果以完善规划等七个主要环节。这一明确的规划保证了艺绘计划的有序执行,使工作成果能够匹配项目的初衷:为村落制造旅游的氛围,使人们走进村子,感知到艺术的气息。

花田艺绘计划是用绘画这样典型的艺术的方式为村落介入审美的元素,这些在村民屋檐下、小桥上、晒谷地旁的一个个艺术作品对承载它们的物理空间进行功能转化或者至少说是赋予一种拓展。屋檐下卷闸门的丙烯画很快成为毕城村的视觉符号,提示着来往车辆,这里"有点不一样",也有很好的识别功能;加入公共装置元素的小桥,在约定的日子可以作为集市,附加了商业空间的功能;晒谷的空地经过景观小组的改造,成为村民最乐于驻足、"巴适"谈天的公共空间。

在实现了这些"艺术化"场景的设置之后,项目团队持续有序的推广活动,是地方旅游影响力塑造的重要保证。此次艺绘节的成果通过第二届花田艺穗节以及一系列线上推广活动持续曝光,如微信端建立"白马新村民云聚落"、视频号发布"白马毕城花田间"故事等,都是为毕城村的旅游推广持续发力。

影响力和传播力是一地旅游业发展的重要保证,也是学者赋能地方旅游发展的又一方法,它可以与节庆叠加,成为节庆方法的重要组成,同时也可以自成体系,与其他多种途径叠加。例如将优质学术资源与地方政府需求关联,建立了"北京大学思想政治课教育基地";与之相反,将教育需求与地方实践结合,挂牌了"北京大学文化产业博士后宣汉创新实践基地"(图25)。着眼这个基地本身,向教授将北大燕园的建筑风格复现在这山村中的故乡,以营地为承载,首先为社会团体提供培训、团建服务;其次将大学的社会实践课程引入,例如北京大学以及澳门理工大学的本科生课程"乡土考现学"就以线上理论学习,线下田野调研的方式予以落实,"向家院子"就是田野调研的驻地空间,发挥着乡村创客营地的功能。

传播的策略与布局对项目与目的地的影响力传播起到重要作用。除了一些自有平台资源的利用,参与者的经验分享也是思想火花的传薪者,向勇教授 2021 年 6 月 25 日赴中国海洋大学的讲座就定题为"乡土考现学:地方想象、文化记忆与文创营造";花田团队的核心成员黄彬彬同学参加"第三届中国乡村美育行动计划"论坛时,就项目情况作个人经验的分享。这些传播的势能积聚形成对项目知名度的提升,无论是对项目本身,还是对所在的乡村而言,都是有利的柔性资源;对于白马毕城村这样一个再普通不过的腹地山村而言,在这些"自主研发"的资源中生发可供推广的商业模式,着实是地方旅游自主运行的勇敢探索。

图 25　北京大学文化产业博士后宣汉创新实践基地揭牌①

　　① 文旅宣汉:《北京大学文化产业博士后宣汉创新实践基地成立》,https://baijiahao.baidu. com/s? id = 1673729587857062570&wfr = spider&for = pc,2021.1。

艺术赋能乡村旅游业,必须看到旅游业所具有的产业性质;因此,作为学者的方法,其终极就是应努力扶持项目具有可复制性以及具有面向市场的能力。经过节庆、课程、基地等多种实践方法与传播跟进,在获得较好美育资源的基础上,鼓励村民以"向家院子"为模板,改造家宅,创办民宿,并提供统一的运营帮扶和管理辅助,以真实市场为导向打开地方全域旅游的新局面。

总结学者参与的相关行动,往往可归纳如下特征:首先,他们虽然并不亲自作为艺术作品的创作者,但体现出调集、规划艺术资源的卓越能力,邀请艺术家进行驻村创作是常用的形式。其次,他们对乡村旅游业的支持,更主要是基于赋能乡村的层面,倾力于旅游业的产业功能所带给村民的自我创生能力。再次,学者介入乡村,往往带有明确的专业实践或课题方向,向勇教授以节庆为媒介进行持续推进即是文化产业领域的典型路径;同时,专业性也体现出介入力量的可贵价值。复次,学者们为乡村引入五湖四海的智慧资源,为乡村高质量发展提供谋略,以柔性的形式成就新的社会人力资本是当代"青年下乡"的积极探索,向教授团队便创意了"乡创特派员""乡创营造师"等人才形式,成为富有时代特色的人才案例。最后,在财务方面,由于其偏向公益的社群性质,往往需要学者本人投入财力或融资的精力,其艺术介入的路径也常倾向于公益活动的组织,调集志愿者力量、发掘地方文化、积极利用在地材料,这决定了作品本身也往往具有实验性和原真性特征。

三、资本的增值性本能

(一)资本追求与权力干预

如果说以上两种类型的驱动,来自艺术或学术这类文化生产的内部力量,关注的是传统继承、文化认同与地方创生,那么以资本和权利为动因的艺术介入,则更看重社会效益或经济效益的转化效果与呈现效率。

相比来自艺术本能驱动的类型,来自资本与权利的动因在乡村旅游领域的出现相对较晚。其建立在两个宏观背景之上,第一,是在将发展乡村旅游业置于乡村振兴国家战略的社会语境中,并将其作为振兴工作的具体抓手;第二,是艺术家与学者的乡建实践中,涌现出一批具有发展潜力的乡村创生、旅游赋能的典型案例。在这二者结合的大前提之下,政策红利、舆论导向、产业与消费结构调整等多因素得以结合,促使地方职能部门将资本介入作为乡村旅游规模化发展的必要手段。在这个逻辑过程中,艺术介入成为资本下乡的工具,多少承担着"生产要素"的角色。

在《乡村民宿中的艺术介入情况访谈问卷》调研中,"第 7 题　您认为乡村民宿或乡村旅游项目中对艺术介入所费的投资可以转化为商业价值吗?"以及"第 10 题　就您的项目而言,在艺术介入方面的投资,您主要是出于什么方面考虑?"其结果如图 26、图 27 所示,明确支持相关投入的商业回报事实,亦明显倾向艺术投资的市场效果考虑。

图 26　问卷第 7 题分析示意图　　　　图 27　问卷第 10 题分析示意图

实行社会主义市场经济体制,以市场为导向,是我国改革开放 40 余年来积累的深刻经验,坚持社会效益与经济效益兼顾发展是我国文化产业的重要特征。按照我国文化产业分类方法,旅游业从属于文化产业,乡村旅游作为旅游业的重要组成部分,其当下发展尤其体现出明显的阶段性特征,要理解我国当下乡村旅游业的发展逻辑,必须将其置于新时代中国特色社会主义经济的宏观背景、乡村振兴的国家战略中去理解。中国共产党在社会主义市场经济运行中的引领作用,在当下乡村旅游业规模化发展中,成为促使市场调节与政治领导相互配合的重要保障。

乡村发展、"三农"问题是党中央一直以来持续关注的问题,理解乡村是理解中国在追赶西方现代化进程中所采取的中国特色道路的通道,这意味着在中国的发展语境中看待乡村问题会具有特别的理解角度:从单纯经济功能看乡村,乡村的地位和作用仿佛微乎其微;若按照西方盛行的物质主义、GDP主义思维则无法深度理解乡村振兴战略的时代内涵与现实意义。中国人民大学乡村建设中心温铁军教授将乡村振兴战略置于全球危机与中国战略转型的综合过程中思考,认为乡村振兴是中国抵抗经济"脱实向虚"、坚持投资主导型经济战略的必要路径。通过把过剩生产能力导向乡村基本建设和社会建设、贯彻城乡融合,从而深化新形势下的中国特色改革;更重要的意义在于,当国家遭遇巨大外部压力时,乡土社会的复兴将使国家抵御外部转嫁危机的能力大大增强,这一点,历史上的两次输入型危机的经验可以为证。①

理解乡村振兴的历史价值就不难理解乡村建设的时代意义,乡村旅游业被作为这种价值、意义的实践抓手,为引导其快速发展,政府出台一系列扶持政策便很必然。所谓"引导"乡村旅游业快速发展,从政府层面看,具体方法就是引导资本的介入,因为没有资本介入,就难以形成规模化发展,没有发展规模何谈发展速度。近年来,河南省发展旅游的做法很好地说明了问题。

河南省拥有一大批自然资源、文化资源:太行山、王屋山的秀丽俊美,黄河的浑厚壮美,开封、洛阳的古都神韵,中原文化的厚重深沉……可以说,河南省握得文化旅游资源的一手好牌,现实中却一直处于旅游发展初级样态的困局当中,是什么造成这样的局面呢? 有何方法可以化解这类问题? 笔者参加河南省文旅厅组织的《穿越河南 豫见华夏》行业考察,访谈了多位河南省乡村旅游发展的一线工作者,如开封市文化旅游投资集团副总经理、济源市文化旅游投资有限公司运营总监、新密市奥伦达黄帝康养小镇运营总监、上海鑫嵘酒店管理公司总经理(途家自营)、洛阳市车村镇云合山间创始人、焦作市修武县云上院子创始人等,他们均是当下河南省文旅规模化发展的资本投入者,且扮演着不同的角色(表9),这些角色在政府引领下投身于河南省文旅资源深度开发事业,产业发展政策是政府发挥引领作用的有力工具,例如对资本获利具有保障作用的政策推行必然对资本介入产生利好,反之则是伤害。正如河

---

① 温铁军、张孝德:《乡村振兴十人谈—乡村振兴战略深度解读》,南昌:江西教育出版社,2018年,第2页。

南省文化和旅游厅厅长于2020年9月在全省民宿工作推进会上传达的观点：乡村旅游的发展方向绝不是农家乐的扩大，而是要走出适应文旅发展新形势的模式。这种模式需要资本参与、需要专业化运营，专业化运营是资本获利的保证；唯有如此才能保证模式的可持续性。推进会上特别针对部分投资案例提出警示："投资方参与乡村旅游项目的动因不能仅仅依靠创业者的'情怀'支撑，只有商业模式的科学、可持续，才是行业可持续发展的真动力。"基于这种认识，就不难理解当地政府在土地流转、平台引进、项目招商、证照流程等领域所践行的种种激励型举措；在此，本研究并不对这种行动逻辑进行一概而论的评价，暂且只先明确这种模式的存在，并对其背后逻辑加以了解。因为，在以资本介入为动因的乡村旅游发展模式下，艺术介入具有商业变现的天然使命；那么，艺术介入的方法、路径、表现方式、呈现效果也必将会与前种动因模式下的情况有所区别，艺术在此更易呈现他律性的特征。

表9 河南省调研行程中部分受访人及其资本背景

受访人	代表单位	资本介入角色
副总经理	开封市文化旅游投资集团	国有资本投资
运营总监	济源市文化旅游投资有限公司	国有资本投资
运营总监	新密市奥伦达黄帝康养小镇	集团资本投资
总经理	上海鑫嵘酒店管理公司总经理	集团运营资本
创始人	云合山间民宿	个体资本投入
创始人	云上院子民宿	个体资本投入

（二）资本来源及行动标准

土地问题的处理使乡村旅游业真正进入规模化发展的阶段，外来资本的大量进入既是产业规模化发展的因素，同时也是重要的表现。政府作为利好政策的提供方，对所引进之资本具有难以割弃的利益相关性，包括社会效益和经济、税收角度的权衡。因此，在大资本所进入的乡村文旅项目中，时常可以看到权利的期待、支持，以及受之影响的工作流程与模式。

资本进入乡村旅游业具有明确的商业诉求，这由资本的逐利性决定，是资本的天然特征。这个逻辑决定了资本操盘下的艺术介入乡村旅游业具有一些不同于前两种动因驱动的特征。首先,艺术与经济的关系相比其他类型更显紧密。但这种艺术则回归为"美"的艺术,回归到苏格拉底的"美即效用",并尤其强调"效用"。马克思对此也曾提出观点,在他的《1844年经济学哲学手稿》中将美学、艺术与生产作为密切相关的概念,并明确认为它们也应作为一种生产力看待。经过英国学者麦克·费瑟斯通"日常生活审美化"的命题以及经济学家亚当·斯密《道德情操论》关于"效用之美""美是善的表征"的思想阐述之后,消费社会发展到当下的"美学经济"阶段,商业市场中的艺术,基本可以界定为是与"美"相关的艺术,对其评价的标准则较少侧重如行为艺术那般的注重反思性,而更多地被要求能够提供审美性的愉悦感受。①

有了这个准则,可以看到资本驱动的乡村旅游业中艺术介入的目标,就如同资本介入乡村旅游业一样简单直接。区别于前两种执行特征的,以整体赋能乡村为主要目标、以旅游业发展作为达至与维持目标的"副产品"的情况,资本驱动方式下的目标更加明确,直指旅游业甚至是某个具体旅游项目的利益,并且要在谨慎平衡投资回报的基础上衡量艺术介入的功效问题。

于是,就引出了资本动因的第二个特征:将"美的"艺术介入作为商品。这个特点乍看之下,以为对金钱的计较可能会影响艺术介入的资金投入,从而影响效果。但事实是,恰恰在这个类型中更容易出现对艺术的大资金投入。因为艺术在此被作为"生产要素"加以评估,优美愉悦的场景、某个艺术家或设计师品牌带来的传播力,场景、作品、名人效应所带来的流量变现,都是衡量艺术介入价值的标尺,资本反而愿意根据自身优势撬动艺术资源的杠杆,以求为自身项目塑造更高的竞争壁垒。如济源市文化旅游投资有限公司重金聘请著名设计师宋微建先生,项目投资额达9.1亿元人民币;再如河南省民安集团"里山·明月"项目直接以设计师冠名建筑如"奥长之家",并设置"艺术家部落",都是极为耗费资金的项目;这种级别的艺术/设计投入几乎不可能在前两种动因模式中出现。尤其在乡村民宿步入规模化发展的"4.0版本"时代,

---

① 邱晔:《美学经济论》,北京:中国社会科学出版社,2020年,第24—25页。

当如"安曼"般的强品牌涉足乡村,他们的业务流程与操作规范也将被带入,据本研究调研所得信息,诸多国际或臻品品牌,都设置了自己的"设计师库",对设计师的级别、标准,相应艺术介入、环境装饰的规格早已形成规范性制度,这足可见艺术/设计介入在此类企业中的重视度与成熟度。

资本动因下艺术介入乡村旅游业的行动主体相应分为两种,即对艺术介入提出需求的"甲方",以及艺术实践具体执行者的"乙方"。在资本投入的产业模式下,这两种行动主体极少重合,资本投入的客观性决定了其作为产业发展受益主体的必然性,这也决定了资本介入模式下,"资本主张"对艺术介入的行动与评价加以干预的合理性。正因如此,也凸显了上文将"资本追求"与"权利干预"并置处理的必要性。

回顾本书分析乡村旅游业发展效益评价时所提出的宏观与微观相结合的综合路径,政府机构作为乡村旅游发展宏观层面的效益主体,在遵循市场经济的基本原则下,尤其关注乡村旅游业发展的社会效益。作为微观层面效益主体的项目投资人与经营者,则往往会首先考虑营利需求与投资需要。虽然产业实践中不乏一些业主的动机会包含一定的个人情怀与社会担当,但两个现实问题横亘在从业者面前:一来是经济方面的考虑对项目的直接利益相关者而言无法回避,二来是这种动机难以保证其案例价值的普遍性与稳定性。因此使得诸如产业发展对人民生活满意度、地方创生、产业重组、文化建设等方面的综合考虑难以圆满实现。于是,政府所承担的干预职能便表现为引导与制约,以保证乡村旅游产业的升级发展与经济、社会、人民福祉等多个维度之间均能呈现积极正向的关联。于是,政府的积极参与形成了我国乡村旅游业发展的重要利好,经过多年积累,相关引导政策已经逐渐发展为一套涉及土地、就业、税务、工商等诸多现实问题的、全面的政策体系。在这种势能下,由资本与权力、大资本与小资本、大资源与子项目共筑的乡村旅游业提质升级也就包含了一种多维系统的价值实现逻辑,在政府的引导和参与下,乡村旅游业规模化发展的结果最终将锚定经济价值与社会价值的复合增长,具体归纳如图28。

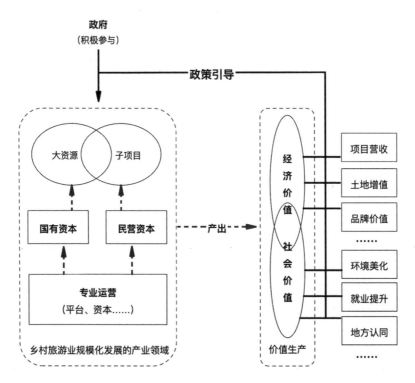

图 28　乡村旅游业规模化发展的价值实现图

第二章 意义的追问：艺术介入乡村旅游业提质升级的文化归因

"大量事实表明，艺术从来不是一个自在自为的封闭领域，它总是这样那样地和种种社会现实密切相关。"①基于这一视角，当乡村振兴上升为一种国家战略，"美丽乡村""两山"理论等政策持续推进，意味着乡村优化的相关问题正逐渐构建出中国社会生活的新语境。乡村面积之广、乡村人口之众，中国乡村问题的体量决定了艺术参与其中的必然性与必要性，也构成了当下考察和理解艺术自身发展的现实背景。

相比之前的工业化大发展时期，大众对"乡村"的功能期待正逐渐从"城市供给站"转变为"乡愁"记忆的承载；这种从物质性到精神性的偏好转移决定了对感性要素需求的上升，审美性要求开始纳入乡村社会生活的参照，乡村需要艺术。转而站到事情的另一面，从艺术的角度看，艺术的经验性本能决定了艺术参与到乡村优化中的内在动力，乡村是艺术经验的物理真实。

第一节 艺术介入乡村社会的文化理由

一、乡愁记忆与艺术介入的文化旨归

（一）乡愁作为乡村旅游的情感自觉

乡愁是一种人类共通的特殊情感、一种绵延不绝的集体记忆。从词源上

---

① 周宪：《艺术理论的文化逻辑》，北京：北京大学出版社，2018年，第68页。

看,希腊语中以 nostalgia 诠释"返回家园"的乡愁。雷蒙·威廉斯在《乡村与城市中》以"乡愁"指代记忆中对故乡的一种喜忧交织的追忆与渴望。① 中国传统文化语境中的"乡愁"与西方的意义有所不同,民间社会素有"耕读传家"的传统,"落叶归根""荣归故里"是多少中国游子的魂牵梦萦。当下"乡愁"已经成为一个经常被讨论的词汇,2013 年它正式出现在我国的官方文献;自此,将"乡愁"作为中国传统美学与文化传承的寄托具有了意识形态上的合理性。"乡愁"概念的情感维度牵连着中国传统的"审美"指向,这在一定程度上造就了艺术、设计服务乡村的切口,构成了今天从艺术介入的角度参与"乡村振兴"的机遇与必然。②

乡愁隐喻了人们对故乡故土的集体记忆。"在人类生活的文化定向中,记忆是一种巨大的力量,它似乎要取代历史在那些决定历史认同的行为中所处的核心位置。"③耶尔恩·吕森在为《回忆空间》作序时如此写道。那么,追求这股力量的源泉,无法回避的将是"情感"与回忆之间的共振。有趣的是,关于"情感",德勒兹也将其与"力量"相关,认为也可以将"情感"理解成一种力量,或者一种变化的权力。"乡愁—记忆—情感"之间的彼此嵌套其实容易理解,但这组关系又如何与"权力"产生关联?"权力"里所内含的"力量"成为串联其四者的隐线,权力包含了"驱动"的力量。其实,弗洛伊德的研究亦是将"情感"置于事物经验的驱动系统当中。如此看来,"情感"也是具有"功用"的了。民族文化的基因、个人的回忆经验共同促发了"乡愁"的"情感"在民族国家社会中的"一气周流",如果说乡愁是一个特定群体对过往记忆的怀念,这种怀念就包括曾经生活的山、河、湖、水、船舶、人家……是他们所持有的完整的生活方式。这又与威廉斯所言的第三种"文化"不谋而合:文化是一种对特殊生活方式的描述,艺术、习得、制度以及日常行为均具有意义与价值;而文化分析就是着意于阐明特殊生活方式体现的文化所或隐含、或外显

① 汪瑞霞:《空间记忆与情境重构——当代江南村镇文化景观设计研究》,南京:南京艺术学院博士学位论文,2020 年,第 23 页。
② 陶蓉蓉:《艺术唤醒乡土:设计、艺术对乡村振兴的驱动性影响研究》,《盐城师范学院学报》2018 年第 5 期。
③ [德]阿莱德·阿斯曼:《回忆空间:文化记忆的形式和变迁》,北京:北京大学出版社,2016 年,第 II 页。

的意义与价值。①

在这组关系下，"乡愁"的词汇开始多少注入了政治的意涵。从国际角度看，越来越多的国家开始创制出各种"回流"项目，制造一种明确的流动指征性状态；从国内角度看，日益受到重视的在地文化挖掘、文化归属建立，不仅指向本地人才回流，还可以看到各地发生的"人才争夺战"。"乡愁记忆"及其"情感结构"对于社会发展与文化进步均展现出内在的"功用"，于是对乡村振兴背景下的乡村旅游业而言，对"乡愁"的追随不仅符合消费者对自身内在文化归属的需求，需求与供给的匹配关系使得艺术介入的原则与方法都开始指向既定的主题。艺术介入乡村旅游，就最直观的"成果"来看是一个个作为旅游消费载体的个体项目，这些项目作为旅游产业的物质载体，艺术介入的任何细小的环节，只要其是指向既定的"乡愁""地方""乡思"的主题，其物质性都会变成一个"符号载体"，这些所构成的乡村旅游场景与消费体验最终会回溯到特定文化的"情感结构"当中。就像威廉斯所强调的那样："'情感结构'是一种在历史过程中不断发展、变化和有机的东西，始终都处于塑造和再塑造的复杂过程当中。"②

因此，在当前的社会背景下，无论是站在推进国家生态文明建设战略转型角度，还是出于文化自信、文化软实力建设的初心，乡村振兴、乡村文旅的发展都担负起更丰厚的责任与意义。"乡愁"作为一种正面、鼓励的情绪，成为文旅市场主客双方之间的对接桥梁，赋予艺术介入产业时一个较为明确的情感主题，这种主题性的游览在游客体验中所形成的心理激荡，又将成为"乡愁"塑造的新元素。

（二）艺术作为地方文化的表达媒介

延续上一个话题，以"乡愁"作为乡村旅游的情感自觉，必然会引发旅游项目的文化倾向，这种倾向牵引了艺术介入的创作主题与主旨思路。调研中其实经常可以看到，以艺术为路径，转换地方传统建筑的观看方式与价值构成的做法；如果我们认同建筑的参与方式构成了地方的生活方式、建筑文化作

---

① 汪民安：《文化研究关键词》，南京：江苏人民出版社，2020年，第280—283页。
② 汪民安：《文化研究关键词》，南京：江苏人民出版社，2020年，第283页。

为地方文化的组成部分,于是也就不难理解,艺术实际扮演了地方文化表达媒介的功能角色。

"文化"在《现代汉语词典》中的定义,首先是"人类在社会历史发展过程中所创造的物质财富和精神财富的总和,特指精神财富,如文学、艺术、教育、科学等"。① 根据这一释义,艺术一方面作为"文化"范畴的一部分;另一方面又由于其形式特征以及特殊的"描摹"功能,从而成为能够反映其他范畴内容的特殊部分。如此看来,艺术既是文化的组成部分,又是参与文化传播的载体;艺术于是便成为触摸历史细节的可行通道。那么,本书所要论证的艺术与地方文化之间的关系,也只是要将上述内容加上地域的限定罢了。其实在艺术和文化的发展历程中,这样的案例俯拾皆是。当人们在澳大利亚的岩画上"相会"早已灭绝的动物,如袋狼、塔斯马尼亚虎,是否能够联想到 4000 年前当地人狩猎、饮食的场景与风貌? 当走进大英博物馆亚述馆,看到纳西尔帕二世统治时期浮雕所展现的猎狮子场面时,你又是否能够感受到属于亚述王朝的那份蛮勇气息? (图29)事实上,猎狮场面确实已成为亚述王朝皇家形象的识别性表现形式。② 当日本传统音乐独特的调式音阶和巴西热情洋溢的巴萨诺瓦调式在耳边响起,两种截然不同的民族性格、文化特征难道不是了然可分的吗?

图 29　亚述纳西尔帕二世时期的浮雕③

① 中国社会科学院语言研究所词典编辑室:《现代汉语词典》,北京:外语教学与研究出版社,2002 年,第 2006 页。

② [英]奈杰尔·斯皮维:《艺术创世纪》,北京:中信出版集团,2019 年,第 98 页。

③ [英]奈杰尔·斯皮维:《艺术创世纪》,北京:中信出版集团,2019 年,第 98 页。

不同的地域、不同的文化性格当然也会影响艺术家的创作风格,这也反证了艺术表达与地域文化之间紧密的互动联系。现代艺术史中,鼎鼎大名的皮艾特·蒙德里安为躲避战乱而来到纽约,在曼哈顿的四年时光成为他生命的最后挚爱与高光。曼哈顿那狭窄的街道、林立的摩天大楼以及如网格般规划严格的城市布局,在艺术家眼里却呈现出一种强烈的、新造型主义的视觉刺激。蒙德里安热爱这个城市的节奏和活力,曼哈顿闪烁的夜间灯光、灯光下的摩天大楼……这些意象统统被转化成为画面中光影交错的明亮表现。回味地方文化与艺术家感知之间的交流与碰撞,是曼哈顿特有的文化刺激使蒙德里安放弃了他投入了 20 余年的、熟练的创作程式,转而以彩色线条的繁复编织去颠覆自己早年的黑白网格,这幅名作《百老汇爵士乐》就是鲜活的证明。(图 30)让这个文化的反应链继续延伸,我们看到,作为一个近乎传奇的艺术家,蒙德里安以其对一大批美国艺术家,尤其是几何抽象艺术家的启迪,最终使他的这幅作品对曼哈顿的文化意象起到了国际性的传播影响。[①]

在我们艺术介入乡村文旅的实践中,也遵循着这条理路。例如,在白马"花田艺绘节"项目中,在创作工作真正开始之前,小组培训首先是对地域文化与地方知识的习得,例如邀请四川大学教授关于"巴文化"的讲解,其后,将"巴文字"运用到向家院子西门的出入口位置。再比如笔者在参加江苏省盐城市大丰区麋鹿小镇文旅赋能规划时,首先的工作是对当地历史文化、风俗故事进行梳理,将地方志与麋鹿、姜子牙的神话传说相结合,打造了"以麋鹿为主要形象,姜子牙和盐文化为辅助"的"一主两辅"的 IP 格局。在此基础上,再进行艺术创作与产品的开发,如项目组原创的群像雕塑便是对这一地方"传奇"的有意表达。(图 31)

这些案例都可以佐证艺术与其"土壤"之间的映射关系。王瑞芸女士近年以人的"观念"变迁作为诠释人类 3 万年艺术史的线索,拓展了艺术史研究的新范式:艺术最终是其所在环境中的人之观念的显示方式,而人的观念则会受到地域中地理气候、生产方式、社会结构的综合影响,简单来说,就是艺术需

---

① [美]H.H.阿森纳、[美]伊丽莎白·C.曼斯菲尔德:《现代艺术史》,长沙:湖南美术出版社后浪出版公司,2020 年,第 430 页。

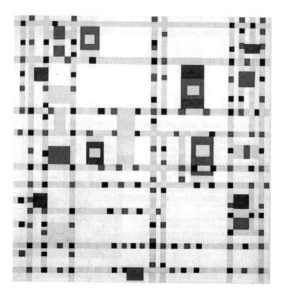

图 30　皮艾特·蒙德里安 1942—1943 年创作的布面油画《百老汇爵士乐》

图片来源:蒙德里安。

图 31　盐城市国投集团"麋鹿小镇"文旅赋能雕塑案例

图片来源:盐城师范学院文化产业发展研究院。

要表达地方文化的内容,但同时,它也参与了在地文化的构成。英国著名作家、艺术批评家罗斯金曾说:"任何国家的艺术都是其社会和政治美德的诠释者。"[1]也是侧面反映了这个道理:国家也好,村落也罢,都是地理、空间范畴的

---

①　[英]罗斯金:《艺术与道德》,北京:金城出版社,2012 年,第 13 页。

特殊限定罢了，其核心要义都是在阐明艺术与所在"地方"文化之间的内在关系。

"艺术作为地方文化的表达媒介"，其深刻性还在于"媒介"本身所具有的深刻内涵。根据传播学奠基人马歇尔·麦克卢汉的理论，"媒介本身的含义是 in the middle(在中间)，或者叫 go between(在两者之间)，是一个信使，一条通道，一种某物经由某个手段、工具、途径到达另一物的中介空间。"从乡村旅游的宏观视角看待涉及其中的利益相关者：居民、游客、经营者、艺术家、地方政府、国家意识等，艺术作为媒介将"中介空间"的弹性充分彰显。狭义地理解，艺术可以作为绘画、雕塑、舞蹈、音乐的具体形式去成为在地文化和艺术家、和游客、和居民之间的"信使"或者"通道"。宽泛地定义，艺术也可以用社会实践的形式，以过程作为"中介空间"，从而达至相似的效果。"效果"引出了麦克卢汉独特的方法论，使得用"媒介"一词去处理乡村旅游业中艺术介入的文化相关问题具有了深层的自洽性。乡村旅游业在我国是文化产业的组成部分，具有必然的经济属性；同时，由于国家性质与执政党使命的原因，它还具有明确的意识形态属性；因此，对乡村旅游业相关实践成效的考察必定不能绕过"效果"的话题，这是"产业"语境的普适法则，也决定了麦克卢汉在今天仍被大量阅读的原因。他说："我的作品让大多数人感到困惑，因为我从背景(ground)开始，而别人从图形(figure)开始。我由效果出发去追溯原因，而传统模式则是从一些'原因'的武断选择开始，尝试将其与某些效果相匹配。"[①]这一方法论，不仅解释了艺术作为地方文化表达媒介的底层逻辑，同样也可以运用到艺术介入乡村旅游业实践的具体评价过程当中。

二、艺术的经验性与艺术介入的乡村在场

(一)经验性本能作为艺术介入的文化要求

"过去也好，现在也好，艺术家还做其他许多工作。只要我们牢牢记住，艺术这个名称用于不同时期和不同地方，所指的事物会大不相同，只要我们心

---

① ［加］马歇尔·麦克卢汉：《理解媒介：论人的延伸》，南京：译林出版社，2019 年，第6—8 页。

中明白根本没有大写的艺术其物,那么把上述工作统统叫做艺术倒也无妨。"①贡布里希用一种近乎偏执的"经验性"描写来呼应"没有艺术这回事,只有艺术家而已"这一语出惊人的开篇。从这个视角出发,恰好对应了"艺术与社会现实密切相关",艺术通过艺术家基于社会现实的不断实践从而得以被成立、被感知,艺术家也正是通过实践的方式来阐释思想,塑造作品。

回归本书的研究语境来看当下艺术介入乡村社会的实践行动,一方面是对现实社会中艺术与社会互动形态的观察;另一方面,也是借由艺术介入赋能乡村旅游业发展这一社会剖面去直面当下中国社会、国人之心思想法的生动呈现。研究乡村旅游业提质升级中的艺术介入,需厘清当下中国乡村现状与乡村旅游间的关系,艺术对乡村振兴战略响应的内驱力,以及围绕在具体艺术实践周遭的产业、社会、艺术三者关系。这种多维思考的过程,实质上也是完成一种在当下语境中对艺术功能的思考。

党的十九大报告提出实施乡村振兴战略,引领我们重新认识和理解乡村、发掘乡村价值。段胜峰等一批学者认为,这为艺术实践提供了宝贵的机遇与丰富的机会。艺术介入乡村旅游业提质升级是艺术介入乡村发展整体中的部分内容,遵循艺术介入乡村振兴的根本逻辑;而艺术介入社会的实践活动就本质而言是艺术的实践与经验性特征的综合体现。就像对乡村旅游业提质升级中艺术介入的动因梳理,在时间维度上所体现的结果也首先是来自于艺术与艺术家群体内部。简要描述这个关系反应链,大致是:乡村振兴的国家战略驱动了乡村建设与发展的洪流,政府的大量基础设施的建设投资,支付了乡村社会发展的机会成本,为资本下乡和市民下乡寻找收益提供更大可能,乡村旅游发展和艺术家投身乡村建设就是这种可能性的实践者,这种追随行为又好像一粒粒种子,在乡间发芽、成长,随后又成为推动这股潮流向前发展的力量。

从乡村旅游业发展的历史进路来看,文化与旅游融合发展的思路极大拓展了乡村旅游的发展面,从乡村文化到乡愁寄托,这种朴实的情感需求营造,将我国乡村旅游的物质依托从原本对大山大水自然资源的极度依赖转向城市周边、普通村落,当乡村文化本身成为旅游发展的可用资源,再由文化资源转

---

① ［英］E.H.贡布里希:《艺术的故事》,南宁:广西美术出版社,2015 年,第15 页。

化为文化资本,我国乡村旅游业发展的地域限制得以突破,与行业发展相关的各类需求随之迅速增加,其中就包括对艺术与艺术家的需求,因为乡村文化的提炼与表达、乡村旅游物质载体的营建和美化,都离不开艺术工作。在这个逻辑中,可以看到艺术的经验性本能,以及乡村旅游升级发展对艺术介入所提出的文化要求。

从艺术或艺术家角度而言,作为早于资本投入到乡村建设的力量而言,这种动力就来自于艺术家面对社会进程时的自主选择,亦来自于艺术的实践性本能。朱光潜先生曾把文艺归结为一种实践活动。① 马克思主义的艺术自律论一方面坚持艺术固然是自律的,另一方面则强调艺术自律绝不是要摆脱历史,而是要更好地参与到社会发展的进程之中。② 重提《艺术的故事》开篇句,贡布里希所谓的没有"艺术"这回事,也就是将"艺术"放到了"艺术家"的实践过程中去定位,"艺术"如此成为一种经验性的物理真实。近来,艺术史的阐释逻辑也越来越多地偏向于将艺术作为特定时代、特定物质与经济条件下的人心观念的体现,从这个角度理解艺术发展,一方面是看到了艺术作为时代经验的表达;另一方面则是将艺术作为艺术家的"经验"。从这个角度去看待兴起的乡村振兴、乡村旅游业发展,便很容易理解其作为当下艺术"经验"实践场的视角,它是我国社会发展在特定阶段对艺术与艺术家提出的现实需求,也是艺术深度介入社会发展的时代机会。

艺术家早于资本或权力对乡村现实予以关注,可以中央美术学院靳之林教授为例。

靳教授耗费人生大半时光在村间、地头,无论是自身绘画创作,还是对民间艺术的归纳总结,乡村是他的缪斯、是他的"画布",也是滋养他学术思考的沃土。回溯靳先生的艺术工作生涯,作为原文化部"中国非物质文化遗产民间文化生态保护工程"专家委员、西安美术学院"中国本原文化研究所"所长,中国本原文化研究创始人,他的工作大量涉及乡村民间文化(美术)的传承,

---

① 闫星、赵伯飞:《"艺术生产"理论与审美价值的创造》,《西安电子科技大学学报(社会科学版)》2002年第3期。

② 杨磊:《艺术自律抑或艺术责任?——读〈马克思主义与形式主义关系史〉》,《中国图书评论》2018年第6期。

也影响了乡村文化艺术的传播。例如,对陕北民间剪纸艺术的挖掘和保护,对延安、榆林两地石窟造像艺术的梳理,对本原文化哲学的建构;以及建立在这些工作基础之上而发展出的"延安地区石窟艺术图片展"(中国美术馆)、"延安地区民间剪纸展览"(法国)、"安塞民间艺术展览"(中央美术学院)、"中国民间艺术展"(法国巴黎)……①现在看来,这些工作都可看作是乡村文化资源建构的基石,而这种文化资源在乡村旅游产业勃发的时代,便很容易转化为可供利用的文化资本,进而促进地方旅游业的启蒙与发展。比如,靳先生1983年于洛川鄜城农村发现、清理的一批北朝寺庙佛造像碑构成洛川民俗博物馆的基础,而这座博物馆现已成为洛川地区排名第二的人气景点(携程排名);先生倾注大量精力梳理、传播的延安地区石窟艺术也被后生作为文化IP而转化为旅游产品,如延安文化旅游产业开发投资有限公司针对延安市13个区县各自有别的自然区位条件打造出系列的窑洞主题酒店;而剪纸、农民画这类传统的民间艺术不仅为文创产品提供创作素材,更是与新媒体、社交平台合作,借助直播平台进行话题营销,成为延安旅游IP探索的一部分。②

分析案例可以发现,艺术家与旅游开发主体的兴趣时常交汇于地域文化艺术资源之上;于是,位于时间轴前端的艺术工作便可视为对某种地域文化梳理工作的积累。诸多实践证明,这种积累可谓是一种文化资源的基石,最终或多或少地参与到旅游领域之中。然而不禁再次追问,回归艺术本身,这些落于乡间的实践对于艺术自身的发展有何深意?其结果还将指向艺术的经验性本能。

首先,艺术介入乡村旅游业的初衷,具有明确的功能指向,虽然艺术介入的方式多种多样,不仅可以是学科意义上的纯艺术,也可以是"后起之秀"的实用艺术;但不管是艺术的哪一个分支、分型,这场活动的最终目的都是指向能够服务乡村旅游的场景塑造、体验优化。

这种指向明确的,面向消费、经济生活的实践工作,是艺术对当前社会现实的回应与作为,而这种带有实用目标的艺术实践最终将成为自身历史的塑造者,同时也是时代历史的参与者。近年来,国内一个建筑艺术游学项目"有

---

① 靳山菊:《靳之林先生简历及年表》,《民艺》2019年第2期。
② 王晶:《延安市旅游超级IP探索》,北京:北京大学硕士学位论文,2018年,第43—46页。

方旅行"已小有名气,翻阅他们的目的地清单不禁感叹,这些我们带着膜拜、敬仰心情不远千里去参观、游学的建筑项目,在他们落成的年代其实都肩负着各自极为"现实"的功能职责,它们有的是住宅、有的是教堂,或其他某种类型的公共或私人建筑。(图32、图33)具体看来,其中很多建筑在当年其实就是建筑师在乡村的艺术实践,有些甚至是实验;现在,则凭借其本身的美学力量,转换为一种特殊的文化资源,又策动了文化旅游线路的开发。这真是一场令人感动的循环。想想"流水别墅"(弗兰克·劳埃德·莱特)、"朗香教堂"(勒·柯布西耶)这些建筑史上的顶级"流量",这些落地于郊外乡村或边境山区的杰作,回看其前世今生,当是可归于这样的循环过程。

图32　"有方旅行"海报　　　　　　图33　"有方旅行"海报

图片来源:有方官网。

其次,从艺术哲学的角度看待这一问题,约翰·杜威的经验理论提供了重要的启发。在美学问题上,杜威执着于恢复艺术与非艺术之间的连续性,在他的著作《艺术即经验》中,他开宗明义地指出了艺术哲学写作的基本要务,即"恢复作为艺术品的经验的精致与强烈的形式,与普遍承认的构成经验的日常事件、活动,以及苦难之间的连续性"[1]。该书译者高建平先生对杜威主张的这种"恢复"进行了两层意义上的归纳:其一,是对作为公认的艺术品的经验,与日常生活中所捕捉的经验之间的连续性,即艺术与日常生活之间的连续性。杜威认为这种连续性有助于避免艺术理论走向单纯的形式主义,而成为一种空洞的悬阁。其二,是在弥合了艺术与日常之间的间隙之后,杜威进一步寻求高雅

---

[1]　[美]约翰·杜威:《艺术即经验》,北京:商务印书馆,2010年,第4页。

艺术与通俗艺术之间的连续性;在进一步的论述过程中,杜威采用原始艺术的案例来阐释实用艺术与美的艺术之间的弥合。他的这些观点为理解当下乡村场景、旅游场景中的具体设计、艺术装置的配置提供了具有穿透力的视角。

(二)乡村在场作为艺术家实践的文化自觉

艺术的经验性本能决定了艺术家参与乡村实践的文化自觉。自古以来,艺术的创作灵感、创作能量以及创造力本身,均来自于社会现场;艺术,是社会现实、社会人心的忠实反馈。这一点,艺术发展的历程,尤其是西方艺术发展到当代阶段,杜尚、谢德庆、阿布拉莫维奇等人的一系列极具力量的作品早已证明。徐冰在解释他的"太空艺术"时说道,虽然"天书"所搭载的是火箭这样一种外太空科技,但实际上项目的整个过程和中国的社会现场息息相关。没错,他的确是用了"社会现场"这个词汇。对于艺术家,这并不陌生。2010 年阿姆拉莫维奇在 MOMA 进行了一场名为《艺术家在现场》(*The Artist Is Present*)的展览,给观者、艺术史留下久久回荡不息的震撼。

"现场"对于艺术的重要性了然,"现场"是"经验"的承载,是艺术创作的源泉。近年来如火如荼的中国乡村建设对诸多学科、专业提出现实性要求,习近平总书记提出的"把论文写在祖国大地上"逐渐内化为主流学术群体积极响应的行动自觉。"乡村"成为国家发展的重要"现场",包含了中国社会各种各样的社会关系、制度、人的价值观,以及各个领域之间的巨大磨合,这种复杂性的力量为文化艺术创造提供了文本。对艺术领域而言,本轮乡村改造从需求上对文化、艺术要素的参与度被提升到了前所未有的高度。这既取决于当前中国经济与消费的整体发展水平,也得益于对城乡关系、经济发展模式等问题所作的与时俱进的思考;具体到艺术家个体,"乡村在场"就内化为艺术家自我实践的一种文化自觉。

2019 年,中国艺术研究院举办"艺术介入乡村建设展",从展览中三个样本可以看到艺术家介入乡村现场并发挥功用的自觉性与能动性;分别是"梳理文化 服务当地"的"景迈山计划""以艺术接续传统文明"的"从许村到青田"实践,以及"植入黄土地的美术馆"的石节子探索。[①] 如今我们再次客观

---

① 张玉梅:《艺术介入乡村建设的三个样本》,《决策探索(上)》2019 年第 5 期。

看待这些案例,"景迈山计划"的创始人左靖老师除了具有作为大学教师的学术思考之外,还有创下大陆乡村民宿先河的个人经验,他主编的《碧山 10:民宿主义》成为人们了解大陆乡村民宿发展的重要书籍,在他的主导下,景迈山计划以翁基寨为起点,"今日翁基"展览将游客群体作为潜在受众,将展览的内容设计、陈设及其展示空间作为当地文化旅游资源的新内容进行处理,这样的工作思路和团队背景对旅游业文化赋能的促进意义与长远规划是明确的。

相较于"景迈山计划",另两个样本虽没有拥有民宿从业经历的创始人团队,但当一个乡村营造项目成长为"样本"之后,在当下信息通达的传媒方式与互联网环境之下,哪怕是考察接待的需求作用都会催生出旅游业态的苗芽。以石节子为例,这个既缺乏自然资源、又缺乏人文资源的西北村庄,没有村史、没有族谱、没有祠堂,土地贫瘠、干旱缺水,交通也不通达,自 20 世纪 80 年代之后,年轻人开始外出打工,莫说外来游客,连本地的年轻人都已所剩无几,在这样的客观条件下,"艺术家村长"靳勒老师用艺术的方式介入村庄,以"石节子美术馆"为载体建设,使这个村庄成为面对世界的窗口,一批批艺术家、媒体人、学生、游客到访,旅游服务在客观需求中应运而生。(图 34 至图 38)乡村美术馆的建立、国际艺术节的参与、各种艺术活动的倾力策划,靳勒以一种"在地者"的热情积极地推动艺术在这里生根、发芽。这种投入乡村现场的热情不也就是一种艺术家的文化自觉吗?

第二节　村落美学与旅游价值生产的文化链接

一、村落美学的文化视野及功能指向

(一)村落美学的文化视野

陶渊明写就《桃花源记》虚构了一个在尘世之外的山水田园世界,若问中国人"桃花源"是什么? 大约,那就是西方人眼中天堂的样子。《饮酒(其五)》中有:"结庐在人境,而无车马喧。问君何能尔? 心远地自偏。采菊东篱下,悠然见南山。"陶渊明歌颂田园和山水,滚滚红尘的对面是"东篱草庐",是"南山草菊","心远地自偏"则描绘了自我净化与自我实现的超然境界。文化

图 34 2012 年"国际戏剧、环保、教育论坛"

图片来源:石节子美术馆公众号。

图 35 2017 年"乡村密码公共艺术创作营"

图片来源:石节子美术馆公众号。

图36　众筹的小铺,村民兼任售货员

图片来源:石节子美术馆公众号。

图37　来访的暑期实践学生在"海禄馆"就餐

图片来源:石节子美术馆公众号。

图 38　村民靳海禄与艺术家张兆宏结对合作"家庭旅馆"

图片来源:石节子美术馆公众号。

确是如此,山水与田园所能带给中国人的归属感强烈而深厚。画家韦羲曾写过"没有山水的天堂,中国人不爱去"。如他,山水田园对画家的影响自古深远;翻看任何一本中国艺术史,山水画都是浓墨重彩的部分。如此,透过中国画的笔墨灵光,山水田园的意象化为中国的审美符号,也构成了中国人的文化记忆与美学历史。

　　时至今日,中国的社会、经济在经历了几十年飞速发展之后,城市大规模扩张所引发的社会、文化问题日益突出,对乡土的眷恋、乡村记忆的感怀愈加浓烈。2013 年,中央城镇化工作会议结束后,"乡愁"一词正式成为官方词汇,这从国家意识形态的高度为传统美学的传承和发扬创造了条件,也激发了对相关问题的学术思考;中国知网收录的以"乡村美学"为主题的检索结果共 63条,几乎全部写作于 2013 年之后,又以 2017 年以后最为集中,仅 2021 年之后的文章就占有半数。有理由相信,这反映了知识分子对时代问题的直觉和担当,且与近年来乡村振兴以及乡村旅游的积极实践有着密不可分的关系。从这个角度理解,即将乡愁与乡村美学置于乡村振兴与乡村旅游实践的社会背景中考量,会发现这是一个理想与现实互动的过程。

伴随乡村振兴的推动与乡村旅游业发展的落实,在这个时空范畴中置入"乡村美学",一方面是对"乡愁"的追思,另一方面也是一种重置。对大众而言,审美的可见性是直观并且重要的,对环境的耳濡目染假以时日则可能升华为一种情怀,当乡村成为可至可感的"诗与远方""诗意地栖居",那么"乡愁"便自然地内化为一抹普遍的情感,成为一种群体的无意识。① 于是,乡村旅游所依赖的外部环境即"美丽乡村",与自身环境即项目本身所呈现出的具有审美功用的旅游消费场景,彼此勾连出旅游者与在地居民可见、可感、可忆的共情与共鸣。此时提"乡村美学",对其加以理解、设置,并融入乡村旅游的实践项目,实则具有顶层设计的战略谋划,为乡村与乡村旅游的未来发展提供方向。

将"乡愁"融入"乡村美学"体现出我国社会发展的现实语境与这种美学构建的文化视野,两者最终共同融入当下的乡村实践,背后的真正动力来自于一个主体社会正试图复兴传统文化的认同感。经过审慎设置的"乡村美学"在落实之后,则如同设立一个理想的"审美原型",从而期待达至美育的效果,对这个"原型"进行进一步分析是必要的。北京大学向勇教授在给2020年"花田艺绘节"志愿者的网络课程中对"乡愁"进行细化分析,构成了"村落美学"的四个方面:山水乡愁、情感乡愁、精神乡愁以及灵魂乡愁。(图39)从"山水"到"灵魂"是将"乡愁"进行从物质层面向精神层面的渐次延伸,这种递进关系,一方面尊重纵向上的人类感知系统自然规律,另一方面也符合受众群体横向上不同的理解感知规律。这就好像马斯洛的需求层次理论,在由生理需求向自我发展需求的收缩过渡模型中,既包括了人类的普遍需求情况,又针对了分级人群的特殊需求。

向勇教授将乡愁的四个不同层面归纳为村落美学四个不同的文化视野角度,并以此对应了乡愁的不同感知深度;这种归纳对塑造乡村旅游业的产品结构提供了科学、理性的线索:山水乡愁是乡愁的基础层面,是"山山水水""田园风光"之类物质存在所引发的直接感受,对受众的审美理解能力并没有特

---

① 闻晓菁:《罗斯金的理想与中国的"乡愁"——社会转型中的审美、乡愁与国家的文化认同》,《南京艺术学院学报(美术与设计)》2016年第11期。

别要求,而是主要取决于乡村与城市环境、生活方式等方面客观性质的差异。在由山水乡愁向情感乡愁、精神乡愁、灵魂乡愁的升级转化中,蕴含的是更多的精神层面内容,具体而言就是在旅游场景设置与产品供给过程中将要融入更多的文化元素,涉及更多的技术手段与专业内涵,艺术作为重要的文化要素在其中也将扮演愈加重要的作用,艺术介入的方式、领域、深度也在这一过程中逐步拓展。

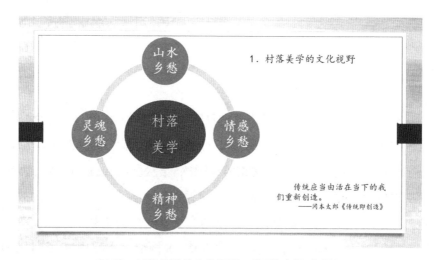

图39 村落美学的文化视野 (图片来源:向勇)

(二)村落美学的功能指向

伴随乡愁从物质层面向精神层面的延展,乡愁所蕴含的愈来愈丰富的精神内涵在乡村旅游业提质升级发展的现实中得以运用,将乡村美学的营造与运用与乡村旅游的项目策划与产品设计相结合,成为村落美学在当前语境中的功能指向。

乡村旅游业高质量发展,体现在休闲游向度假游的转变,抛开不确定性因素,可以肯定的是乡村旅游的消费层级正在发生改变,伴随消费水平的提高,游客对旅游体验的提升是既合理,亦必然。于是,村落美学开始用于更多维度的旅游产品设计,从物理空间的营造,到内容产品的设计,对"体验"的设计开始加深,并倾向于"沉浸式"效果的打造。

实践证明,乡村旅游的体验感会伴随文化内涵与艺术介入的程度而发生变化，"乡愁"表达的"场景设置"对应了不同的村落美学体验，向勇教授将其归纳为感官体验、情感体验以及精神体验三个层次，也是由低级向高级转化的递进关系。引入与旅游业升级相融合这一功能指向，"村落美学"这种递进关系的理解将在乡村旅游的项目定位、产品定位以及布局过程中起到决策性作用。这个逻辑在当下文化与旅游产业结合的顶层策略中得以演绎：需求与供给在良性发展的市场中应是较为均衡的；对乡村旅游业进行精神文化内容的融入与我国当下消费者需求偏好和消费能力形成匹配。

那么，需求偏好和消费能力的依据是什么呢？约翰·拉斯金在 150 年前关于"英国乡愁"的研究可为启发，他在提出"一个国家的景观"为人民提供了最基本的共有美感时，还特别强调对这种美感的感知需要经过审美的训练，比如他所定义的合格的"观察者"。① 与约翰·拉斯金生活的年代相比，当下中国社会的大多数群体，尤其是旅游消费旺盛的群体，其美的感知力"训练"早已在"日常生活审美化"的生活语境中逐渐完成；因此，我们可以看到，乡愁的内涵、村落美学的文化视野、消费者的感知能力，消费水平、旅游产品的设计与布局之间所呈现出的彼此融通的基本格局。这种格局的形成，为乡村振兴、产业发展前提下村落美学的功能指向提供了落地实践的理性支撑，也描绘了乡村旅游业提质升级的蓝图与风貌。旅游业通过将村落美学包裹进不同的价值形态，如体验价值、展示价值、膜拜价值；再在旅游项目的具体落地、运营过程中，以具体的产品去匹配相应的价值形态，最终通过旅游业中的交易与消费过程实现价值变现，从而实现产业的可持续与高质量发展。

二、村落美学的旅游价值转化与变现

（一）村落美学的价值逻辑

延续前文线索，村落美学在旅游业中以不同的价值形态加以实现，无论是体验价值、展示价值，还是膜拜价值，村落美学体现出巨大的价值可塑性与产业的参与性。

---

① 闻晓菁：《罗斯金的理想与中国的"乡愁"——社会转型中的审美、乡愁与国家的文化认同》，《南京艺术学院学报（美术与设计）》2016 年第 11 期。

本书将村落美学与艺术介入、旅游体验的关系加以图像化,并梳理其在旅游产业中的价值逻辑,如图40。让人兴奋的是,它们之间所呈现的相互匹配关系,实与精神经济分析中"精神价值愈高,产品增值愈大"的规律不谋而合:村落美学从最普遍的、最具物质属性的山水乡愁最终延伸到高居顶端的灵魂乡愁;与之呼应的是在乡村旅游的受众体验中,任何消费者都可以体会到旅游环境中的物质客体所带来的感官刺激,而相对较少的人则还可以进一步收获精神层次的旅游体验。与这两个金字塔相匹配的,是艺术介入强度的倒三角模型:最深层、高强度的艺术介入对应的是更高级的乡愁演绎与更深层的精神体验需求,这体现了不同类型的旅游产品所抱持的文化属性差异。这组对应关系,与当下社会产业经济发展文化化的整体需求不谋而合。

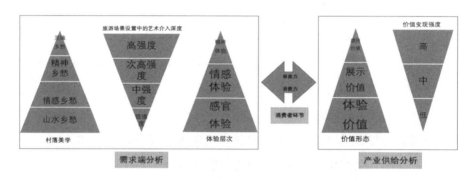

图40 乡村旅游的文化逻辑分析与价值转化对应图

乡村旅游业提质升级的相关议题当归属于文化产业的研究范畴,应当看到当下产业现实中仍然包括有一定量的传统农家乐模式业态;这种现象揭示了乡村旅游业产品形式多样并存的现状,也证明了乡村旅游业产品具有范畴广泛的特征:从基础的周边农产品售卖,到高端的乡村游学内容体验,乡村旅游产业的价值形式跨度极大。其内部逻辑可以用李向民教授"精神经济的模型"加以辅助理解。(图41)在乡村旅游业范畴中使用该理论,模型的整个方框可代表乡村旅游产业的整个产品体系,EE'线以上,A、D两个象限代表旅游产品的精神内容部分,EE'线以下的部分(C、B)则代表旅游项目的物质载体或物质产品形式,FF'线的左右两侧则分别是通常所说的精神产品和物质产品。[①] 在

---

① 李向民、王晨:《文化产业管理》,北京:清华大学出版社,2015年,第12页。

乡村旅游业中,基于上述分析,其产品跨度在 FF' 线两侧,但可确定的是,增加 FF' 左侧的产品比例是产业升级的主要方向。这一方面符合乡村旅游消费群体的审美与消费升级需求;另一方面匹配当前大资本以及智慧资源投入乡建的价值预期。乡村旅游业是涉及"吃、住、行、游、购、娱"多个维度的综合性产业,其产品形式庞杂而多样,但无论是物质态的消费型产品,还是非物质态的服务体验类产品,本质上都是对"山水、情感、精神、灵魂"四种乡愁的产品化实践,消费者通过旅游行为完成旅游消费的价值获取,这些价值可能是体验价值、展示价值、膜拜价值的其中一种,也有可能是几种价值的综合,这既取决于旅游产品的质量,也依赖于受众的消费偏好、审美能力以及经济水平。

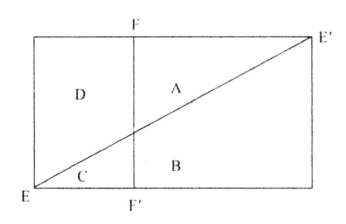

图41　财富的结构:精神经济的模型(李氏模型)①

(二)美学价值的产业变现

在可持续的消费市场语境下,受众的审美力与消费力是文化旅游消费的前提和基础。消费者审美诉求的提出与消费能力的提升,促使文化艺术要素在文旅项目中的持续投入、愈加重要;可以认为,是消费者与项目实践者共同创造了文化艺术要素在乡村旅游业中的价值变现机会。变现的规律则是:数量少、稀缺性高的产品将对应更高的增值水平与价值产出能力。这里的所谓

---

① 李向民、王晨:《文化产业管理》,北京:清华大学出版社,2015年,第12页。

"价值"规律,无论是从乡村美学的三个价值形态,还是传统的产品价值分析如经济价值、社会价值甚至品牌价值的角度,均有其合理性。如图43的示意,无论从需求端分析还是从产业供给端加以理解,都是乡村旅游从业者们需要去谨慎思考的内容,需求端的分析将决定产业供给的谋略,最终影响微观的产品呈现以及宏观的产业形象。还需注意,在这个整体环节中,消费者才是沟通和检验这两个模块可否对应的桥梁。那么,如何使消费者获取信息、感知项目,进而产生消费决策的初步偏好便是另一个重要的环节。这也引出了对艺术介入乡村旅游另一角度的关注,即营销、宣发环节中的艺术介入。从技术层面来看,这在很大程度上属于艺术设计的专业领域,如视觉传达、多媒体设计等专业均可涉猎,艺术设计的方法叠加网络技术的多样手段,构成了当下越来越丰富多彩的乡村旅游传播内容。艺术介入的方法使乡村旅游的叙事更具可读性、传播性,卓越的艺术语言与审美表象成为传达旅游项目精神内涵、唤起受众共情的重要手段;营销领域的艺术介入于是便具有了联结旅游项目品牌价值与商业价值的工具属性。

如此看来,艺术介入村落美学的价值转化过程,实际充当了文化信息转译、审美具象表达、传播影响扩大的多重工具。不同的艺术门类不仅通过物质产品和服务体验的设计来增加乡村魅力,创造经济和文化价值,而且还可以通过有益的方式为乡村旅游场域中的个人、社会和文化生活赋予进一步的价值。[①] 本书将其归纳为一种价值观的塑造,即艺术介入乡村旅游具体项目营建的同时,还参与塑造了社会公众对乡村旅游整体形象的价值认同以及产业内部相对普遍、持久的行业价值观。

价值观的塑造是价值认同的必要前提,价值认同孕育出以助力乡村发展、担当时代使命为个人志业的价值导向,为乡村旅游发展注入了高质量的人才资源与人力资本。调研过程中可发现一个比较典型的现象:乡村文旅项目中的一些佼佼者,具有典型性、开拓性的案例当中,项目本身经常有高端艺术、学术资源介入其中,这一规律不受地域限制,在多处考察中可见。

---

① [英]约翰·赫斯科特:《设计与价值创造》,南京:江苏凤凰美术出版社,2018年,第204页。

例如,河南省"清农学堂"依托着清华大学的学术力量,"那些年小镇"项目的总设计师是国内资深设计师宋微建先生,担任着中国建筑学会室内设计分会的副理事长。四川省"花田间·向家院子"的背后是北京大学艺术学院文化产业研究院副院长向勇教授,项目的建筑风格高度参照北京大学燕南园 51 号院,以这北大一隅为原型进行设计施工。浙江省"俱舍"所隶属的浙江博安投资管理有限公司,法定代表人耿侃先生,1990 年本科毕业于复旦大学哲学系,1993 年考入复旦大学哲学系佛教思想史专业攻读硕士研究生;工作经历涉猎了大学教师、报纸编辑、电视导演多个角色,在创立和经营"俱舍"的同时,还能保持书写创作的状态,由上海三联书店出版的新书《时间与确定性——东方复杂性思想引论》于 2020 年 12 月 19 日举办了新书发布活动。这样的例子还有很多,从行业调研的数据来看,在新一轮乡村民宿升级的典型项目中,受访项目的核心创始人团队中,具备艺术或设计专业背景的项目比例超出百分之六十,这一情况与"农家乐"阶段的乡村旅游是大不相同的。

因此,"智力资源"基于所受到的"价值认同"的感召而投身乡村旅游事业,成为一种迂回却意义非凡的"乡村美学"表现形式。《乡村民宿中的艺术介入情况访谈问卷》第十二题"项目所处阶段"也释放了一个重要信号:参与调研的这些具有代表性的乡村民宿(度假项目)是在目前市场中具有较高活力的,而从运营周期角度看,这些却都算是年轻的企业,他们是乡村旅游业提质升级过程出现的新生力量,具有与初代乡村旅游住宿产品差别巨大的客观发展条件(图 42)。从业者、尤其是项目决策者素质的提升或许可认为是其中最重要的条件。所谓产业升级,不就是一组附加值增加、审美要素增加、美学资本增加之间形成的共生关系吗?决策者的资源背景、文化视野,甚至他们的审美偏好都是决定这种共生关系得以循环的重要保障,乡村旅游的人才资源必将极大影响文旅项目甚至整个行业所呈现出来的体验效果。

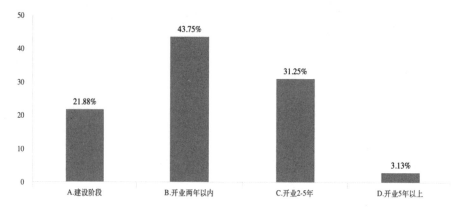

图42　《乡村民宿中的艺术介入情况访谈问卷》项目运营时间分析图

第三节　艺术介入乡村旅游的文化影响

一、地方文化赋能作为在地旅游的内部价值

近年来,"地方创生"被用来形容乡村振兴、城乡统筹和社区营造等社会行动进入新时代的新理念和新实践,代表了艺术介入地方赋能研究的新思考。"地方"在这里是一个被赋予了特定意义和价值的人文地理学和社会文化学概念。①　将"艺术"介入"乡村"这一特定"地方",目的是用艺术的手段和功能,以艺术的"天赋"来具象、放大或者强化"乡村"的文化及自然资源。被期待的结果是"审美化"处理的乡村开始具有产业结构转型的禀赋,就比如新兴的"美学经济",也可以通过乡村旅游的产业形式落地生根。而旅游是一个既有反映倾向,又有塑造倾向的特殊产业,这一点,在文化与旅游融合发展的语境下尤为明显。它一方面强调旅游者对于地方价值的认同与分享,增强了旅游者对地方的主观理解、内心感受和心理描述,从而升华了旅游者的消费体验;另一方面,在被理解、被感受、被认同、被传播的过程中,在地居民开始被赋予"审美的眼睛",就像雷蒙·威廉斯在《乡村与城市》中所说"一个劳作的乡村几乎不是风景"。文化旅游的在地实践使乡村居民有机会转换视野去重新

---

①　向勇:《创意旅游:地方创生视野下的文旅融合》,《人民论坛·学术前沿》2019年第11期。

审视日常;这种新的"凝视"所产生的更深远结果在于通过地方认同、自我认同而获得的自我发展和自我再生的能力,这种能力成为地方赋权的生生动力。然而,我们有立场追溯,艺术是如何介入这一过程,通过环境、场景、气氛等中介去赋能地方文化,最终深化为乡村旅游的意义在场,也由此生成了艺术介入地方文化赋能的旅游目的地内部价值提高。

(一)艺术化的生活:乡村旅游升级发展与原住民获得感

从乡村旅游发展、升级的进路来看,旅游业对基础设施、人居环境、自然条件等各方面均提出较高要求;由政府或国有资本出资解决公路交通、市政设施等公共品投入,再在此基础上开展旅游项目实践,似乎已经形成我国乡村旅游产业落地的普遍规律。虽然这种做法并非完全遵循市场规律,但却符合我国乡村振兴的初衷。乡村振兴战略提出的二十字方针"产业兴旺、生态宜居、乡风文明、治理有效、生活富裕",描绘了一幅经济、环境、社会、生活均衡发展的乡村图卷,最根本的受益者首先就是乡村的在地居民,使乡村百姓过上"美好生活"是非常明确的本意。在本研究的调研阶段,对开封市文化旅游投资集团某副总经理、达州市宣汉县文体旅局某股长的访谈中均采集到类似案例。该副总经理讲到了开封市双龙巷开发初期,她走访街区原住民,在一个下雨的午后,平日里已经熟络成朋友的老奶奶见她到来,忙着招呼落座喝水;老人的热情好客却没有带给她应有的舒适,因为她转头看见的是屋内的旱厕因为雨水的灌入而漫出,一种极大的刺激涌上心头,作为国资集团的党员干部,她说:"当时,我就决心,克服万难,一定要将项目改造好。"该股长在宣汉县文体旅局负责当地特色舞蹈节目的编排、演出,亲身参与了"巴山大峡谷"的筹备过程,她组织当地妇女练习土家传统舞蹈,组建了一支由村民自己担任演员的表演团队,经过短短几年的投入建设,巴山大峡谷已经成为一个颇具规模的国家级景区。(图46、图47)同样是前文所提的规律,旅游的发展需建立在路网通达的基础之上。该股长举了一个自己的例子,在巴山大峡谷景区建立之前,她从宣汉县城到峡谷出差,她的同事从宣汉县城去成都,同样是驱车代步,去成都的到了,去县内出差的却才走了过半路程。交通是制约地方发展的重要问题,交通不通,游客进不来,居民也出不去;此时,她回忆了一段铭心的记忆:在大峡谷开幕演出那天,她作为节目监制来到现场,一位年过八旬的老大爷说

"长这么大没见过这么多人"。这段回忆她是带着浓烈的个人情感诉说的,可以感受到她为地方旅游发展尽力而收获的自我肯定,这也是乡村旅游的另一个现实特点,这从来就不是一门单纯的生意,乡村旅游的从业者许多都是怀抱着振兴乡村的情怀而参与其中;这一点,与许多从业者产生共鸣,乡村民宿领军人物夏雨清先生在"清华大学乡村振兴云课堂"中表达:投入乡村民宿的最重要意义不是商业利润,而是如何利用在地风物振兴乡村。在他看来,帮助到乡村复兴才是他事业最大的价值所在与社会担当,他用"使命"二字来形容。

图 43 当地妇女表演团排练　　图 44 介绍地方舞蹈道具"钱棍"

旅游产业的发展为乡村在地居民所带来的获得感,不仅在于道路畅通、环境改造,更深刻的,是赋予人们"艺术化的生活"之权利。"艺术化的生活"是在描述一种生活的状态:于日常生活中本就有可被感知、被使用的艺术。对旅游村落的在地居民而言,他们是日常村落场景中建筑艺术、景观环境、传统民艺的天然拥有者和使用者,这些地域文化因素是他们的生活日常。作为原住民,当村落旅游产业发展、旅游场景设置落成,他们便自然以"自者"的身份在饮食起居、节日庆典、民俗仪式之中不知不觉地体验到了"艺术化的生活"。所谓对村落的旅游场景进行设置,首先在于通过"舒适物"的设置以提高人们的生活体验,这一过程将影响人们的情绪、态度以及行为等诸个层面,从而最终影响在地群体的社会生活和日常选择。在此引用场景理论的观点,"舒适物"通常是指能够给使用者带来愉悦体验的场景要素,可以对价值体验和社会情感共鸣产生影响;这为艺术介入乡村旅游存量资源的舒适化改造以及新增设施的积极营造赋予意义。①

列举一个艺术介入乡村存量资源改造,促进居民自我认同,最终赋予地方旅游内生动力的例子。在云南元阳哈尼族聚居村落中,有一种以茅草修建、形状酷似蘑菇的传统民居,它们被认为是哈尼族文化最重要的外部表征。② 但传统建筑本身却实际存在着光线昏暗、人畜混居、卧室狭小的三大缺点,它是过往生活的产物,早已不能满足因生活方式变迁所引起的居住需求变化。于是,便出现了外来人看热闹,居住者苦不堪言的窘境。如何才能既保留传统建筑形态的主要特征、保留住重要的地方生活文化记忆,又不牺牲村民的居住体验? 这其实是关乎旅游资源开发和在地生活认同的双重使命。清华大学罗德胤教授的项目团队利用技术手段从扩大门窗面积、整体构架抬升、内部空间功能重构三个主要方面入手,在保证改造之后建筑外观没有发生明显变化的基础上,最终实现室内居住条件的基本现代化。

室内场景的舒适化带来居住体验的提升,这对于化解传统民居与现代生活方式之间的矛盾起到积极作用。利用这一形式,村民们一方面依托"蘑菇房"这一建筑形式直观地开发出别具特色的旅游居住产品;另一方面从整体风貌角度而言,尊重原生建筑文化特征村落改造不仅仅是对村落特色的积极坚持,同时也是生成这种特征的生活方式的怀念,维护了在地居民的集体记忆。(图45、图46)建筑是空间的容器,空间是生活的承载。在保证"居住尊严"的情况下,居民作为"自者"的文化与价值认同也相应地更加容易建立,并大有希望可演化为一种以红利促进乡村区域发展的生态演进。在这个案例中,居民的认同与居住选择才是"蘑菇房"这一地方特色资源能够得以延续的保障,而更大的意义则在于探索了一条传统民居通过艺术地改造,从而适应现代化生活、积极转化为旅游资源的技术路径。③

---

① [加]丹尼尔·亚伦·西尔、[美]特里·尼克尔斯·克拉克:《场景:空间品质如何塑造社会生活》,北京:社会科学文献出版社,2019年,第42页。

② 阮卫民:《哈尼族人家》,http://tuchong.com/1366873/13337334/,2021-3-21。

③ 中国民族建筑:《蘑菇房、土掌房,让你全面了解哈尼族特色建筑文化的魅力》,https://www.sohu.com/a/471475384_120678132,2021-2-21。

图 45　改造后的"蘑菇房"①　　　图 46　"蘑菇房"形态旅游服务设施②

（二）生活的艺术化：游憩者的审美认同与乡村地方赋权

"村民""政府""游客""投资方"代表着乡村旅游实践中的不同群体，他们都是乡村旅游发展的利益相关者，但却并不会永远站在同一个视角去看待乡村旅游发展中的问题，他们有着各自的立场以及不同的能量。

如果按照艺术人类学的方法，以"自者"和"他者"两个视角去看待这一问题，"村民"和"游客"具备清晰的"自者"与"他者"身份，"政府"与"投资方"的身份则是介于两者之间的过渡角色，具有一定的兼容性与模糊性。本书从较为清晰的两个视角切入，正好与上一部分文章的论述对应。如果说作为"自者"的在地居民对所在乡村的地域认同是作为乡村旅游参与者的思想保障，毕竟以目前的乡村旅游实践来看，在地居民在旅游项目中参与工作是极为常见的情况；那么，"游客"以"他者"的身份沉浸于这一时空，首先就代表了对旅游目的地所推介形象的初步认同，伴随旅游体验的发生与深入，这种初步认同有了更为深入的可能，这一逐步认同、肯定的过程实际为乡村旅游的发展注入了来自外部的力量。尤其在文旅融合和文化创意产业发展、消费升级的宏观背景下，来自这些"游憩者"的积极表述、自媒体的传播为旅游项目甚至整个项目的所在村落都能带来积极的声誉，以及可变现的流量。

---

①　中国民族建筑：《蘑菇房、土掌房，让你全面了解哈尼族特色建筑文化的魅力》，https://www.sohu.com/a/471475384_120678132,2021−2−21。

②　中国民族建筑：《蘑菇房、土掌房，让你全面了解哈尼族特色建筑文化的魅力》，https://www.sohu.com/a/471475384_120678132,2021−2−21。

依循艺术人类学的理论路线,"他者"的视野强调从文化外部对文化进行审视和理解,其身份内涵可理解为对地区文化感兴趣、做研究或者具有其他目的性的群体。萨义德(Edward Wadie Said)曾经说过,一个文化体系的文化话语和文化交流通常并不包含"真理",而只是对它的一种表述。① 在当下的消费文化与传播语境当中,就乡村旅游市场而言,占据话语权的往往是那些"他者",比如文化产业者、网络"意见领袖"、媒体平台等。这部分群体无论是出于工作需求,还是个人消费需求,都有可能成为步入乡村的游憩者,并且从审美能力和话语权角度,这个群体都属于较高的层级。他们的体验灵敏度决定了艺术介入乡村旅游所产生的"效果"和"氛围"可以被更充分地感知,从而有可能通过更具艺术性的语言参与公共传播,他们的行动、表达将在自觉或不自觉的状态下对文化遗产村落作出表述、传播。

这个思路可以通过旅游推广的实例加以论证。以近年来大力发展乡村旅游的河南省经验为例,政府牵头与头部旅游平台建立合作,再由平台通过特有渠道进行基于大数据的精准推广,其中一个很重要的策略是积极与KOL(网红、网络"意见领袖")合作,如2020年9月14—22日河南省文旅厅与途家民宿合作的"穿越河南　豫见华夏"美宿家活动。(图47)所谓"美宿家"就是途家民宿通过网易、微信、抖音等自媒体平台筛选出的百万粉丝级流量的KOL合作,形成团队进入乡村旅游项目,进行体验式的居住、拍摄、传播,这种方式被验证是具有极大宣传效果的;如9月16日的一场夜游直播活动,仅KOL"美丽姐"的个人账号,开播十分钟观看量已达到23万,这种传播速率是传统媒体难以企及的。KOL的传播速度快、效率高是职业的素养,但同时也要注意到,他们对图片的要求是很高的,艺术介入的环境处理、一种"诗意"的氛围表达,是他们进行创作的刚性条件。本书采集了一些KOL自媒体平台上的图片,可以看出艺术化的环境氛围与图片质量在网络平台传播中均具有不容忽视的作用。(图48)

美宿家作为游憩者为乡村旅游背书的行动之后,留下的是更具知名度的旅游目的地,以及更具品牌感召力的旅游项目,与之相对应的,是由这种网络

---

① [美]爱德华・W.萨义德:《东方学》,北京:三联书店,1999年,第28页。

图 47　河南省黄帝康养小镇美宿家活动展板

图 48　美宿家 KOL 们的旅游地采风照片，地点为河南省乡村民宿

图片来源：KOL 本人。

媒体的裂变式传播带来的一批来自五湖四海的潜在客户。这种由宣发、推广活动所形成的综合影响将进一步参与构成新的在地旅游文化资本，参与到地方旅游发展的进程中去。文化资本亦是价值产出的工具，来自"他者"的认同也将延续这个脉络持续参与到地方旅游发展、产业升级的过程当中，这股力量最终将传导到地方社会、文化、经济的整体发展环节，从而实现对乡村赋权的综合贡献。

二、乡村旅游文化与乡土美育的价值同构

（一）乡村旅游的文化精神

根据西方旅游学研究，20 世纪 70 年代末、80 年代初期，伴随着一部分游客专门因为对某一目的地的文化或遗产而安排的旅游活动，文化旅游就开始被视为一种特殊的旅游产品种类（Tighe，1986）。现如今，文化旅游已经从那样一个小众的起点发展为旅游消费的主要形式，旅游的文化意义也获得普遍认同。[①] 并且在这一基础上发展出"创意旅游"的概念，用来匹配旅游与艺术生态或创意之间的深度交融状况。理查德和雷蒙德（Richards & Raymond）于 2000 年给出"创意旅游"的原始定义，认为这是一种"为旅游者提供机会积极参与其度假目的地所特有的课程与学习体验，而开发其自身之创意潜能的一种旅游形式"。2006 年，全球创意城市网络（UNESCO Creative Cities Network）在原始概念的基础上强化突出旅游目的地参与性与体验性、突出旅游与在地文化的关系，从而进一步突出"创意旅游"的特殊价值。

如果按照相关概念阐释，伴随"研学"形式的广泛铺开，创意旅游也代表了我国乡村旅游发展的一种方向。通过调研发现，嫁接于乡村旅游业的高端民宿、旅居游学，正逐渐成为高附加值乡村业态的代表。如河南省济源市文旅集团与清华大学合作，在其旗下项目"那些年小镇"设立"清农学堂"，主要从事乡建类内容课程培训。又如前文案例中的"向家院子"，举办了企业高管研学营、成立了"北京大学文化产业博士后宣汉创新实践基地""北京大学思想

---

① ［澳］希拉里·迪克罗、［加］鲍勃·麦克彻：《文化旅游》，北京：商务印书馆，2017 年，第 3 页。

政治实践课教育基地",还策划了"花田艺穗节""花田艺绘节"。再如浙江省建德市乾潭镇江南村富春江江心的小岛上,"俱舍"(浙江博安投资管理有限公司)在这里打造一座"书院",邀请北京大学、复旦大学、浙江大学、杭州师范大学、香港中文大学、中国美术学院等学术机构的教师组成学术委员会,从事高端研学事业。近年来,这种乡村研学、体验的旅游行程在亲子游市场得到拓展,较为突出的,如"自然种子"与"甘舍农旅"的合作,"探索鸟儿的家"(图49)、"山野探'冬藏'"(图50)等活动很好地利用了新型农旅资源为孩子们提供了认识自然、了解乡土的活动形式,无论从青少年自然教育角度、还是从乡村文旅的产业发展角度来说都是具有意义的探索。

图49 "探索鸟儿的家"活动现场①　　　图50 冬藏活动·认识土窑

图片来源:自然种子。

　　相关产业探索正在迈向积极的方向,但要是来说"游"在中国社会中的文化性,可以说自古体现出一种独特的"文化精神"。徐复观在《中国艺术精神》自序中写道,中国文化在把握"人在具体生命的心、性中,发掘艺术的根源",尤其是对精神自由解放的收获和理解更是凝聚了跨越历史、现代与将来的超凡价值。"游"是其阐释"精神的自由解放"的对解。徐复观《中国人性史论·先秦篇》中,将庄子思想与老子思想对比,庄子由老子之"寻求精神的安定"发展为要求"精神的自由解放"。这样,庄子思想不同于现代美学家将美和艺术

---

　　① 自然种子(Nature Seeds)是上海合旅建筑规划设计有限公司旗下孵化并持有的创新品牌及IP,以"把自然种进心田"为品牌理念,专注于互联网领域、教育产业领域、自然生态领域、文化旅游领域的跨界组合。

当作一种追求的对象而加以界定;他只是顺应自己的人生感受,而生发出求"自由精神解放"只能求于自我内心的觉悟。所以,心的作用、状态即是庄子所称之"精神",如其所言,"闻道""体道"以及"与天为徒""入于寥天一"所要表达的正是其所认为最高艺术精神的体现。而上述种种之"精神的自由解放"在庄子原典中则是以一个"游"字加以象征。① 虽然不能贸然以原典中"逍遥游"的"游"与今日之"游"作等量齐观,但"游"字本身中所蕴之内涵,仍可用以理解作为一种"至真"状态的人的活动的内容。"游"的重要,此后杜甫也有表达,洋洋洒洒数百字记叙了诗人一生漫游的人生记忆,"壮游"一诗在今日被学者用来形容司马迁辞别司马谈前的西征经历,是否也代表一种新的认知?

壮游

[唐] 杜甫

往昔十四五,出游翰墨场。斯文崔魏徒,以我似班扬。
七龄思即壮,开口咏凤凰。九龄书大字,有作成一囊。
性豪业嗜酒,嫉恶怀刚肠。脱略小时辈,结交皆老苍。
饮酣视八极,俗物都茫茫。东下姑苏台,已具浮海航。
到今有遗恨,不得穷扶桑。王谢风流远,阖庐丘墓荒。
剑池石壁仄,长洲荷芰香。嵯峨阊门北,清庙映回塘。
每趋吴太伯,抚事泪浪浪。枕戈忆勾践,渡浙想秦皇。
蒸鱼闻匕首,除道哂要章。越女天下白,鉴湖五月凉。
剡溪蕴秀异,欲罢不能忘。归帆拂天姥,中岁贡旧乡。
气劘屈贾垒,目短曹刘墙。忤下考功第,独辞京尹堂。
放荡齐赵间,裘马颇清狂。春歌丛台上,冬猎青丘旁。
呼鹰皂栎林,逐兽云雪冈。射飞曾纵鞚,引臂落鹙鸧。
苏侯据鞍喜,忽如携葛强。快意八九年,西归到咸阳。
许与必词伯,赏游实贤王。曳裾置醴地,奏赋入明光。
天子废食召,群公会轩裳。脱身无所爱,痛饮信行藏。
黑貂不免敝,斑鬓兀称觞。杜曲晚耆旧,四郊多白杨。
坐深乡党敬,日觉死生忙。朱门任倾夺,赤族迭罹殃。
国马竭粟豆,官鸡输稻粱。举隅见烦费,引古惜兴亡。
河朔风尘起,岷山行幸长。两宫各警跸,万里遥相望。
崆峒杀气黑,少海旌旗黄。禹功亦命子,涿鹿亲戎行。
翠华拥英岳,螭虎啖豺狼。爪牙一不中,胡兵更陆梁。
大军载草草,凋瘵满膏肓。备员窃补衮,忧愤心飞扬。
上感九庙焚,下悯万民疮。斯时伏青蒲,廷争守御床。
君辱敢爱死,赫怒幸无伤。圣哲体仁恕,宇县复小康。
哭庙灰烬中,鼻酸朝未央。小臣议论绝,老病客殊方。
郁郁苦不展,羽翮困低昂。秋风动哀壑,碧蕙捐微芳。
之推避赏从,渔父濯沧浪。荣华敌勋业,岁暮有严霜。
吾观鸱夷子,才格出寻常。群凶逆未定,侧伫英俊翔。

---

① 徐复观:《中国艺术精神》,沈阳:辽宁人民出版社,2019 年,第 59—60 页。

为何要提"乡村旅游的文化精神"？一方面取决于当下乡村旅游升级发展中的前沿实践；另一方面则在于捕捉这种实践中所体现出的时代使命以及职责担当。我国的乡村旅游在乡村全面振兴战略、生态文明建设、文化自信塑造的宏大背景下被赋予了更多的人文价值与时代使命；也正因如此，对其基本文化逻辑的梳理将成为对产业持续赋能的源头活水与长久动力。

（二）审美感知与乡土美育

以"壮游"牵引出"美育"之主题既有渊源可循，也符合人的感知规律。回顾历史，鉴照美育发展的价值走向，时光流转对应着美育价值的平衡与调整。比如在蔡元培先生眼中美育所具有的改造社会和抗日救亡的作用，在今天必定已转化为新的功用。在美育发动美感、陶冶情操的根本作用之上，时代总是赋予其特定的价值使命。党的十九大将新发展理念作为新时代坚持和发展中国特色社会主义的基本方略之一，文化软实力与文化自信建设的意义凸显，这不仅是因为其与新发展理念的内在互动，还在于其与国家整体实力生成的深层共鸣。[1] 我们还需看到，在世界面临百年未有之大变局的背景下，中国式现代化正在推动着所人类文明新形态的形成。基于这样的宏观大势，对中国文化基因、美学传统的传承与发展；发扬中华民族深层文化力量的包容性与涵化力是中国式现代化新道路的文化旨归。[2]

在如此背景下，由乡村自然、文化所建构出的空间场景亦伴随美育所担负的新时代的价值使命而具有新的意义。这种倾向于宏大民族文化叙事的美育理想，决定了乡村空间的价值设计与塑造的开发逻辑发生改变；就美育而言，乡村所传递的价值最直观显现于对空间的体验与感知。于是，乡村美育效用的价值增值逻辑，从着力单元空间的美育感知到体系化美育空间的主动建构。

至此，有必要阐释乡村美育、乡土美育与空间美育的三者关系。"乡村"与"乡土"一字之差，却包含着微妙且丰富的内涵变化。《现代汉语词典》中，以"乡土：本乡本土"对译英文的"native soil"；而乡村则是"主要从事农业、人

---

① 项久雨：《新发展理念与文化自信》，《中国社会科学》2018 年第 6 期。
② 管宁：《人类文明新形态的民族文化叙事——中国式现代化新道路的文化旨归》，《学习与探索》2021 年第 9 期。

口分布较城镇分散的地方"，英文对译"village，countryside"。这样的双语阐释清楚表达了"乡村"更倾向于物质性诠释，而"乡土"则更多地包容了情感性因素。情感性因素的调动，以及由此塑造的文化与周边价值恰是艺术参与乡村振兴发展的要义。① 费孝通先生也用"乡土"，如《乡土中国》中"在乡土社会中，不但文字是多余的，连语言都不是传达情意的唯一象征体系"，也是对乡村社会与文化价值中非物质性要义的表达。在美育价值的探讨视域下，乡村旅游业提质升级的意义绝不仅仅是物质领域的发展，而是将乡土社会作为中国社会基层积淀下的传统乡土文明作为一座知识的宝库，而具有整体而系统的价值。建立在这种共识之上，空间作为旅游行业营造与消费者感知的重要中介，成为美育的核心载体。或许可以这样理解，从地理边界上看，乡村旅游发生于乡村，在产业逐级过渡，代次兼存的市场现实下，即便是文化介入不深的自然景观旅游产品，也是乡村旅游业的组成部分，得益于"山水"作为中国传统艺术中的重要内容，原生自然亦链接着中国人传统的审美意涵。也因如此，本原的乡村自然亦具有空间美育的功用；而对非物质文化开发更多、更倾力于乡村旅游产业文化化的新型产品，则更倾向于乡土美育的价值衍生。但无论哪一种，旅游产品体验对空间的依赖都决定了空间作为美育载体的合理性与重要性。而伴随产业升级的进行，旅游产业文化化的进程也不断深入，从乡村到乡土的过渡就内含着人对环境体验的接受存在着愈加宽泛的可控范围，空间所传递的"氛围"从生理感知到系统建构，从而更有可为。

当然，从感知到建构并不是二元对立的取代关系，而是空间美育价值构成逻辑的积极演进。感知作为美感捕获的过程，构成了美育实现的前提基础。艺术介入乡村旅游场景，对特定的空间场景进行艺术化处理，其宗旨有二：首先是以艺术的方法突出文化和思想的主题，其次是以艺术的方式激活人的美感灵敏度，使主题思想能够以愉悦的方式被传播和被接受。其背后的科学逻辑是人对事物的感知分型，"知性感知觉"与"觉性感知觉"共同构成了人的感知通道。知性感知觉依赖知识和理性产生认知结果，而觉性感知觉则偏爱凭

① 陶蓉蓉：《艺术唤醒乡土：设计、艺术对乡村振兴的驱动性影响研究》，《盐城师范学院学报》2018 年第 5 期。

借感觉和经验。① 艺术的感知觉虽然偏向觉性,但由于人的感知经验是一个综合过程的结果,所以决定了乡土美育的特定主题可以通过文化要素的理性提取、符号转化,再施以艺术化处理后,能够最终朝向一种积极有效的审美接受方向推进,这是一种符合人类审美本质和审美过程的逻辑进路,精进艺术处理的技术和方法就是提高美育价值"感知"的落地方法。

以"建构"为思路的场景美育价值设计是基于"感知"美育效果之上的策略创新。那么,以空间为中介的美育效用提升如何能够跳出单体项目,而从更加宏观的层面加以谋划呢?欧洲 16—19 世纪兴盛的"壮游"(Grand Tour)提供了有益参考。欧洲的"壮游",是指文艺复兴之后兴起于欧洲的一种文化热潮,指代当时的欧洲人长途旅行、了解体验各地文明走向的行动;尤其是启蒙运动和工业革命以后的英国,壮游更是发展为一种制度,被视为上层、贵族人生教育的必修课程。许多欧洲的文化精英,文人如歌德、拜伦,画家如彼得·勃鲁盖尔、委拉斯凯兹……都经历过壮游,为欧洲的文明传播、文化创作与文化自信均产生了巨大的推动作用。再回溯前文中国古人的"壮游"行动,延续这条思路,以快速发展的文旅产业为媒介,构建以乡村文化旅游项目、各种博物场馆为节点的美育大空间框架,并以旅游产业的落地能力加以推介,便可尝试构建起系统性、主题化的中华文化空间美育体系,使接受者以旅游体验的主体积极形式,在文旅产业服务支持的前提下,系统性地感知中华文明的丰富内容。可以想见,在到往秦始皇陵铜车马展厅之后,很难不为铜车构件设计之精巧、装饰之华美所惊叹;在去过敦煌莫高窟之后,也很难不为其丰富性所折服,仅 61 窟的《五台山图》,就贡献了五代山水特色、民间风俗参考、河北区域地图、五台山神迹故事等多样的文化内容。

再以乡村旅游为例,当体验者以一种放松的心态、旅游的实践去体验具有审美愉悦与功能舒适性的乡村民宿空间之后,当这种符合东方气韵与乡土美学的审美感知被乡村文旅营销体系反复叠加之后,所谓"乡土文明"的文化基因便已经在潜移默化中移入感知者的个体经验当中,空间美育的效果也就以一种体系性建构的方式得以达成。

---

① 顾平:《艺术感知与视觉审美》,北京:北京大学出版社,2020 年,第 29—30 页。

第三章　产业的塑造：艺术介入乡村旅游业提质升级的经济逻辑

艺术介入乡村旅游业，归根到底是艺术介入社会实践、介入产业的行为，从而达到实现经济与社会双重赋能的根本用意。那么，对于其介入产业升级的经济逻辑进行梳理将有利于理解相关实践的整体价值实现过程。跳脱出单个艺术介入的项目实践，而从产业的整体逻辑层面看待艺术所参与实践的生产架构，一方面有利于构思乡村旅游业自我造血、可持续发展的有效策略；另一方面，对艺术工作本身而言也是颇为有益的思考。

第一节　乡村旅游业提质升级的经济背景分析

一、以生态文明建设为战略的宏观格局转向

生态文明建设战略的提出，兼顾了城市、乡村以及中国整体对外抗压的三种需要，而多年来沉淀入乡村的大量设施性资产与乡村特有资源所伴生的"生态资源价值化"条件，共同将乡村振兴塑造为生态文明建设战略的主战场。在这场"战役"中，决定胜负的是"生态资源价值化"，是为农村赋予新的生产力要素。依据这个逻辑，其实便不难看到乡村旅游业发展的必然，以及艺术介入的必要。

从乡村旅游业角度切入，首先，会看到前期投入的大量设施性资产为旅游业发展提供了实质性的前提条件，节约了大量的资本投入；其次，相对于传统农业转型的需求而言，旅游业的发展为产业转型承担了一定的份额压力，有利

于乡村产业的有机发展;再次,旅游业的多元性质充分调动了乡村的各项资源,包括传统农业向立体循环农业转型等都可以作为乡村旅游的内容产品,成为"产业生态化+生态产业化"的示例。

从艺术介入角度看,乡村庞大的资源型资产定价需求使艺术介入在其中大有可为。一方面,它可服务于空间生态资源的优化提升、在乡村生成更多可投资标的物;另一方面,仅以艺术介入与旅游业的结合而言,乡村空间氛围变化所形成的"舒适物"为"新村民""落脚"创造条件,对于乡村振兴这样需要社会化参与的事业而言,这无疑是具有意义的。

二、以升级发展为导向的产业结构调整

(一)乡村旅游产业发展的资本溯源

伴随乡村振兴战略的持续推动,以及将乡村旅游作为乡村全面振兴工作具体抓手的思路进一步普及,各地乡村旅游业逐渐整体步入升级阶段,文化与旅游融合发展成为行业共识,"产业文化化"以及"文化"要素比重的提高成为产业升级的重要指标。与此同时,文化要素所对应的文化资源,因其本身所具有的文化资本属性使得不同市场水平下的乡村旅游项目在升级过程中都在经历有形资本与无形资本互动、调整的演化过程。回归到乡村旅游项目个案,艺术介入对可用文化资源的整理和表达催化了文化资源的资本转化,政策红利下的商业资本入场对艺术介入提出规模化产业形态下的现实要求。艺术隶属于文化范畴,文化、艺术所形成的观念以及审美的趋势,在互联网时代具有突出的可传播性,传播导致个体项目内部或发展区域内部的资本演化最终会促成整个乡村文旅业本身资本结构的持续演化,这种内部与外部的互动关系是自始至终、相互构成的。

2009年国务院以国发〔2009〕41号印发的《关于加快发展旅游业的意见》,提出要将旅游业培育成国民经济的战略性支柱产业;乡村旅游作为旅游业的组成部分,具有确定的产业属性与经济属性,对艺术介入其中具有天然的价值生产诉求。无论是研究有形价值还是无形价值的生产,都有必要首先对行业资本进行分析,以便厘清其中的各要素关系。

传统经济学认为,资本(capital)包括生产出来的耐用品,它们在其他产品

的生产中被作为生产性投入。资本包括有形和无形两种状态,伴随全球产业升级的经验总结,无形资本逐渐被认为是更重要的资本形式,斯坦福大学的罗伯特·霍尔将其称之为"e资本"。① 在现代社会中,资本是一种活跃的因素,它不仅是资源配置的有力手段,而且是培育市场的重要催化剂。在高度参与市场的过程中,资本表现出不断适应的姿态,其含义也发生更为宽泛的转化;它不再局限于物质性生产要素的范畴,或是货币形态的财富,虽然这两者伴随产业规模化发展到来而显得微妙且重要,但必须注意到的是,资本含义中包括了经济资源、科技学术资源、信息资源、自然与社会环境等诸多庞杂的要素。② 乡村旅游业是一种新型的服务业,是多种资源结合的产物,当这些资源在旅游生产中与资本产生密切联系,也就构成了旅游业的资本。在实际过程中,与乡村旅游业密切相关的资本分为四大类,前三类是传统经济学中所谓的物质资本、人力资本以及自然资本,第四类是文旅融合后,即乡村旅游业提质升级中尤为重要的文化资本。

当代经济学所界定的物质资本,指的是如建筑物、机器等一类较为单纯物质意义上的商品存量,它们可以被作为进一步生产商品的要素,是经济学领域所讨论与定义的最早的资本形式。在乡村旅游业领域中,为实现产业发展政府所投入的基础设施建设、项目所投入的游客中心、景观建设、餐饮与住宿的配套建筑等都属于物质资本,但需要注意的是,由于旅游业消费体验的特殊性质,建筑的资本定位会由于其参与生产的价值产出能力而产生变化,而呈现出文化资本的特征。

美国经济学家加里·贝克尔(Gary Becker)将经济学扩展到对人类行为的研究,于1964年出版《人力资本》将人力资本确定为物质资本之外的另一种独立资本形式,他与西奥多·舒尔茨(Theodore William Schultz)等学者认为人身上所体现出来的技能和经验代表了一种资本存量,这种资本存量与物质资本的作用同等重要。③ 乡村旅游业同任何其他产业一样,离不开以人来作

① [美]保罗·萨缪尔森、威廉·诺德豪斯:《经济学》,北京:商务印书馆,2015年,第259页。

② 张胜冰:《文化资源学导论》,北京:北京大学出版社,2017年,第173—174页。

③ [澳]戴维·思罗斯比:《经济学与文化》,北京:中国人民大学出版社,2015年,第48页。

为支撑;但乡村旅游业人力资本状况亦存在其自身特点。首先,当下产业正处于整体升级过程中,旅游项目作为吸纳各地资本的平台也成为大批"村外人"工作的热土,如河南省巩义市明月村"里山明月·山石舍"项目聘请台湾籍酒店管理专家江坤森任职总经理驻点服务;再如湖州市妙西镇庙山村廿舍旅游度假村项目由同济大学建筑与城市规划学院李京生教授投资建设,李教授是我国乡村规划领域知名专家,著有《乡村规划原理》,是国内该领域的权威教材。对湖州的这个小山村而言,"廿舍"项目的落地不仅为当地引入了李教授这样的专家,还带入了李教授团队的许多青年人才,2020 年,"廿舍"甚至还挂牌了"院士之家"。这样的案例还有许多,乡村旅游业的发展使农村社会成为一个开放性的网络社会,当城乡二元的壁垒逐渐破除,乡村成为吸引人才、汇聚资源的新场域,投资者的创业行为不仅关乎项目本身,这种汇聚在一起的力量对当地发展产生积极作用,从而在不同层面、领域形成不同的资本积累。

项目的落地、外来人才的汇聚推动了当地配套服务业的发展,如湖州市妙西镇发展全域旅游之初,整个镇上不过三两家小餐厅,在之后的两三年时间里,当地餐饮配套行业伴随"廿舍""慧心谷""野界"这些乡村文旅项目的落地而逐渐完善,在"西塞山前白鹭飞,桃花流水鳜鱼肥"诗句的家乡,妙西开出了祖传秘方的鳜鱼餐厅、镇上的姑娘开起了咖啡馆,引进了全镇第一台意式咖啡机……外来人才激活了小镇,被激活的小镇留住了村里的年轻人,为地方发展输入了又一批重要的人力资本。对乡村旅游业而言,其发展所需的人力资本原就是多元的,在地居民与外来他者都是重要的人力资本来源,共同构成了乡村旅游与地方创生的重要因素。

自然资本是继人力资本之后,伴随人们对经济活动带来的环境影响问题愈发重视所提出的又一种资本形式,包括由自然提供的可再生与不可再生资源,以及影响这些资源存在与使用的生态过程。但关于自然资本的理解依然还处于拓展与补充阶段,虽然其思想渊源可追溯到古典政治经济学家将土地作为生产要素的研究,但当生产分工逐步细化,产业模式步步迭代,尤其在生态经济学兴起之后,自然资本被赋予确定的文化意义。方兴未艾的中国乡村旅游业提质升级行动为自然资本的深化理解提供了实践基础,同时,自然资本也为乡村旅游业的价值逻辑考察拓宽视野。

　　乡村旅游落地农村,自然资源是几种资源形式中农村最具优势的一种,即便是按照传统的资本定价逻辑,自然资源的稀缺性也决定其在产业发展中的重要位置。乡村旅游中占比较大的"城市近郊游""周末度假游"形式,交通时间短,行程距离近,不可能形成气候条件、民俗风情方面的巨大差异,消费者对旅游消费中差异化体验的诉求满足则就主要依赖于农村不同于城市的自然环境;由于生产方式、居住密度等客观因素形成的城乡生态差异构成了人们选择乡村旅游的重要理由。此外,山区农村也是乡村旅游发展重地,建立在国家多年推进基础设施建设的红利之上,交通利好为山区旅游业发展提供可能。关于山区的情况,有必要作特别说明:首先,从地理条件上看,山区面积占我国国土面积的74.93%,[①]大量村庄位于平原和山区交界地的"三边地区";其次,我国深度贫困地区多在山区,传统农业是其主要依赖的经济生产形式。山区面积占比之大、经济发展水平之困顿,决定了在山地农村发展旅游业的必要性与重要性;"三边地区"的自然生物多样性与依附于这种生物多样性基础上的人民劳动与收入方式的多元性则为发展旅游业提供了适宜条件。从自然条件来看,山地农村,尤其是平原和山区交界的"三边地区",其生态系统既有山里的模式、又有平原的湖泊,是自然界与人类密集活动区交界的地方,这种条件下所形成的生态系统丰富而复杂,自然资源多样,并呈现出明显的小规模、多渠道特点。这些客观条件赋予山区农村特别重要的生态价值与自然资源,也决定了生产方式与规模型产业发展的局限;但同时,对于旅游业发展而言,这些客观存在转变成旅游发展的生态资源,并最终为当地旅游业发展提供人工难以替代的、珍贵的自然资本。

　　另一个客观现实是:处于整体产业升级过程的中国乡村旅游业发展,其高潮勃兴于2018年文化部与国家旅游局合并之后,以文化作为旅游发展牵引力的思路形成广泛认同。在这种引导下,由乡村特有的自然生态条件及其催生的乡土体验与"乡愁"等文化指征明显的词汇相互联结,形成了乡村文化旅游的时代基调,这也是近一两年来,"农家乐"词汇逐渐被迭代淡出的重要原因,

　　① 方一平、盈斌:《我国山区空间分布与经济发展类型划分研究》,见《2015年中国地理学会经济地理专业委员会学术研讨会论文摘要集》,2015年。

"文化内涵"的增加是旅游业态升级的重要表现,如此背景下,文化资本开始扮演愈发令人瞩目的角色。

文化资本区别于前三种资本,在时间上最晚出现,匹配的是更高级的生产与消费发展阶段,具有明显不同于前者的特征。对于前几种资本形式,具有共同的物质资本属性;早前的"资本"概念是马克思在他所处的早期社会化大生产背景下提出的,对应的是当时的生产关系和经济状况。伴随社会经济发展到新的阶段,原始的资本概念逐渐不能完满解释社会生产的实际状况,布尔迪厄认为"资本"应当包含更广泛的形式,从而避免将一切实践都定义为"为了经济利益而进行的社会活动"。在《资本的形式》一文中,布尔迪厄提出"文化资本"的概念,认为文化资本同文化活动、文化再生产共同构成了人类象征性实践活动的核心,他以不同于经济资本的方式,勾勒出文化资本的独特运作逻辑。[1]

根据我国《文化及相关产业分类(2018)》,"以农林牧渔业为对象的休闲观光旅游活动"为服务领域的乡村旅游业所隶属的"文化娱乐休闲服务"大类,与"文化投资运营""文化传播渠道""创意设计服务""内容创作生产""新闻信息服务"共同构成了我国文化产业的"文化核心领域"。[2] 显示出"文化"在相关领域中的决定性地位。同时可以看到,在乡村旅游实践项目中,原生文化资源厚重的地区往往较早获得旅游业开发机会,在经济资本的投入与开发下,原生文化资源更易获得优化升级机会,从而获得更好的经济效益与社会效益。作为文化产业发展的基础和前提,文化资源向文化资本的转化效率决定了产业发展的高度,作为文化产业一部分的乡村旅游业内部发展亦遵循这一规律。在文化产业发展的语境中讨论旅游业的资源问题,是要将原本旅游学范畴中的旅游资源放到文化产业语境中再思考,昔日对于旅游资源的理解,如《旅游概论》编写组(1983)对旅游资源的释义"凡是构成吸引旅游者的自然和社会因素,亦即旅游者的旅游对象或目的物,都是旅游资源";或1992年由中国旅游出版社,出版的《中国旅游资源普查规范》中界定的"自然界和人类社

---

① 翁冰莹:《布尔迪厄文艺场域理论研究》,厦门:厦门大学出版社,2019年,第50—52页。
② 国家统计局:《文化及相关产业分类(2018)》,http://www.stats.gov.cn/tjsj/tjbz/201805/t20180509_1598314.html,2020-11-15。

会中凡能对旅游者产生吸引力,可以为旅游业开发利用并产生经济效益、社会效益、环境效益的各种事物和因素都可视为旅游资源"。抑或2001年谢彦军提出"客观地存在于一定地域空间并因其所具有的审美和愉悦价值而使旅游者为之向往的自然存在、历史文化遗产和社会现象"。① 如此等等。这些定义均倾向于从自然与非自然两个角度对旅游资源进行分类,其中非自然的一类,无论是社会因素还是社会现象,或者是历史文化遗产,在当前的学术与行业界定中均可看作是具备文化因素的相关资源,这些资源构成了包括旅游业在内的、文化产业领域的潜在核心价值产出点,是项目独特性和高附加值的前提。

但资源并不能等同于资本。资源的定义仅代表事物具有某种价值,而资本则特指在市场经济的条件下,这种资源能够进入经济生产过程当中发挥作用、产生效益,从而谋得价值回报。对于文化资源而言,与文化资本的区别在于:文化资源只有通过现实的文化生活和生产的洗礼,才具备向文化资本转化的必需条件,只有经过了生产与经营过程的文化资本才是产生经济价值的直接推手。② 以举河南省济源市王屋山下的迎门村为例:王屋山绮丽的自然风光、独特的地质条件是数亿年地球演化、古陆变迁的长期结果(图51),家喻户晓的愚公移山寓言故事距今也已有两千多年历史,这些自然的、文化的资源是迎门村祖祖辈辈、世代人坐拥的客观条件与旅游发展资源,但当地的经济怎么样呢? 旅游发展如何呢? 有没有标志性的产业发展成果? 是否形成了与这种代表性资源相匹配的行业影响力? 从当地产业发展的历史经验看,在资源禀赋不变的情况下,2014年以后旅游业增值能力迅速增强的实际情况验证了旅游资源向旅游资本高效转化的现实成效。具有标志意义的事件是:2014年1月,济源市文化旅游投资集团成立,以国有大资本介入的姿态统筹当地特色资源,拥有"天下第一洞天"之称的王屋山也在其中,在对当地旅游产业各要素环境的重资本投入基本完成之后,2019年9月正式引进与携程集团"途家"平台的深度合作,通过市场机制深度渗透、大数据等高新技术赋能、专业人才介入等深度开发模式的使用,最终实现了旅游资源向旅游资本转化的高效提升。

---

① 李天元:《旅游学概论(第七版)》,天津:南开大学出版社,2014年,第117页。
② 姚伟钧:《文化资源学》,北京:清华大学出版社,2015年,第16页。

共同合作的"小有洞天·山居"民宿迅速打开市场,以 2020 年 1—6 月月均入住率 80%、平均间夜价格 1175 元的业绩成为行业标杆,2020 年十一假期,该项目以 52 间客房 8 天 67 万元营业额的成绩单在河南省内创造令人叹服的销售记录(图 52)。

图 51　王屋山自然条件

图 52　小有洞天·山居庭院景

　　类似的案例在途家平台并不少见。这些案例和相关数据揭示出,在新的市场与消费环境下,乡村旅游相关资源和要素在资本视野的不同角度下所体现出的合作张力。无论是物质资本、人力资本还是自然资本、文化资本,乡村旅游业提质升级、发展的过程一定是来自经济或文化方面因素共同驱动的结果。

(二)乡村旅游升级的产业结构优化

产业的结构优化是产业升级的路径和保障;同时,正是产品优化、空间优化、市场结构优化等一系列优化措施汇聚成我国乡村旅游业提质升级的整体过程。

有关产业结构的理论始于 17 世纪的英国经济学家威廉·配第(William Petty),在其著作《政治算数》中,配第对农业、工业与商业三者收入关系所进行的讨论形成了有关产业结构的最初探索。随后出现的配第—克拉克理论、库兹涅茨综合分析理论、钱纳里"标准结构"理论、罗斯托主导产业理论、赫希曼产业关联理论等,均是对产业结构问题的经典探讨。[①] 就观点而言,美国经济学家道格拉斯·诺斯(Douglass C.North)的总结非常明确:结构是决定绩效的关键性因素。产业结构则可理解为不同产业之间或同一产业内部各行业之间的相互关系所形成的结构特征。基于这些经济学研究成果,旅游业的产业结构可定义为:旅游业中各产品类型、各分布区域、各行业部门、各目标市场、各经济成分、各关联行业、资源开发结构、组织管理结构以及行业内整体经济活动各环节之间的相互比例关系。[②]

在以前的研究方法中,对这些比例关系的研究倾向于从生产、技术以及这两者与经济之间的联系入手,形成一种较为单纯地从物质经济视角去还原产业升级过程的研究习惯。这种习惯对于文化要素占比大幅提高的乡村旅游业提质升级现状而言,在很多问题的解释上缺乏穿透力。比如从"B&B"到精品民宿的迭代问题,再比如从观光游到休闲度假游的模式切换问题……作为将消费者在场体验视为产品核心竞争力去塑造的特殊行业,旅游业对文化的依赖伴随旅游消费的升级而剧增。艺术向来是文化的表达,狭义来讲它还构成了文化的组成部分。于是,对当下艺术介入乡村的广泛实践进行考察,可发现

---

① 龚贤:《绿色发展视阈下云南省产业结构升级研究》,成都:西南民族大学博士学位论文,2019 年,第 17—18 页。

② 朱麟奇:《吉林省旅游产业结构优化研究》,长春:东北师范大学博士学位论文,2016 年,第 11 页。

艺术介入出现在乡村旅游业结构优化的诸多环节,从而为乡村旅游业提质升级研究提供新的中介。

结合概念定义对乡村旅游业产业结构进行具体考察,会发现艺术介入可通过行业的产品结构、目标市场、经济成分、资源开发结构、组织管理等多个环节对旅游业产业升级发生作用。艺术介入对旅游业产品的影响是施加于产业供给侧最明显的影响。旅游业六大传统要素"吃、住、行、游、购、娱"涉及旅游业内部各行业的产品供给,数量众多、品类庞杂;但从大的方面看,依然可以梳理出艺术介入对它们的影响路径。比如,通过环境艺术、室内外空间、艺术品陈设等手段对旅游六要素的消费场景实施美化改造;通过对旅游资源的艺术化提炼和表达实现旅游娱乐的内容品质提升;通过对旅游纪念品、在地农产品进行产品与包装设计的专业设计介入,实现购物体验感的提升,均是艺术介入给旅游消费体验带来的改变;"文创化"是当下流行的表现风格,塑造了一种具有识别性的旅游产品特色。

伴随消费市场与旅游行业的不断发展,产业需求端也与艺术介入形成紧密的联系。乡村旅游市场的崛起建立在旅游消费客群体系的变化基础上,消费者的消费决策行为是人类行为本能与时代观念、经济基础共同作用的结果。根据行为地理学者的研究,空间行为是特定的人类行为规律,并认为空间行为是人类基本的生存活动之一。这种"基本活动"在狭义的旅游者空间行为中,表现为旅游者行为的地域移动的游览过程。① 当下城市居民的交通工具特征,比如私家车的普及等条件;社会经济水平的提高,如居民消费升级的现实;文化自信与文化软实力提高带来的"乡愁"体验需求,共同形成了旅游空间移动从低频次大尺度到高频次小尺度的变化,直接表现就是居民乡村旅游需求扩大下的乡村旅游业规模扩张。如上文所及,时代观念和经济基础对消费者决策亦有影响,两者交互作用下形成消费者的旅游消费偏好,当前特征则是对精神内容需求的持续提升,这决定了艺术介入作为影响精神体验和内容输出的手段而具有突出的实践价值。

----

① 力莎:《南京市居民高铁出游空间行为研究》,南京:南京师范大学硕士学位论文,2014年,第14—15页。

在供给端产品结构调整与需求端目标市场调整的双重影响下,乡村旅游业发展引起政府和资本的关注,政策与资本合力催化了产业发展的规模化阶段。旅游企业与资源的归属逐步清晰、资源逐步聚集是乡村旅游业经济成分与资源开发结构变化的起因,同时也塑造了行业规模化下分工细化的必然。产业分工细化意味着行业内部不同环节的专业性将得到提升,提升过程中产生了新的产业链节点,以及在并不唯一的节点间形成相互链接的可能。以乡村旅游居住行业而言,乡村民宿从 10 多年前无法可依,到各地相继推出乡村民宿标准,再到 2020 年 9 月 29 日相关规范的国家标准出台(GB/T39000—2020),紧接着,2020 年 10 月底途家集团 COO 王玉琛宣布将在平台推行新版《民宿分级标准》;这些都释放着旅游行业深度专业化的信号。GB/T39000—2020 规范中关于"标志用公共信息图形符号"(GB/T10001.2)、文化主题内容"在建筑设计、空间布局、装修装饰、景观营造、服务内容和方式等方面,体现某种地域、历史、民族或乡土特色的文化内涵"、设施设备中"室内外设计宜体现出主题特色,空间造型美观,装修格调、材质、工艺、色彩等方面与主题相符"[①];途家新版《民宿分级标准》中五钻(奢华)级别中提出的"建筑和装修特色鲜明"要求,均是艺术介入乡村旅游业的实践领域。在产业发展的宏观运作逻辑中,艺术介入成为政策导向和资本预期实现的工作路径与具体措施;并且,伴随艺术本身内涵的丰富性特征,如《哈佛商业评论》多次刊文的那样,艺术设计通过"设计管理"开始涉足组织管理创新,从而为艺术介入产业发展提供更顶层的眼光(图 53)。

第二节 艺术介入乡村旅游业的价值塑造

一、基于文化产业视角的价值塑造分析

价值塑造是产业升级在价值生产层面上的延伸。实现产业升级是乡村旅游业在文旅融合时代中的目标与必然,乡村旅游业的"产业文化化"是其深度

---

① 国家市场监督管理总局、国家标准化管理委员会:《乡村民宿服务质量规范(GB/T 39000—2020)》,北京:中国质检出版社,2020 年。

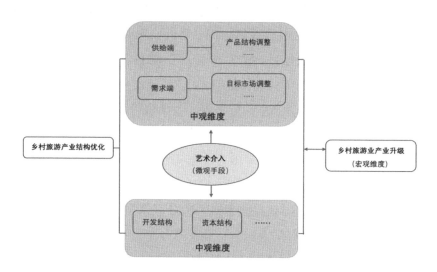

图 53　艺术介入乡村旅游产业结构优化逻辑示意图

转型的预期结果,涵盖了宏观、中观、微观层面的多维内容。从宏观层面看,产业升级包括发展模式的优化、空间布局的调整、产业机制的创新;从中观层面看,涉及产业运行方式、组织构成与产业形态的调整;从微观层面看,主要指旅游企业及组织结构的转型。根据产业经济理论,无论哪种维度、层面的调整,其内生驱动力均难以摆脱价值塑造的使命;价值塑造的效率提升是部门经济转型升级的持久动力,本书将以旅游业升级中的旅游产品为中介,剖析产业升级的价值塑造特征,具体将从生产环节与使用环节两个方面进行深入分析。

（一）从生产环节分析

从生产环节分析,即是从乡村旅游产业的供给端看问题,看艺术如何介入乡村旅游业的产品营造,包括有形的物质类产品和无形的体验、服务类产品。

产品升级是乡村旅游业提质升级的必要条件,就产品本身而言,升级意味着产品的独特性增加、体验感提高,以及产品的绿色可持续,优秀的产品往往能通过稀缺性而产生额外的附加价值。以有形的物质产品为例,艺术介入其中首先会从视觉上提高产品体验,这个角度非常容易理解,例如乡村旅游居住产品的环境美化、娱乐空间的装饰升级、二销产品的文创化处理、各类陈设用品的人机工学设计、景观规划的艺术化处理……这是艺术介入产品设计的最直观方式,其结果将导向不同旅游项目所呈现的风格差异显而易见,但如同双刃剑的另一面,如果不能有意识地进行竞品分析与差异化预设计,这也将是旅游产品同质化的成因。

卡内基梅隆大学乔纳森・卡根(Jonathan Cagan)教授和辛辛那提大学克莱格・佛格尔(Craig M.Vogel)教授在产品开发领域提出了颇具解释力的"造型与技术定位图"用以阐释"卓越的产品是价值驱动型产品"(图54),其核心理念旨在阐明价值驱动型产品的特征及其在产品开发中的价值定位,为理解产品升级提供模型。[1]

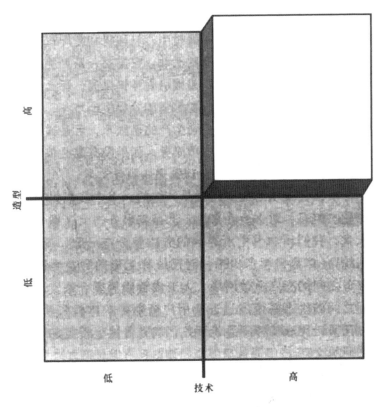

图54　造型与技术定位图[2]

①　[美]乔纳森・卡根、克莱格・佛格尔:《创造突破性产品——揭示驱动全球创新的秘密》,北京:机械工业出版社,2018年,第5页。

②　[美]乔纳森・卡根、克莱格・佛格尔:《创造突破性产品——揭示驱动全球创新的秘密》,北京:机械工业出版社,2018年,第30页。

造型与技术定位图提供了一个具有普适性的产品理解工具,如图 58 所示,卓越产品是价值驱动型产品,其位于图片的右上角;这个工具以技术和造型为指标,突出了全球创新语境下的产品新法则——"形式和功能共同实现梦想"。这一理念明显区别于设计史中流行已久的现代主义经典,如同沙利文的语录"形式服从功能",在这里受到了挑战。《创造突破性产品》一书中,以消费社会中的若干案例的枚举来说明突破性产品的价值影响逻辑:成功的产品能够充分表现某些关键类型的价值,这些价值成为产品与用户连接的纽带,同时也成为品牌价值的实现工具,这些因素综合作用,从而使企业或产品能够在竞争中取得优势。如图 58 中所示,白色的突出部分作为纵、横坐标值的最大化部分,代表了造型与技术的完整结合象限,该区域位于图片的右上角,代表了产品主要价值的产出范畴;卡根和佛格尔的研究认为,正是这个区域的表现决定了产品所有权企业占据市场地位的能力。①

"造型与技术定位图"作为一个在多个知名企业、多所高校、多个国家广泛应用的产品定位工具,其选取的两个简要的指标是极具穿透力的。"造型"和"技术"被视为产品思维中的双重线索,指引了产品的价值实现路径;而我们欣喜地发现,在当下的产品开发实践中,艺术往往能够成为技术与造型相互融合的媒介,从而广泛参与到产品的价值创造过程当中。

本书选取的旅游产品案例,兼顾产品的传统价值与艺术介入的当代转化实验;因其转化成品在设计史上的经典性而将目光投向日本的岐阜县。如果说"岐阜县"作为一个地名令人感到陌生,但是提到"和纸"却可以说是享誉全球。岐阜美浓拥有逾 1300 年的和纸制作历史,也保持着悠久的和纸使用习惯;"和纸灯"便是其中颇有特色的一类。朴素、绵柔的和纸灯笼在夜幕中散漫开来的柔和光晕是当地人儿时记忆的承载,也是繁忙劳碌的城市人口为之追求的意境。同时,再观照作为旅游目的地的资源条件,岐阜县有着"大自然宠儿"的美誉,自然环境优美、瀑布聚集,被誉为日本三大灵山之一的御岳山也在其境内;这些得天独厚的自然条件使岐阜成为颇有名气的旅游胜地,和

---

① [美]乔纳森·卡根、克莱格·佛格尔:《创造突破性产品——揭示驱动全球创新的秘密》,北京:机械工业出版社,2018 年,第 5 页。

纸、和纸灯笼便成为这里的特色旅游纪念品,这个逻辑适用于各个旅游景区,并不难理解。但岐阜案例的特别之处在于对旅游产品的再开发,新型工艺品的审美与体验价值成为旅游业升级的组成部分,产品的认可度上升对应着产品销量的增加,也就对应着旅游业产值的增益。作为地方特色旅游产品,岐阜和纸灯具的商业成功得益于产品所体现出的审美气息能够更和谐地与当下生活方式与审美习惯彼此融合。岐阜案例在"特色旅游产品"的细分品类中是卓越的,这也就意味着这类传统工艺以及特色旅游产品的开发仍然是困扰着许多从业者的普遍问题。

其实,岐阜特色的和纸灯具作为历史悠久的日用产品能够在今天市场,包括旅游纪念品市场发扬光大,并非毫无波折,曾经的岐阜纸灯也面临着被时代淘汰的窘境。究其原因,一来是因为传统纸灯造型所代表的审美取向与现代社会生活的普遍场景存在巨大差异;二者是因为光源动力的能源迭代促使传统的油、蜡等明火光源逐步淘汰。在这两者的作用之下,岐阜纸灯的制作技艺也曾濒临消失。

带来转机的是日裔美国艺术家野口勇(Isamu Noguchi),他将雕塑和景观相结合的创造性尝试,使其被认为是世界最著名的雕塑家之一,不可否认,野口勇在20世纪的艺术家中享有盛名。

1951年,长期居住在美国的野口勇重回故土,在途经岐阜时接触到当地的和纸灯具,作为当地支柱产业的手工纸灯却由于生活方式的变迁,以及消费者审美选择的变化而日渐衰落。时任市长请求这位著名的艺术家能够帮助百年历史的"手工纸灯"重获新生,艺术家的手段当然就是艺术的介入,其诉求的本质其实就是期待艺术介入可以赋予传统产品以新的能量。基于这个背景,野口勇创作了"灯光雕塑"(Akari Light Sculptures),并以"Akari"为母题设计了200多种不同款式的灯具产品,可谓大获成功;其结果不仅是岐阜纸灯的"复活",更是一次产业的更新,和纸灯具甚至走进了世界市场、被书写入产品设计的历史。

在这次更新中,艺术家以艺术为中介,实现传统和纸灯笼与电能灯具的结合;这在今天看来或许普通,但在当时却是令人震撼的创想,Akari照明系列以雕塑般的造型语言(造型),结合电能光源(技术)与模块化产品结构(方法),

总共获得了5项美国专利和31项日本专利,当之无愧地是以艺术为媒介实现了造型与技术的结合,如此形成的"突破性产品"实现了"造型与技术定位图"的右上角价值,其影响历时久远,至今不衰。①

从式微的岐阜传统和纸提灯,到风靡世界的Akari灯具;从被淘汰的油灯光源,到拥抱新技术的电能和纸灯具;从衰败的传统手工制灯产业,到高效的模块化灯具生产……是艺术的介入实现了这些对立面的转换。艺术的表达、设计的思维对和纸灯具的复兴对于旅游胜地岐阜而言,也具有精准的推动作用。其理论逻辑是传统工艺作为带有地方记忆的文化载体,构成了地方旅游资源的组成部分。以岐阜和纸灯为例:首先,手工和纸灯具拥有数百年的历史传统,其造型成为地方形象的特色符号,构成了文化识别的重要意象;其次,和纸灯具所特有的朦胧温润之美营造出具有特色的地方场景氛围,对旅游消费而言是具有指向性特征的地方特色体验;最后,相关旅游纪念品的开发对旅游业而言可以增益销售所得,对消费者而言则可以增加旅游记忆的持久度,亦是旅游体验的持续补充。如今,岐阜提灯已走向品牌化,不仅开设了产品专卖,还出现在旅游门户网站的页面上作为地方特色招徕流量。

从生产的角度看旅游产品开发,传统工艺是时常要照面的对象。传统产品发生于过往的生活场景,其必然与现代生活方式之间产生的隔阂,无论是动能问题,还是审美喜好,一条难以逾越的鸿沟总是让人们在认同其作为文化旅游资源的同时,一方面难以弃之不用,另一方面却又不知如何使之在历史底蕴与时代活力之间实现完美平衡。如今,艺术介入在处理这一问题时所具有的功效伴随实践案例的积累而获得广泛认同,艺术介入作为媒介手段在调和造型(审美与文化意涵)、技术(科技与方法)时所表现出的有效性使其成为普遍的行业方法,因此也有必要对其加以归纳。(图55)

(二)从消费环节分析

乡村旅游竞争领域的变迁,对应的是旅游消费群体消费决策因素的改

---

① 36氪:《设计秘史:大师野口勇与他的"和风纸灯"》,https://baijiahao.baidu.com/s? id=1594350343909353126&wfr=spider&for=pc,2020-11-24。

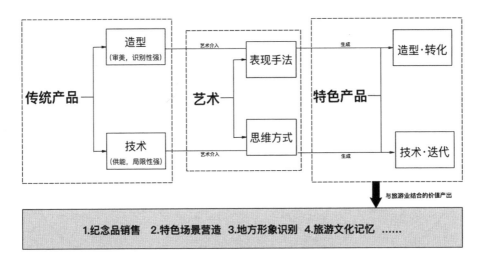

图55　传统产品到旅游产品的转化逻辑与旅游价值产出

变,乡村旅游消费从感官驱动逐步转向需要叠加精神、文化层面的多重满足。旅游消费归根结底是一种体验性消费,旅游项目努力提高文化要素占比的目的正是在于丰富产品层次,从而创造更多可供体验的旅游消费价值,使消费者的获得感从感官层面升级为融入更多精神、情感共鸣的个体经验。这是旅游业升级中产品升级的基本思路,但在具体的行业竞争中,如何在区域业态资源相似、思路易于趋同的情况下取得独特效果、获得突出绩效,则是非常现实的问题。旅游项目究竟如何将文化信息、精神内容融入产品塑造?竞品间如何以独特的姿态胜出?都是影响旅游消费者做出消费决策的重要因素。

　　诚然,是消费者最终决定了价值兑换的那一关键时刻,就好像现代边际效用理论创始人卡尔·门格尔所说"在人类意识之外并无价值",边际效用理论被用于分析和解释消费者决策行为,它启示我们在考察交易过程时不仅需要考察生产环节,还应注意对使用环节的研究,消费主体及其对消费价值的判断共同构成了使用环节的考察要素。然而,生产环节和使用环节是两个迥然相异的环节,天然具有各自的出发点以及特征。当视野放置在旅游业发展的全局角度,在这同一产业内部,是艺术承担了弥合这两个环节差异化的角色和功能。那么,艺术介入是如何参与这个转变过程的呢?《设计与价值创造》一书

中关于生产环节和使用环节的各自要求、条件以及差异化思维尺度的示意图为理解这一问题提供了有益借鉴。(图56、图57)①

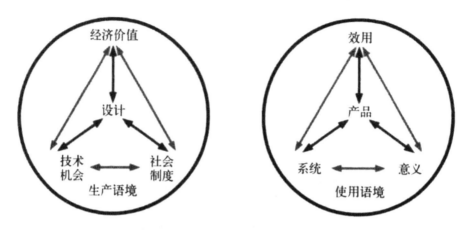

图56　经济活动中的生产环节与使用环节示意图②

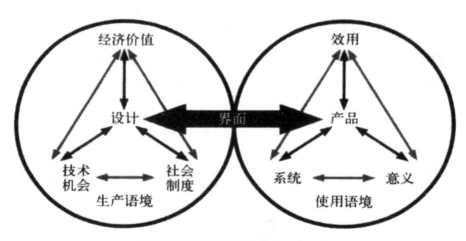

图57　通过"界面"产生价值示意图③

图58可作为理解艺术在弥补环节差异化过程中的中介作用。

---

①　[英]约翰·赫斯科特:《设计与价值创造》,南京:江苏凤凰美术出版社,2018年,第160—161页。

②　[英]约翰·赫斯科特:《设计与价值创造》,南京:江苏凤凰美术出版社,2018年,第160—161页。

③　[英]约翰·赫斯科特:《设计与价值创造》,南京:江苏凤凰美术出版社,2018年,第160—161页。

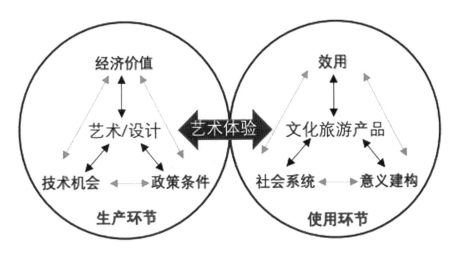

图58　艺术体验(审美体验)成为艺术介入沟通旅游生产环节和使用环节的桥梁

如图 58 所示,在文化与旅游融合发展的过程中,产业中文化、精神因素的比例普遍提高,在这种情况下,对艺术介入参与旅游业经济过程的考察从生产环节和实用环节两个角度出发被证明是合理的。在生产环节,艺术介入通过专业艺术门类的表现形式(狭义艺术)如设计艺术的实践性方法,与技术机会(如互联网智能技术)、政策红利(如乡村振兴、文旅融合等相关利好政策)、经济价值(如旅游产品交换价值的生产、变现逻辑)三者之间互相影响,最终生成了强调艺术性审美体验的旅游产品。以"技术机会"为例,新的技术手段为旅游产品创新提供机会,这是一种通过技术实现的机会,而艺术则起到为技术赋形的作用,最终生成为可提供艺术性、审美性体验的旅游产品。(图 59)在使用环节,赫斯科特的研究非常突出"效用",这符合经济学的基本理论。强调效用,就是强调消费者在产品使用时所收获的满足感;旅游消费被认为是一种体验型消费,其体验价值由旅游场景中无数的产品因素构成,对这些产品的体验形成了消费者个体意义的建构。这种私属意义在社会生活中又形成嵌入时代生活方式的社会文化系统,它所具有的弥散性传播影响在互联网时代中尤其突出;最终,精心策划的高效用的旅游产品在使用环节中得到认可,需求增大,反之又促进供给端在生产环节进一步改进、创新,随后再一次反馈到使用环节。在这个系统中,改进的是什么? 创新的又是什么? 其实所有实务的细节均指向一个共同的方向,那就是消费者体验。艺术性、审美性高的体验被市场验证为是高价值、稀缺的,于是成为旅游产品升级的目标,也是旅游消费升级的必然要求。最终,艺术体验(审美体验)成为沟通旅游产业生产与消费二环节之间的桥梁,而艺术介入作为塑造艺术体验的普遍方法必有其重要的研究意义。

图59　由新型光电技术实现的"东晋水城"实景灯光秀演出

二、基于内容生产的乡村旅游增值逻辑

(一)乡村旅游业提质升级的增值路径

实现价值增值,是乡村旅游业产业升级的关键。在我国,乡村旅游业归属于文化产业,具有我国文化产业的普遍特征。社会主义市场经济下的文化产业,在追求经济价值创造的同时,从意识形态角度、社会价值创造的角度思考问题,时常具有更值得关注的意义。因此,研究乡村旅游业提质升级的增值问题,也需要跳脱出单纯的经济视角,而赋予更加多维的观照。

作为一个内涵丰富的产业领域,乡村旅游业的价值生产具有如下特点:首先,从广义的文化角度看,它是一个多主体互动的过程,涉及旅游消费者和在地居民之间进行的或消极、或积极的双向文化交流，这同样是一个社会价值生产的过程。其次，在我国社会转型与乡村振兴的宏观背景下，乡村旅游业被作为中华文明传播、文化自信塑造以及乡村全面振兴的工作抓手，这些均成为多元价值形成的推手。最后，在更具体的意义上，旅游业产业升级的过程也是产业价值链逐渐细化的过程，升级后的产业链节点具有更完备的价值生产体系，文化、艺术因素尤其是艺术表达的技术过程，成为联通各节点的媒介，最终将产出具有艺术性、包含更丰富精神体验的旅游产品，正是这些产品形成了乡村旅游产业交换价值的基础。

　　根据以上特征，结合旅游业自身的资源逻辑，便可尝试从增值方法和增值表现两个维度探析乡村旅游业的增值问题。（图60）

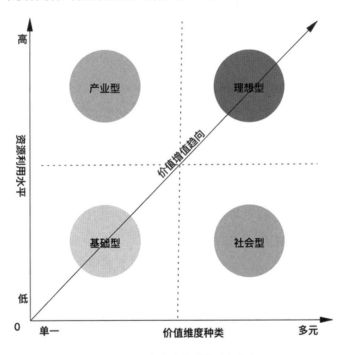

图 60　乡村旅游价值增值分析框架

　　如图60所示，横轴代表乡村旅游发展所收获的价值种类，由"0"点出发，向右延伸，对应着旅游业发展所产生的价值维度上的多寡。"0"点所代表的单一维度，是从产业投资的基本诉求即经济价值开始，逐步向多维价值扩展，生态价值、文化价值、社会价值……均是可能涵括的价值类型，价值类型的出少到多便是乡村旅游业价值增值的表现之一。纵轴表意对旅游资源开发利用水平的高下,从"0"点出发向上延伸,代表了对资源价值的开发能力提升。这种提升包含两层含义:首先,是针对具体资源的开发,无论是作为景观的自然风光如何在旅游活动中优化体验,还是对于在地文化资源的提取与表达,不同的资源利用水平将生成水平不一的旅游产品,也必将带来不一样的体验感受,从而影响消费者反馈并牵动旅游产业的价值实现。其次,从资源角度研究乡村旅游业的增值问题,还可以从存量资源提升和增量价值创造两条路径着手考虑。从存量资源向增量创造的密度转化伴随着乡村旅游产业的升级过程而不断深入,对内容产品的开发热潮便是典型反应。

伴随产业价值的增值趋向,图 60 中呈现了代表四种产业增值类型的象限分类。基础型是产业价值生产的低端形态,资源利用水平不高和价值种类单一共同决定了这一类型的价值生产能力处于薄弱水平。产业型代表经济价值增值能力的专业性,在价值种类拓展有限的情况下,通过对资源的高利用水平实现资本投资的高效收益,其价值增值的实现也就相对集中在经济价值领域。社会型相对于产业型,两者之间价值增值表现存在迥然差异,相比产业型的对经济价值增值的着力追求,社会型的增值价值主要表现在价值类型的扩展,即便在经济收益上表现平平,生态价值、文化价值、历史价值甚至地方认同等综合价值的收获亦是乡村旅游价值增益的重要维度,这也体现了社会主义文化产业发展的特殊性质,经济价值与社会价值相比,尤其在乡村振兴与生态文明转型的历史阶段,后者尤其不能忽视。

"价值增值趋向"的高端,指向图片的右上象限,所谓"理想型",兼顾了资源利用水平提高与价值种类扩展所能收获的双重收益,代表了乡村旅游业提质升级的价值创造趋向,也提示了产业价值增值的路径与方法:通过对产业进行存量提升和增量创造两条路径,提升资源利用的能力与水平,例如艺术介入、组织管理设计等,均是作用于乡村旅游业多元要素价值增值的关键能力,表现在对产业价值功能类型的扩展、不同种类价值的效能增益、理想型产业增值路径期待在更多价值功能维度上获得全面而综合的提高。

(二)艺术介入与旅游业内容生产

无论是根据乡村旅游价值分析框架,还是从生产抑或消费环节考察乡村旅游业的价值塑造,内容生产的相关问题都会在产业发展到一定阶段呈现出来,成为产业价值塑造的重要增长点。

2020年5月21日,首届长三角乡村文旅圆桌论坛在浙江湖州举办,长三角的许多知名文旅企业代表参加。大家围桌而坐,针对会务组调研的预设问题展开深入讨论,这些来自一线的声音逐渐汇聚向一些行业升级发展的关键问题。(图61、图62)其中,内容产品的缺失是比较普遍的痛点,结合本书调研(《乡村民宿中的艺术介入情况访谈问卷》)第9题"艺术介入乡村民宿或乡村旅游业可以解决如下问题,请按重要程度由高—低排序",B选项"内容与精神上的个性化不足问题(内容与活动体验)"超出其余选项,成为从业者们的首要关注。(图63)

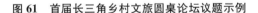

图61 首届长三角乡村文旅圆桌论坛议题示例

图62 作者提问裸心谷设计师吕晓辉

选项	平均综合得分
B.内容与精神上的个性化不足问题（内容与活动体验）	2.81
D.品牌塑造与推广	2.68
A.视觉上的重复与雷同（空间体验）	2.52
C.二次消费不足问题	1.32

图 63 《乡村民宿中的艺术介入情况访谈问卷》第 9 题问卷分析

关于内容生产的相关问题为何会在此时逐渐引起从业者的广泛关注？但从问卷分析来看，其得分虽位居首位，却并没有和其后选项拉开明显差距？它又为何在成为长三角乡村文旅圆桌论坛上八成以上企业家集体焦虑的同时，却没有在笔者调研贵州黔西、四川白马、河南济源、焦作、新密诸地时，表现为访谈对象的紧迫问题？其实，这个现象充分反映出乡村旅游业在我国发展的时空秩序特征。

在我国，乡村历来拥有发展旅游的资源优势，经典旅游名胜、名山大川在地域上多归属乡村，自然风光的景点也多在乡村，这个特点，自古有之。但乡村旅游的勃发，却是近年来的事情，国内乡村振兴、消费升级的时代红利成为乡村旅游发展的有力依托。但时空差序特征一方面表现在市场供需在资源与购买力上的分布不均，另一方面表现在稀缺性旅游资源的地域差异。从自然旅游资源的稀缺性看，长三角不及西藏、贵州；从历史文化资源看，又难赛河南中原文化的厚重。但产业发展的现实与资源条件理论推导之间的相悖，反而构成了研究的意义。就全国的乡村旅游发展现实来看，长三角地区虽然没有占据最为丰沛的自然与历史文化资源，但确实形成了当下乡村旅游发展的高地。究其原因，在于高经济水平下消费升级对文化旅游消费需求的拉动，以及乡村旅游短时空距离对行为决策倾向的友好。江浙两地城市周边的乡村度假业态逆势而上，就连江苏省盐城市这样的苏北三线城市，在 2020 年也出现了乡村度假高峰。根据本研究实地调研，如位于东台市弶港镇黄海森林公园的度假木屋，十一假期前就已售罄；盐都区刘堡村附近的东晋水城旅游度假区，2020 年 5 月开园，发展半年，入秋后也发展为周末一房难求的状态。

因此，就总体而言，长三角乡村旅游体现出需求与供给在量的维度上基本匹配,行业本身经过 10 余年的经验沉淀,1.0、2.0、3.0 甚至 4.0 版本的迭代在主要是自下而上的机制中逐步推进。行业基础设施在整体上较为完善,于是项目间的竞争范畴便开始超越建筑、设施的艺术设计层面。与地理位置相近、项目集中度紧密相关的,是自然与历史资源条件。在这双重因素的影响下,内容产品成为稀缺性资源,进而成为核心竞争领域便不足为怪。将视野上升到更加宽泛的角度,这种竞争内容的变迁恰恰是乡村旅游行业本身升级的缩影,遵循着从物质态到精神态或者说文化态的升级规律,艺术介入在参与行业升级的过程中也在不断调整方法,从对物质态的视觉美化,逐步衍生到文化层面的内容处理,比如对在地文化的提取与体验内容的设计。

依然可以选取旅游业所提供产品为研究内容生产的中介,因为产品升级也是业态升级的重要表现,更是内容生产的重要组成部分。调研证实,无论是从生产环节分析,还是从使用环节考察,核心内容缺失和相应的优秀内容产品开发困难,正成为具体项目实践中的主要痛点。是否能够策划出难以复制的优势内容、是否能够产出具有创新性的内容产品,大大影响着旅游项目或目的地的引爆效应,在很大程度上决定了旅游项目的价值兑现。这种从物质性产品到文化内容性产品的重心转移,发生在旅游基础设施逐渐完备的当下,是旅游业升级的内在要求与重要表现。文化是赋能旅游的灵魂之力,但必须在基础平台成熟的基础上才能真正使用"文化"作为赋能产业的工具,如此一方面适应消费市场的需求变化,另一方面可供产业内部持续更新。如前文所述,这是具有自洽逻辑的产业进程,体现为现实中项目实践的时序差异。江苏溧阳曹山牛马塘村"中国地瓜村"的开发进程可作为理解这种差序思路的案例。

溧阳曹山花居文旅投资公司的董事长袁晓羽是"地瓜村"项目开发的灵魂人物,拥有多年旅游地产行业经验的她,基于上市公司的实力,曾在许多风景秀美的乡村开发过地产项目,但那些项目一个个变为现代设施版的"空心村"的现实使她心中久生遗憾。伴随"乡村振兴"国家战略的推动、落实,她开始了自己的文旅振兴乡村事业。2016 年,她培育的宜兴"龙隐江南"度假项目经人民日报暗访、传播后,被定性为文旅振兴乡村的样本;就回报率来看,四年回收投资的业绩在资产偏重的文旅板块可谓优秀。牛马塘村的"地瓜村"就是建立在这些经验积累上的策略明确的项目,其实施步骤的敲定来源于对旅游消费需求变化的体察。根据她的经验总结:首先,农、文、旅融合的灵魂在"文",但文化却需要有良好的平台才能承载其发挥;因此,文化旅游必然是基础旅游的升级产物;其次,游客的需求也是与之相应的,首先从基础旅游消费开始,随之过渡到更深层次的内容需求。因此,她总结道,在文旅产业链当中,食宿永远置于产业链前端,住宿、餐饮类硬件投入在项目中通常被作为首发阵容。"地瓜村"项目也是分为两阶段投资建设,第一阶段着力解决旅游六要素的前部内容,就项目而言主要投入在"住""食"的解决;在本案例中,就是以"曹山花居"的先行运营,首先对周边消费者的基础旅游需要加以落实。在这个过程中,艺术介入以参与项目环境设计(包括建筑、场景的美化)和识别系统的设计等形式发生作用(图64、图65)。

图64 "地瓜村"主题窗贴①

图65 "地瓜村"主题IP形象

图片来源:地方焦点。

　　项目第二阶段在基础旅游需求得到满足方才启动,此前完成的第一阶段成果被视为项目继续发展的平台,一种可以承载更多文化、精神内容的物质媒介;旅游的游、购、娱被认为是更具文创意味的概念,着力将在地元素充分挖掘,强调叙事、体现故事性,从而塑造具有稀缺性的内容体验资源。而这种稀缺性,就是避免项目同质化、保持创新性,破除乡村旅游这种短途旅游形式客群相对固定的问题的保障,也是二次消费的引导。对于旅游业这类资产偏重、

_____

　　① 地方焦点:《溧阳又一个网红景点即将诞生,它的名字叫薯院》,https://baijiahao.baidu.com/s? id=1620840028954955485&wfr=spider&for=pc,2021-4-5。

运营成本偏高的行业来说,将业务营收模式从应对消费者的猎奇性消费相对固化为一种可持续营利模式的能力当然是值得努力的。

回望"地瓜村"案例,项目所在地牛马塘村的原本经济状况非常贫困,也没有显见的文化资源;若要说有一些特色的,便是这里的土壤富含硒元素,使得地瓜口感甜糯,百姓们的祖辈也以种植地瓜为生。于是根据这一条线索,项目组第一步与江苏省农科院展开合作,首先解决"发现一支好地瓜"的问题,研发出近二十个品种的地瓜,品种功能覆盖酿酒、烘焙、水果、菜肴甚至观赏,形成了一个类型丰富的地瓜类植物组团。在地瓜种植问题解决之后,第二步随即关注农副产品的加工问题,项目组共研发出七十余款地瓜加工品,为丰富游客的饮食与购物体验创造了条件。在第一、第二步工作完成之后,"地瓜村"原本单一的主题"线索"逐渐丰富起来;于是,第三步便开始设计地瓜主题的系列 IP 角色,逐渐形成一个"快乐的地瓜家族"(图 66)。渐渐地,地瓜村开始变成一个神奇的地方:世界各地的地瓜、新旧品种的地瓜汇聚在这里,此时通过文创的包装与叙事、现代的传播、专业的活动组织……地瓜主题开始形成一个具有引爆作用的 IP,有赖于之前产业链前端的平台建设完善,项目的初级旅游功能在运营中逐步稳定,此时附加食、游、购、娱一条龙的旅游产品链则大大有利于游客旅游体验的丰富。从产业链角度看,这种故事内容的附加为旅游升级提供了具体路径,而艺术介入其中,成为"故事表达"的手段,构成了消费者旅游体验的重要组成部分。

图 66　"地瓜村"主题 IP 形象

图片来源:今日溧阳微信公众号。

这个案例的价值还在于它所具有的普遍性。牛马塘村的本底条件像极了中国绝大多数乡村的真实状况,"山灵水秀、文人墨客"固然是发展旅游的好资源,但骨感的现实却是,占大多数的乡村其实并没有显见的文化资源。然而,乡村全面振兴是举国战略,共同富裕意味着社会的公平,消费升级亦是全社会的整体动向,对美好生活的向往也是全国人民的共同期盼;发展乡村旅游客观上是全国范围的乡村工作重点。那么,如何从原本"贫瘠"的在地资源中孕育出可利用的"故事资源"? 如何将这些故事体现在旅游产品中以供人体验? 又如何在泛文创的消费语境中为项目发展催生可持续的旅游价值生产与交易的循环? 艺术介入在这一过程中成为解决问题的工具,其作用逻辑本质上是在回应乡村旅游业提质升级中"核心内容缺乏"的这一普遍痛点,虽然在具体项目中可以看到艺术的各种方法或表现形式,这些是门类艺术在市场中达成交易的具体手段。总结"地瓜村"项目,在落实的不同阶段,项目组的工作重心具有明显差异;项目的第一、第二阶段,对应了乡村旅游业发展的不同层次,这种层次的区别,纵向来看可以出现于一个项目的不同阶段,同时也可以在横向中对不同地区的旅游业水平加以判断。两者之间的过渡代表着旅游业升级的过程,从感官维度的享受,到精神层面的满足,旅游业通过对内容产品的开发和打磨最终实现对消费者需求层次的深度适应。(图 67)

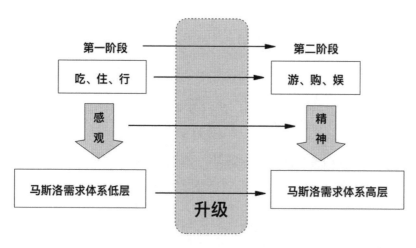

图 67 "地瓜村"案例升级示意图/旅游产业阶段与消费需求对应示意图

第三节　美学经济作为艺术生产的新解释

一、美学经济理论研究的兴起及视角

（一）美学经济研究的兴起

如德国哲学家沃尔夫冈·韦尔施(Wolfgang Welsch)所言:"现实中越来越多的要素正在披上美学的外衣,现实作为一个整体,也日益被我们视为一种美学的建构。"[1]如今的日常生活审美化已经被广泛认同,社会生活所经历的广泛审美化过程改变了经济与美学原本疏离的结构,"美学经济"开始引起学界的关注。

最早正式提出"美学经济"这一概念的,是德国学者诺特·波默(Gernot Böhme),他认为在美学经济中,商品的美学价值成为经济组织和运行的核心;这种以美学、以经济计算与消费决策为核心的经济模式是资本主义经济发展的高级阶段。[2] 在我国,最早对美学经济发生敏锐直觉的是张宇和张坤,2005年他们在《光明日报》发文《大审美经济正悄然崛起》,提出审美经济(美学经济)倡导的是一种超越传统经济、以物质价值与一般化服务为中心的新型经济发展形式。在这种形式中,产品与体验、物质性价值与精神性价值、实用与审美,以及市场参与者之间的审美互动所构成的有机统一成为经济活动的中心。伴随经济转型的持续深入,美学经济的相关研究更具时代紧迫性,其基本观点均指向这样一个现实:人类社会正经历前所未有的广泛审美化过程,"美"的产品正在成为消费的主要对象,"美感"则成为诱发消费动机的主要原因。对于商品经济与企业发展来说,美感的生产和传达逐渐成为企业锻造核心竞争力和获得市场利基的关键。[3]

总体而言,关于"美学经济"的研究,国内外学者均已展开谈论,但相比较而言,国外研究先行一步,较为系统。北京师范大学文化创新与传播研究院的邱晔老师多年来倾心研究相关问题,将国外"美学经济"研究归纳为三个主要

---

[1]　邱晔:《美感消费论:一种新型消费趋势的探讨》,《北京社会科学》2016 年第 5 期。

[2]　邱晔:《美学经济论》,北京:中国社会科学出版社,2020 年,第 6 页。

[3]　邱晔:《美学经济初探》,《北京社会科学》2020 年第 10 期。

议题,分别对应研究美学经济的缘起与动力、内涵与特征以及学科理论的范畴拓展。邱老师自己的理论研究经过时间的沉淀也已显示出明确的研究特色。近年来,她以休闲农业体验为切入点,承担河南省焦作市修武县美学经济总顾问职务。目前,修武的"美学经济"以全域旅游为抓手,已渗透到县域经济与社会生活的方方面面;相关成果也逐渐形成国内美学经济研究的重要经验。由此形成的"美学与经济融合的四个发展阶段"(图68),不仅便于厘清美学经济的发展脉络,还有利于理解和分析艺术介入乡村旅游业提质升级的内在逻辑,乡村旅游升级是匹配经济发展层级逐次上升、消费动能迁移变化的历史必然。

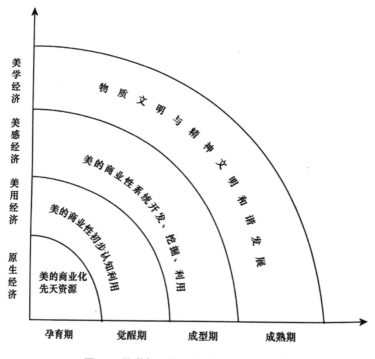

图68　美学与经济融合的四个发展阶段①

　　如图所示,美学经济有其递进的发展脉络,它不是横空出现,而是伴随着审美因素与经济生产、消费决策日益融合而达致的一个经济阶段,大致经历了原生经济、美用经济、美感经济与美学经济四段历程。每一阶段对应着经济社会消费与生产的不同特征。

---

　　① 邱晔:《美学经济论》,北京:中国社会科学出版社,2020年,第48页。

表10　美学经济的四阶段特征

美学经济四个阶段的特征概括	
原生经济时期	美的价值呈原生性,人们对美的经济还未形成自觉意识
美用经济时期	美的有用性得到彰显,经济功能明显
美感经济时期	以美学为核心的市场业态发展迅速,有效拉动经济
美学经济时期	人的物质欲望与精神欲望相匹配,人类物质文明与精神文明同步发展

信息来源:邱晔。

(二)美学经济的研究视角

当将"美学"的视野引入对当代社会文化生活、经济产业发展的考察时,我们似乎找到了一条认识和理解当下社会诸多变化的通路。伴随经济发展模式变革的逐渐深刻,美学因素愈发嵌入到经济发展当中并发挥着重要的结构性力量;传统的经济发展动因、资源要素配置准则以及人们的消费方式均发生明显转变。① "美学与经济融合的四个发展阶段"的概括不仅为理解商品经济提供了帮助,也为旅游产业的发展研究提供了独特的视角。

首先,原生经济阶段是美学经济的孕育阶段。美学因素大多以原生的状态出现,审美当然可被感知、可被传颂,但却并没有被商业开发,如优美的自然风光、独特的地域风貌或特色的民俗文化等。与之相应的旅游往往也是原生的旅游形式,体验目的地的本色之美,除了食、宿等必要的基本需求外,很少存在额外消费。其次,美用经济阶段是美学经济的觉醒阶段。美开始被作为可利用的经济资源被少数人意识,并得到基础性的商业化开发。在这一阶段,人们开始对旅游资源进行有针对性的挖掘,对可用的审美因素进行开发,具有比较明确的美用特征。例如,从业者开始有意识地对旅游资源进行定向性审美处理,如视觉效果的调整、旅游项目的简单的、针对性的设计。最后,是美学经济逐渐成形的美感经济阶段。美的资源得到系统性开发,美学经济初现雏形,美感被理性地处理而融入产品当中,以美学价值为产品核心的产业普遍出现于社会生活当中。基于这种专业的审美处理能力,旅游资源的开发更加深入,

———————

① 邱晔:《美学经济初探》,《北京社会科学》2020年第10期。

对天然资源、不可再生资源的依赖明显减少,原创的美学资源大量发生。乡村旅游正是在这一阶段真正得以广泛发展,其原因一方面来自于供给侧的审美创造能力达到处理一般资源本底条件的乡村旅游开发能力;另一方面得益于泛审美社会本身所代表的经济发展水平对应了更高层次的消费需求,为短途旅游需求规模化增长提供社会条件,乡村旅游首当其冲成为最直接的受益者。第四阶段,即是在当下受到着力研究的美学经济阶段。在这一阶段,美学资本开始成为社会生产的关键性生产要素,传统经济模式中的价值结构和生产方式被广泛颠覆,美感的生产和传达成为美学经济价值链的核心。这种价值生产的逻辑变化,对应的是以共情的心灵作为依托的消费者群体,人们的物质欲望与精神需求相互协调,消费者对文化产品的理解能力增强,文化消费需求的质和量共同增加,这就为乡村旅游业的升级发展塑造出更加成熟的社会语境与消费能力的支持。

但以美学经济的阶段说来理解乡村旅游业的发展进程需注意美学经济本身的发展性,所谓美学经济的成熟期,其本身并不是一个可以盖棺论定的阶段,而是仍处于正向的发展过程当中。在当前社会经济的发展状况下,美学经济具有稳定的向上趋势,消费者对精神产品的需求仍处于积极的变化过程中;这一现实不断倒逼着生产者提高供给水平,艺术介入作为最广泛的手法被使用,其能力与效果仍在不断增强,技术实现的方法也将以近乎无限拓展的姿态保持着持续演进。因此,从这个角度理解,美学经济的成熟绝不仅仅是社会物质财富的增加,而更是人类文明的进步。人们开始重新审视人与自然、人与人、人与物的相互关系,在发展性的美学需求驱动下,乡村旅游成为都市人精神与心灵的给养,艺术的介入在物质产品的基础上又被广泛应用于内容产品的开发之中,通过对乡村旅游场景的不断改造,审美资源在乡村社会得以不断积累、沉淀,与旅游产业一起交织为一个整体的系统。

在生态战略转型的新经济理念中,"山水林田湖草沙"是一个生命共同体,与乡村旅游业提质升级发展所需的全局性和系统性天然匹配;在美学经济的价值内涵下,艺术介入乡村旅游的目的也就不仅仅局限于经济价值的增值,还需考虑生态、社会和文化的综合意义,一系列的改变在产业发展的进程中叠加,将会以在地生活和旅游行为两种方式被感知,以期待达致"诗意的栖居"。

　　"诗意的栖居"出自诗人海尔德林,被海德格尔引用后而成为精神标杆式的语汇。而今天,这个词被用来与"生态文化游居方式"产生关联,乡村旅游生活的高级阶段如此被设定为一种美学和经济学合力在现实社会生活中锻造的、实现人类高级满足的生活方式。这种对旅游价值的锚定达到了前所未有的高度,为了适应这个要求,艺术介入乡村旅游业的阶段被相应前置。具体表现为:审美要素的开发被置于项目启动、甚至是更早阶段,美学资本对上游产业和上游资源发挥着重要作用,对审美要素的考虑成为旅游项目的顶层设计工作,这早已超越了技术范畴的艺术处理方式。作为一种拥有关键性阐释作用的资本,审美创造成为锻造旅游项目核心价值的步骤,通过对产品内涵与产品概念的重新设定,美学资本从源头上对旅游资源等生产要素进行重新配置,乡村旅游业也因此呈现出与以往大不相同的价值链过程。(图69)

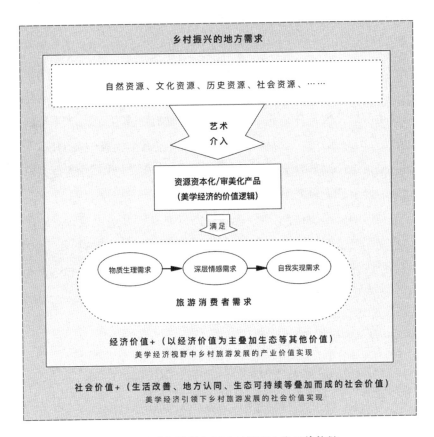

图69　美学经济视角下乡村旅游业发展价值链

二、美学经济视野下乡村旅游业提质升级

(一)产业升级与生产要素的内在关系

生产要素是一个社会在具体生产过程中的投入组合。学者们对其概念界定表述虽不全然相同,但基本一致地认为生产要素就是那些可用于社会生产的各种资源。[①] 有关生产要素的讨论更多地集中在对其要素构成的动态讨论,从重农学派的将"土地"作为唯一的价值源泉,到威廉·配第引入"劳动"要素形成生产要素的"二元论"观点,再到法国经济学家萨伊在配第研究上增添"资本"要素形成了经典的生产要素的"三元论",发展至今,关于生产要素种类的界定已经增至所谓的"五元论"(张鹏侠、张一鹤,2012),甚至"六元论"(徐寿波,1984),这种数量上的增减反映了生产要素种类的动态变化。[②] 近年来,伴随我国经济发展的现实状况,相关理论研究上升到党和国家的发展视野,如 2019 年 10 月党的十九届四中全会上通过的《中共中央关于坚持和完善中国特色社会主义制度、推进国家治理体系和治理能力现代化若干重大问题的决定》,以及随后于 2020 年 3 月发布的《中共中央 国务院关于构建更加完善的要素市场化配置体制机制的意见》中,均有许多关于生产要素的重要表述,最终提出土地、劳动、资本、技术以及数据这五个要素领域的改革方向,一方面凸显了生产要素对于产业经济发展的重要意义,另一方面也是对经济学中的生产要素理论研究提出了新的要求。[③]

除了具体的要素变化,生产要素的动态研究更重要地表现在对生产要素的结构研究领域。例如,新结构经济学便将生产要素的禀赋结构作为切入点,认为一个经济体在每个时间节点上的产业和技术结构内生于该经济体在该时点给定的要素禀赋和结构。[④] 林毅夫关于新结构经济学的研究首先提出要素

---

① 王柏玲、朱芳阳、卢耿锋:《新时期我国生产要素的动态构成、特征及经济效应》,《税务与经济》2020 年第 6 期。

② 王柏玲、朱芳阳、卢耿锋:《新时期我国生产要素的动态构成、特征及经济效应》,《税务与经济》2020 年第 6 期。

③ 于立、王健林:《生产要素理论新论——兼论数据要素的共性和特性》,《经济于管理研究》2020 年第 4 期。

④ 林毅夫:《新结构经济学的理论基础和发展方向》,《经济评论》2017 年第 3 期。

禀赋及其结构对生产力发展的重要性，认为产业结构的变化是由要素禀赋的结构变化来推动。后有学者接续研究，进一步讨论生产要素禀赋的具体变化对产业结构升级转型的影响机制，如相对数量、配置效率以及使用效率等。①

关于生产资料禀赋及其结构的认识决定了产业发展的思路与方向、决定了经济生产的效率，从而作用于产业升级的进程并对产业、经济发展的可持续性产生影响。如本章第一节研究所述，乡村旅游业的产业升级与可持续发展是与我国生态文明建设战略转向内在协同的必然要求：大量沉淀入乡村的设施性资产以及乡村的生态资源共同为乡村旅游发展提供基础，而旅游业中包括艺术介入与其他手段的作用共同致力于空间生态资源的价值化开发，其开发的结果从微观或中观的角度直接作用于旅游企业或产业的生产状况。由于与乡村发展的直接关系，乡村资源、资产的货币化问题，在宏观上甚至关系到人民币向主权货币的回归，以及对抗通胀的能力。而空间生态资源价值化深化的要求本身就包含要素市场的改革要求，"两山"理念的提出就是生态转型大势中对新生产要素的期待。转型仍在继续，乡村旅游业发展与生态经济发展的关联还在于，这条振兴乡村的系统思路既不同于以发达国家为参照系去发展本国相对欠缺的产业，如资本密集型的现代大型工业；也不同于野蛮地要求本国弱势产业按照西方标准去一味追逐，如采用休克疗法来推动市场制度的改革，②而是一条中国特色的生态文明转型之路。

在这场生产要素发展与产业升级的互动过程中，美学价值成为重要的驱动要素。从需求侧来看，对审美化产品的需求对产业结构影响显著，提高了对产品美学属性的要求，模糊了对产品功能的单一化指标；从供给端来看，对相应产品的开发和产出能力将直接影响企业的增长效率。越来越多的实践证明，美学体验和价值塑造的意义日渐成为产品价值构成的核心内容；美学价值则成为新经济中重要的驱动要素(图70)。③

① 郭凯明、颜色、杭静：《生产要素禀赋变化对产业结构转型的影响》，《经济学（季刊）》2020年第7期。
② 林毅夫：《新结构经济学的理论基础和发展方向》，《经济评论》2017年第3期。
③ 邱晔：《美学经济论》，北京：中国社会科学出版社，2020年，第51页。

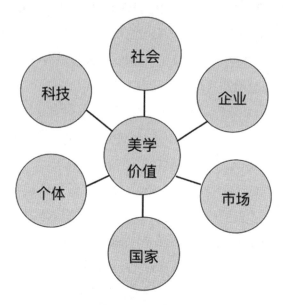

图 70　美学价值是重要的驱动要素　（图片来源：邱晔）

（二）作为"生产要素"的乡村旅游场景

美学经济对生产要素的重新配置、产业资本的结构调整均发挥了崭新的作用；以土地为例，即使是在乡村旅游业这一对土地依赖性较强的产业中，土地的核心价值也不再是对原始土地资源要素的占有与开发，而是更加注重将特定的物理空间转化为一种积极、能动的、能够不断提升人们精神能量的化育空间，以期能够加大其经济价值与社会价值的增量。① 在这种语境下，土地已超越原来的意义范畴，它生动地转化为想要表达"土地"作为"地方"整体文化风格或美学特征，从而更多地被作为"场景"来理解。"场景"是土地要素在美学经济中的代名词，借由"场景"的概念，乡村旅游中关于土地、空间的艺术化处理被赋予资本塑造的意义，在此有必要加以着重分析。

关于场景问题的思考伴随产业方式变革、经济社会发展而自然产生，发展至美学经济时代逐渐开始与价值生产、资本配置产生明确而紧密的联系。如同美学经济的四个发展历程，场景理论也不是一蹴而就的。20 世纪，尤尔

---

① 邱晔：《从资本到产业：美学经济价值链内涵结构与运行机制》，《学术探索》2020 年第 11 期。

根·哈贝马斯的公共空间理论对咖啡馆的文化意义分析,皮埃尔·布迪厄或托斯丹·凡勃伦关于阶级差异对风格和品位决定关系的分析均已映射出对场景问题的理论思考。但真正意义上的场景理论是在20世纪90年代末,经过经济全球化,城市、技术、产业等因素迅猛发展的历史条件下被"催生"出来的。一个耐人回味的巧合是:那恰好也是英国正式定义"创意产业",文化、创意作为产业而开始被全世界积极理解的时期。这一巧合既是经济发展到特定阶段的应然,亦呈现了经济发展与消费需求正向互动的必然。

加拿大学者丹尼尔·亚伦·西尔(Daniel Aaron Silver)和美国学者特里·尼克尔斯·克拉克(Terry Nichols Clark)正式提出学术意义上的"场景理论",成为新芝加哥城市学派的代表性理论。在场景理论提出之初,其核心观点是从消费者的视角出发审视城市空间,将其视为汇集了各种消费符号的文化价值混合体;随着时间的推移、研究工作的进一步深入,场景理论的贡献逐渐突破了对城市问题的研究,这一新的研究视角开始成为更广泛意义上的区位文化分析框架,在乡村旅游范畴同样适用。① 2019年1月,西尔和克拉克的重要论著《场景:空间品质如何塑造社会生活》中文译本由社会科学文献出版社,出版,该书将场景理论拓展为研究文化风格如何影响地方发展和社会生活的普适性理论,从而致力于构建国际上首个分析地方文化风格、美学特征以及其对地方发展作用的理论工具。将"地方文化风格"与"美学特征"作为审美或地方美学要素的组成部分、将"地方发展"从经济、社会、文化多个层次去解读,那么便很容易理解场景理论作为阐释土地要素功能转化的工具。

当下的情况是,国家层面的乡村全面振兴战略将产业振兴置于首位,文旅融合和文化产业的导向为乡村发展提供思路,乡村旅游业被普遍用来作为乡村振兴的工作抓手;而互联网技术与全国铁路、公路设施的飞速发展使一场规模性的乡村旅游业提质升级成为现实可能。我们看到,一批批文化、艺术工作者投身其中,成为项目落实的一线力量。在这样的情境与趋势下,乡村产业积极探索、突破原有的单一农产格局,原本单纯的农业生产场景通过艺术化地改

① 李林、李舒薇、燕宜芳:《场景理论视阈下城市历史文化街区的保护与更新》,《上海城市管理》2019年第1期。

造,开始成为新的生产要素,甚至成为村落经济成败的关键。这与大部分传统经济学理论是有分歧的,他们通常强调劳动力和资本的作用,但是这些要素本身无法从细节上解释旅游业的增长为什么会发生,因此难以从细节上解释艺术化的旅游场景对乡村经济发展的价值增值过程。

以场景理论为工具,传统经济理论下乡村土地的概念则开始消失和转化,一如经典经济理论的变革,从亚当·斯密和大卫·李嘉图开始,他们最先将土地表述为关键性的经济概念;接下来在马克思的理论中,土地或多或少地消失;随后的阿尔弗雷德·马歇尔、马克斯·韦伯、塔尔科特·帕森斯等人将土地概念以一种转化了的、被赋予了文化意义的方式呈现出来。① 于是,农耕时代以土地肥力好坏、地理便利与否为标准的评价方式逐渐消融,取而代之的是建立在"舒适物"标准之上的,能传达地域文化、表达人文情感、实现精神意义的土地的场景价值。②

乡村生活作为中国传统生活方式的记忆,本身可作为中华文化的重要组成部分,在今天文旅融合、乡村全面振兴的大框架下,对这种"乡愁记忆"的开发越来越多地被纳入文化产业的视野中去,民间村落与文化产业、乡村与旅游的互动实践每天都在发生,在这种情形下,乡村中那些显见的或是被挖掘、被塑造的文化基因及其载体开始有意识或无意识地扮演起"生产者"角色,而艺术的介入为这种交易互动提供场景,经过设置的场景遂表现出文化特征强化与舒适度提升的共性特征。就手段或路径而言,艺术介入乡村旅游场景的设置可能是简单的方法,也可能会表现为复杂的物理手段,但结果一定呈现为有益于感知文化因素的具体形式,是艺术的介入疏通了人之直觉对文化因素的捕捉通道。西尔和克拉克将"美学直觉加上由欲望转化而来的活动和舒适物,使我们能够更清楚地分辨不同场景"概括为场景的重要特征之一。艺术化的场景成为一个容易感知却实际复杂的多维因素聚合体,这正好与旅游经济的体验性不谋而合,场景于是成为艺术介入乡村旅游的一种媒介、一个成

---

① [加]丹尼尔·亚伦·西尔、[美]特里·尼克尔斯·克拉克:《场景:空间品质如何塑造社会生活》,北京:社会科学文献出版社,2019年,第147页。
② 陶蓉蓉:《场景理论视阈下文化遗产村落的艺术介入与创生研究》,见《北大文化产业评论(2020)》,北京:华文出版社,2021年。

果。如果按照《场景》一书将场景从三个要素角度进行分析:"真实性、戏剧性、合法性",其中每一个维度都将与游客的体验发生关联。[1] 乡村旅游所使用的旅游文化资源如地方文化、村落特色、乡愁记忆等通过与经过艺术化设置的、维度丰富的特定旅游场景之间相互叠加,往往能够呈现出别具特色的在场体验。"特色"的反面是"同质化",这个普遍困扰旅游业主的问题在这里似乎看到了转机。这种差异化的在场体验在文旅产业中成为体现"当地价值"的稀缺资源;而当资源稀缺时,价值由此产生,多出的价值则是"艺术化的旅游场景"作为生产要素带来的贡献。如古典经济学理论所言,当土地稀缺时,该价值就生成地租。马歇尔打破了总是把地租归于自然所赋予的土地的经典认识,将土地与文化、文化与地租的联系明确起来,把租金作为存在于任何有价值物体中的分析元素,而不再将之与物理意义的大地严格等同:"甚至土地的租金是看得见的,但不是作为物本身,而是作为一大属类中的主导种类。"[2]

旅游业与工业、制造业甚至许多其他服务行业相比都有更为突出的环境依赖性,它是一个更为开放的社会活动系统,对周边环境的依赖不仅在于自然风光、生态条件、建筑风格等方面的狭义环境,更包括在这些物质环境中培育、生长起来的生活方式、礼俗习惯等构成的社会人文环境。对旅游体验而言,这两者同样重要,他们是对旅游目的地所在环境的全面体验,诸多旅游特色产品与乡村在地本底条件,共同构筑成全景的乡村旅游场景,旅游消费的体验感在场景中完成,消费价值亦在场景中实现。

---

① [加]丹尼尔·亚伦·西尔、[美]特里·尼克尔斯·克拉克:《场景:空间品质如何塑造社会生活》,北京:社会科学文献出版社,2019 年,第 51 页。

② [英]阿尔弗雷德·马歇尔:《经济学原理》,北京:中国社会科学出版社,2007 年,第287 页。

第四章　行动的框架:艺术介入乡村旅游业提质升级的技术路径

　　乡村是慷慨的,在大多数情况下,总是尽力给予艺术家宽容开放的创作土壤;乡村中各种角色之间千丝万缕的联系构成了乡村实践的关系空间(尼古拉斯·伯瑞奥德,关系美学),艺术介入在这些关系的构架之中展开行动。优秀的艺术介入作品成为乡村旅游业萌芽与升级的催化剂,这些作品的共同特征在于其参与旅游体验构建的产品属性,以旅游学中对产业要素的分类来锚定"旅游产品"这一中介物,围绕该中介可考察艺术介入其中的行动框架:旅游业传统与创新交杂的产业要素、不同动因发心的艺术介入主体,共同在乡村这一鲜活、复杂的场域、关系中交互作用,也呈现出不同的技术路径及范式特征。

第一节　以要素为对象的艺术介入之传统经验

一、乡村旅游的传统六要素

(一)旅游产业六要素概况

　　旅游消费具有客观上跨越空间,感官上塑造时间的特点,如此丰富的消费需求承载,决定了旅游业是一个综合性、整体性的庞大行业。按照传统的旅游学知识系统划分,旅游业包含"吃""住""行""游""购""娱"六大要素,即通常所说的"旅游六要素"。这六个要素反映了旅游消费过程中的主要活动特征,也代表了旅游业和旅游活动研究的主要矛盾。由于这六种要素与旅游消费者体验直接相关,将极大影响旅游消费评价,因此也通常被作为各类政府文件、研究报告、项目设计筹划的关注对象。①

　　旅游六要素不仅是旅游产业结构的主体,而且在旅游学科体系中也占据重要的基础地位。② 翻阅旅游专业的相关教材,无论是高等教育出版社,邵世刚著的《旅游概论》,还是国家"十三五"职业教育的规划教材《旅游概论》(王祥武),又或者是北京大学吴必虎教授的《旅游学概论》,关于旅游六要素的解析以不同形式出现于各个版本的教材当中;在 2017 年中国旅游出版社,出版的《乡村旅游概论》中,更是以独立章节的形式呈现对旅游六要素的分析解读(图 71)。翟辅东教授认为,关于旅游六要素的研究不仅关系着旅游学的理论体系,也与中国几十年旅游产业的发展阐释息息相关。

乡村旅游概论
RURAL TOURISM

图 71　"乡村旅游要素体系"目录

图片来源:《乡村旅游概论》。

　　作为一个与产业发展高度联系的理论体系,"旅游六要素"是一个发展的概念。在改革开放起始期的中国旅游萌芽阶段,围绕急于解决的"什么是旅游和怎样办旅游"的紧迫问题,何礼荪先生提出"旅游三要素",指的是饭店、

---

① 臧良运:《旅游学概论》,北京:电子工业出版社,2009 年,第 9 页。
② 翟辅东:《旅游六要素的理论属性探讨》,《旅游学刊》2006 年第 4 期。

交通、服务。① 伴随产业本身发展,"游"和"买"的概念加入其中,在 20 世纪 80 年代末形成了"旅游五要素"的概念;90 年代初,以孙尚清主持出版的《中国旅游经济发展战略研究报告》为标志,今天所使用的"旅游六要素"概念被提出,成为诸多旅游教材中的基础理论内容,被广泛传播。②

"旅游六要素"概念的发展性特征不仅表现在具体要素的增加上,还体现在要素体系的比例架构上。如同迪克罗和麦克彻在《文化旅游》中描述的那样,"旅游的独特之处在于,它收入的大部分是由体验的促成者创造的,而不是由体验的提供者所创造的。"③旅游业所涉及的许多行业,比如交通所涉及的机场、住宿所涉及的酒店、购物所涉及的商铺……原本都是独立的行业,是由于现代社会的旅行社等形式将其串联到一起的商业行为,才将原本的六种业态聚合成现代的旅游产业。基于这样的历史脉络,便不难理解旅游六要素在产业运行当中并不具有完全同步的发展水平,也难以处于平均发展的假设比例;事实上,六要素在产业发展中的比例变化往往成为衡量产业发展阶段的重要考量。旅游学研究认为,旅游六要素的不同配比,关系到旅游产出的综合效益,旅游六要素因此也在旅游学科体系结构的"主体系统""动力系统"以及"支撑系统"三个层次中,占据主体系统的核心地位。(图 72)④

旅游六要素的不同配比决定了旅游六要素的结构,而结构将深刻影响功能,旅游六要素的变化决定了旅游产品的不同性质和类型,也界定了旅游产业的发展特征。本书接下来对艺术介入旅游六要素状况的分类分析,如保障型要素和发展型要素的区分,就是建立在对旅游六要素的动态发展性和结构调整性双重理解的基础上,力求在对艺术介入行动的对象分析时,兼顾对不同阶段乡村旅游发展的动力机理加以关注。

(二)乡村旅游六要素特征

我国乡村旅游业的勃发建立在多年以来、多个国家战略的布局与努力之

---

① 旅游概论编写组:《旅游概论》,天津:天津人民出版社,1983 年,第 101 页。

② 国家旅游局:《中国旅游年鉴》,北京:中国旅游出版社,1991 年,第 107 页。

③ [澳]希拉里·迪克罗、[加]鲍勃·麦克彻:《文化旅游》,北京:商务印书馆,2017 年,第 132 页。

④ 翟辅东:《旅游六要素的理论属性探讨》,《旅游学刊》2006 年第 4 期。

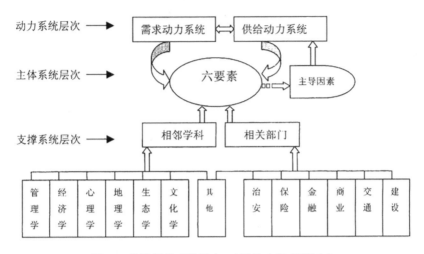

图72　旅游学科系统层次　（图片来源:翟辅东）

上,在"以资本为中心"向"以人民为中心"的转型语境中,乡村振兴的实施、国内大循环体系的建立均成为我国乡村旅游业发展的独特优势。因此,在乡村旅游的发展过程中形成了一系列具有中国特色的"中国经验"。例如,迪克罗和麦克彻认为,没有人因为喜欢酒店而住在酒店,酒店只是人们探索目的地时的一个基地。[①] 这里的"目的地",还局限于"游"的内涵,类似于"景区"这样的概念。但我国近年来乡村旅游产业经验对其观点的颠覆在于,坐落于乡村场景之中的特色民宿本身,就可以成为游客出行的"目的地",成为旅游消费动机的直接指向。这也预示了,在既有的、成熟的旅游产业与中国发展特殊阶段中所形成的中国乡村旅游产业,在旅游六要素的视域下也将具有自身的结构特征。

　　相比较其他消费领域,甚至是城市旅游消费的范畴,乡村旅游不同于从一个三线城市向国际都市的出行,消费者追求的绝不是纸醉金迷的物欲,也不是对前沿与权威的膜拜;更多的可能,是出于对乡愁的寄托,又或者是对中国文化内涵的应和。因此,乡村旅游六要素的特征首先表现在结构上对物质性满足与对精神性满足的调配。例如,消费者可以为了去一览迪拜的人工奇迹而

―――――――――――――――
　　① [澳]希拉里·迪克罗、[加]鲍勃·麦克彻:《文化旅游》,北京:商务印书馆,2017年,第132页。

进入当地、入住与自己本身条件一致甚至略低的空间,也可能为了深度感受上海的市井生活、海派文化去蜗居于一个 Airbnb(爱彼迎)上的狭小空间,却很难说为了体验乡村生活去到农户家里去付费入住。现代城市客群对乡村的情怀,来自于对《桃花源记》中那种田园世界的想象,山水与田园,最能引起中国人的归属感,但那种心神净化的超然境界在心理上早已与审美性相联系。对城市中那些生存于现代社会体系中的人来说,假期、经济因素所约束的"远方",在短途的城市周边乡村被期待得以实现,在"诗与远方"的情愫中,"乡村"与"诗"共情,这就决定了乡村旅游业的一些现实:游客的诉求更多来自于精神性需求,但这种精神性需求的满足又需要物质性设施加以铺垫,那么,这种物质性设施必然是具有审美需求的,这也可视为艺术介入乡村旅游发展的客观前提。

此外,基于对乡村旅游诉求精神性消费的肯定,也便不难理解内容性产品必然伴随产业进化而愈加突出,这也是造成将"游""购""娱"要素作为发展型要素的依据。

二、艺术介入传统要素路径

从艺术介入乡村旅游的历史经验来看,以六要素作为视角探讨艺术在旅游行业中的作用亦是一种比较典型的方向。但伴随产业投资、运营的客观规律,这六个要素之间也存在着时序差异;可归纳为处于产业前端的"保障型"要素"吃""住""行",和相对处于后端的"发展型"要素"游""购""娱"。如本书前文所述的曹山地瓜村案例,"吃""住""行"是发展乡村旅游的"首发"要素,它们总是作为旅游发展的"保障"而最先被考虑,尤其对近来趋热的周边乡村游来说,作为周末度假的短程目的地,解决"吃""住""行"的基本保障问题是旅游业得以落地的前提基础。正如曹山地瓜村项目董事长袁晓羽所总结的,这类要素总是在乡村文旅项目的最开始被考虑,但到项目成熟期又会转变为"项目配套"。本书对艺术介入乡村旅游的传统经验梳理即从这两个角度着手。

(一)艺术介入乡村旅游业传统"保障型"要素

如果从物质资本投入的角度而言,对乡村旅游业"保障型"要素的投入显得尤为重要。"吃""住""行"与游客的旅游体验息息相关,是旅游行为得以发生的基本保障;但仅其中"住""行"两项,恐怕就构成了当下旅游业发展的投资重点,占投资额的最大比重。

所谓"住",即旅游目的地为旅行者所提供的居住空间,包括居住体验所涉及的私密性以及公共性空间;所谓"行"即联结游客与旅游目的地的道路通行系统,包括城市与乡村的大交通路网,也包括乡村旅游项目间的小微交通联络。两者所对应的是满足空间功能的"建筑"体系以及满足通行功能的"道路"系统,无论哪一种,在经济学的成本分析中均属于固定成本,即哪怕是企业的生产量为零也必须支付的费用;也因为其不可回收性,它构成了旅游业经营中沉没成本的绝大部分。但相对于"长期工作人员的薪水"之类的沉没成本,"住"和"行"的支出显然是更为庞大得多的数字。① 因此,面对旅游业"住""行"要素这类重资产类型的大规模沉没成本投入,尤其需要审慎。

艺术介入乡村旅游保障型要素的优先级排序除了考虑资产投入的因素外,还受投资主体的影响。相对于"住"一类的旅游项目的建筑而言,"行"的道路主要是作为公共品或准公共品形式出现,这决定了二者投资主体并不相同,"住"的要素通常由作为旅游市场主体的项目企业投入,而道路的连通费用则常常由政府或集体承担,还有一种情况是由于前期大规模的乡村设施性资产建设为乡村旅游提供了基础设施,尤其是偏远地区的通水、通电、通网等投入,一般都很难为作为个体的旅游企业、甚至目的地所承受。因此,回归到对"行"的要素分析,国家的前期投入为乡村旅游的爆发做好了蓄力工作。

投资意愿与投资效率决定了艺术介入乡村旅游业的效率,这一点在传统旅游的考察范畴中显得更为明确。例如,在乡村振兴与文旅融合的战略、政策之前,艺术介入的驱动主要来自于市场供给主体的直接商业诉求,而较少考虑艺术自律与艺术家的主体实践驱动。

基于以上两个逻辑,加之与"住"的要素相关的建筑设计、室内设计、景观设计,室内氛围布置时所涉及的雕塑、绘画、音乐等内容,从学科门类而言本就属于"艺术"的范畴;因此可以明确,在保障型要素中,"住"的要素与艺术介入

---

① ［美］保罗·萨缪尔森:《经济学》,北京:商务印书馆,2015 年,第 118 页。

结合得最为紧密。就本书《乡村民宿中的艺术介入情况访谈问卷》来看,关于"项目的建筑设计、景观设计、室内设计费用合计"一问,选项设置的最高值"100万元或以上"是受选最多的一个,也可从旁佐证这一推论。

本书对艺术介入乡村旅游传统六要素的具体路径分析,便首先从"住"的要素开始。作为旅游业的保障型要素,艺术对"住"的要素渗透并不只是文旅融合潮流下乡村旅游升级过程中的新兴现象,而是旅游业的传统做法。例如,关于建筑的造型设计、室内陈设的审美考虑、风格表达等,即便是乡村旅游的"农家乐"模式或景区游的基础版本,也具备了竭力符合审美的动力。

这一阶段的艺术介入实践,从介入途径来看,包括建筑室内外的审美化处理、装饰陈设、简单的景观处理;从艺术的创作思路而言,大多是对主题意象的简单移植。例如在乡村民宿发展初期,由农民闲置房屋改造而成的民宿,政府对其扶持的内容就明确包括了对室内装饰的改造。本研究在2019年3月调研浙江桐庐乡村旅游发展时,对桐庐县农业和农村工作办公室经济发展科科长进行访谈。作为地方部门经济的直接负责人,他介绍,桐庐县在乡村旅游发展的民宿试点阶段,给予利用空闲房间发展民宿的农户相应补助,并指定该款项必须用于房屋居住环境的改造优化。补贴的具体标准是:针对腾出房间用于民宿经营的家庭,县农业和农村工作经济办公室给予每个床位补贴1200元,一个标间补助2400元的补贴标准,并要求乡村街道跟进配套。根据规定,这笔经费专门用于居室环境的改造优化,以适应游客的居住需求。为了防止不规范的套利行为,政策还同时约束了改造的规模和标准,即获补家庭民宿房间须达到3间以上,并通过三星级住宿标准验收。这种针对性激励行为,为艺术介入早期民宿的萌发提供机会;例如室内装饰中的审美设置、艺术品的摆放、空间风格的设定等成为受资助者乐于考虑的问题。

由于资金、经营者自身旅游专业、服务业知识薄弱等因素的客观限制,这一阶段的艺术介入常表现为村民自发、自给的实践行动,因此倒能充分体现民宿主人的审美能力,甚至动手能力。其中涉及的装饰物或美化设计,常常是民宿主自己或委托家人选购或者制作,体现的是乡村居民的审美眼光,其结果的倾向是营造出原真性的乡村体验氛围。如图73,桐庐县富春江镇茆坪村的村民自办农家乐"古韵居",就具有江浙一带农家乐的典型样貌:大量使用天然材料,如以原木作为装饰主材,灯具、隔断、窗帘等配饰突出自然主题或中国风样式,装饰品以天然植物、农家用具为主,整体打造出有别于城市现代主义风格的"原乡"样貌。据"古韵居"主人介绍,店面的装饰设计是由其在城中工作的女儿负责完成,虽然在过程中会参考一些类型风格的图片,但并没有聘请专业的设计师;为店面自然风格塑造作出最大贡献的大量绿植,则是由女主人亲自养护,所用容器也多是废弃的油桶、腌菜缸、水桶等生活闲置用品。这种农家乐阶段特有的艺术介入的规划与实施特征,构成了与后期乡村旅游规模化资本介入阶段的明显差异。这类农家乐模式的乡村旅游载体,从乡村旅游的萌发阶段就已经存在,见证了我国乡村振兴战略对旅游业的促动。虽然2018年以后资本助推下的乡村旅游业整体升级的最大变量不是这类小微单体的村民自营模式,但他们仍然是乡村旅游业的重要组成部分。这种重要性可能难以通过整体产值的占比与单体项目的营收来体现,但在解决"三农"问题、实现农村自我更新、提高农民生活水平这些"乡村振兴"的初衷问题上,却是最鲜活、最直接的力量。这个模式早已有之,并还将长期存在,成为与乡村旅游业发展地域差异共存的客观现象;也因如此,与之相匹配的艺术介入路径、手法也仍将延续。可将其做如下归纳:在建筑处理上,主要是针对自有土地及房屋的优化与改造;在艺术介入的途径方面,集中在室内设计、陈设布置等视觉领域的美化内容;在艺术介入的动因和主体方面,主要是产权人对空间的日常性美化,一般不涉及概念性艺术品、名人作品的商业性投入。因此,这类载体对艺术介入的资金投入也相对较少。在风格呈现上,亦多由木材、旧物等易得材料营造出自然、淳朴的风貌,而绝少会出现城市中对艺术造型的锐意处理,这一点可以通过两个典型的动物形象雕塑的对比来体会其中巨大的感性落差。(图74、图75)

与"住"的要素相比,"行"与"食"对艺术介入的依赖明显松散,路径也相对局限;但在产业发展进程中,这两者并不因为规模化发展阶段的到来而趋弱,而是基本保持一致的投入原则。

乡村旅游业中"行"所代表的交通路网系统,包括道路的设计与施工、交通工具的设计与视觉美化、交通识别系统的设计表达,以及道路景观设计在内。除却道路的设计与施工可单纯纳入工科范畴,交通工具与交通识别系统

图 73 桐庐县富春江镇茆坪村古韵居农家乐

图 74 乡村旅游现场的猪造型雕塑   图 75 加拿大国家美术馆前的蜘蛛雕塑

都可以通过艺术介入的方法来实现审美优化。这一点可参考香港海洋公园的
"海洋列车"、迪士尼乐园的"米奇小火车"。乡村旅游项目中时常涉及穿梭工
具设计,虽然不如前者案例典型,但却是景区型旅游项目不得不考虑的内容,
对具有体量规模的度假项目而言,自有穿梭工具已经成为刚性需求。交通识
别系统亦是艺术介入的传统领域,从技术门类而言,它是艺术设计学科中视觉
传达设计专业的传统课程,与此相关还可以延伸到客房公区的指示系统等;从
行动的重要性而言,项目的识别系统不仅影响到游客对旅游场所的功能使用,
还往往成为旅游者与旅游项目所设置的核心"吸引物"之间的链接,是构成旅
游体验进一步深化的催化剂。从人的认知行为过程来看,场所中的识别系统

在旅游体验中参与塑造了旅游者的行为路径，同时也就参与构成了完整的旅游体验，也在一定程度上定义了旅游项目作为目的地的整体意象。

与"行"相比，"食"的要素除了"食"的空间与艺术要素关联较明确，作为"食"的本体而言，与艺术介入的融合在乡村旅游精品化发展的过程中才逐渐找到机会；这种机会一方面体现在对餐食的即刻体验阶段，另一方面体现在外卖食品或者地方风物的售卖阶段。在曹山地瓜村的案例中，"食"便可以和主题内容相互融合，对艺术介入提出了客观需求；但因为这种相互关联与刺激的机制主要发生在乡村旅游的文旅升级阶段，所以在本节暂不做讨论。

（二）艺术介入乡村旅游业传统"发展型"要素

"住""行""食"以外的"游""购""娱"要素构成了旅游业传统六要素中的"发展型"要素。所谓"发展型"要素，即在做产业增量时被重点考虑的要素，在产业升级阶段往往是不能回避的问题。因此，对乡村旅游中"游""购""娱"的讨论也有必要分为两个阶段，代表的是不同产业阶段中的历史特征。

如前文分析曹山地瓜村案例，所代表的是乡村旅游业发展至今，在当下语境中所形成的产业发展共识：使客人留宿、延长游览时间，增加沉浸式旅游体验的机会……已成为旅游企业的普遍策略，"留宿"成为非常重要的环节。因此，在近年来新开发的项目中，"民宿先行"的行业现象普遍出现。这就有了地瓜村首先开发民宿、餐饮，先期运营之后再投入挖掘"地瓜家族的故事"等主题内容游览及 IP 文化消费的思路。河南省巩义市米河镇明月村的"里山·明月"项目在这方面也很典型：整个项目占地约 7600 亩，"山石舍"民宿作为首开项目落地，现已投入运营；项目团队以此为基础，招募 kol（Key Opinion Leader）、媒体接待等宣传活动有序进行，但其实这只是整体项目的一小部分内容。按照项目规划资料，待山地运动、康养中心、艺术教育基地、马场、明月寺等一批游娱项目落成，"民宿"又将过渡转向产业配套项目。（图76、图77）在这种逻辑下，"游""购""娱"要素在乡村民宿运营之后才作为文化和精神价值的生产载体、以增量要素的身份被加以应用，这种现象参与构成了文旅产业升级后的旅游要素特征。

但回顾乡村旅游发展历史，"游""购""娱"要素也曾经历过前置的阶段。在乡村旅游主要以"采摘游""观光游"的形式占有市场时，"一日游"可以作

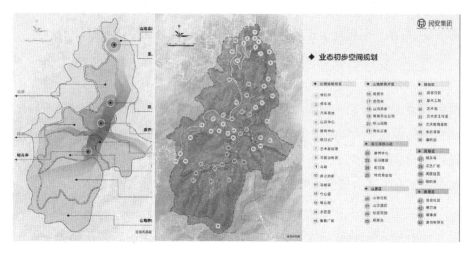

图 76 "里山·明月"空间布局图   图 77 "里山·明月"业态规划图
图片来源:调研。

为城市周边乡村旅游的笼统概括。当乡村整体环境审美性不足、住宿条件、基础设施薄弱时,乡村旅游只能通过个体农户或小型集体的经营行为点状分布于乡村,城市游客以"早出晚归"的方式到访乡村,旅客流量峰谷明显。与之共生的弊端还表现在:由于缺乏品牌意识和加工包装体系的支撑,能够用于售卖的旅游产品也往往只是初级农产品。这些因素造成了传统乡村旅游业产业价值链偏短、续客能力差、二次消费不足、可持续性薄弱等诸多弱点。由此可见,"游""购""娱"这类在乡村旅游业提质升级过程中被重用为产业增值核心的要素,在传统乡村旅游经营阶段仅能被作为旅游消费决策的单一要素;这一方面决定了此三要素在传统乡村旅游中的重要性,促使艺术的融入与使用在这些元素的实施中倾向于被考虑;但另一方面也受制于乡村旅游业本体价值产出不丰而导致的艺术介入实践投入的资金与精力不足。投入不足的另一面是介入效果难以得到保证,在该阶段乡村旅游实践中,艺术介入往往局限于视觉艺术的呈现,仅作为对既有目标如项目入口、室内空间、农产品包装的简单美化手段,而很少参与到创造新的产品系统或增值项目的开发过程中。在图像的处理方式上,具象图案、多色并置的手法颇为常用,画面效果常常接近于艺术设计院校的图像处理软件课程的习作水平,由于对主题意象的符号转译与抽象过程的能力不足甚至是欠缺,使得成品表达过于直观,而难以获得文化创意专业工作所期待的衍生价值。

　　综上所述,艺术介入乡村旅游业的路径和手段是伴随乡村旅游业提质升级发展而变化的动态过程。乡村旅游业的不同阶段对应着不同的艺术介入境况,两条线索之间保持着正向相关:首先,无论在哪个阶段,艺术介入的目标都是促进旅游业发展、提高游客体验质量;其次,在对艺术介入的具体分析上,现阶段所用的媒介无疑更加多元、手法也更加复杂。伴随专业分工的加强与技术手段的提升,艺术介入也趋向成为更加独立的部门,以便在乡村旅游业提质升级中发挥作用。产业本身的内涵拓展成为这一现象的最大推手,当旅游承载更多的精神需求、乡村成为中国人的乡愁寄托与传统文化的载体时,这一产业的内涵、特征自然需要超脱出"吃""住""行""游""购""娱"六个要素所主要锚定的感官刺激。传统旅游"六要素"在新时代乡村旅游发展中需要重新整合,以适应产业升级的内在需求,艺术介入作为产业实践中的具体方法也被提出应施以创新的要求。

第二节　以升级为目标的艺术介入之创新机制

一、产业升级与艺术创新的双重必要

(一)产业升级的思路转换

　　"理性人"设想奠定了西方经济学的基础假设,虽然斯密(Adam Smith)、阿尔钦(Armen A.Alchian)、道金斯(R.Dawkins)等人看待人"自私"(private)的成因持有不同角度,但并不影响以"个人"(individual)为起点、以"人会做选择"为"惯例"去理解经济行为。[①] 即便关于"产业升级"的内涵至今没有统一的界定,但产业归根结底是人类经济行为的过程也是结果;以"人的理性选择"作为视角去理解产业升级的动因和趋势具有逻辑上的合理性。

　　当传统的旅游模式不能满足社会转型与消费升级的市场现实,旅游业价值生产能力不振,资本回报难以满足投资需求,业者们便自然拥有应对"变

---

　　① 张五常:《经济解释》,北京:中信出版社,2017年,第84—91页。

局"的内驱动力;叠加党和国家、各级政府的利好和推动,业者们的内驱力则乘势转为行动力,这是地方乡村旅游业提质升级实践的宏观选择。是否要与艺术携手并进、交融共创,是旅游业者站在企业利益与客户需求之间所做的中观选择。而在艺术介入乡村旅游业提质升级客观现实中的、具体的路径谋略、方法的选择则是从业者在实践中所需面对的微观、具体决策。不同的艺术介入方式对产业中问题的作用机制也可能不尽相同,从业者往往竭尽所能地对有针对性的最优方案作出决策。

本书调研部分曾对乡村旅游业提质升级中的主要问题进行了归纳,如"重复与雷同""品牌体系薄弱""核心内容缺乏"等都是普遍的痛点;这些问题站在从业者的角度提出,对应的其实是需求端的负面反馈:由体验感不足或停滞所导致的消费不足,进而使项目持续获客能力匮乏,项目持续性难以为继……需要看到横亘在消费者与企业之间的是"旅游产品"这一中介,消费者体验与旅游企业之间的供需关系依托对"旅游产品"的消费而得以检验。本节内容重点关注艺术介入对旅游产品的作用机制,以突破以往从产业要素角度借用艺术效用的扁平思路,强调新时代旅游发展中的艺术介入创新方法。

(二)艺术创新的现实观照

显然艺术的门类有别,可以用不同的标准去划分。比如,可以按人的感官通道分为视觉艺术、听觉艺术;也可以按时间或风格维度分为现代艺术、古典艺术;还可以把握地域的差别归纳为西方艺术、东方艺术;当然也可以按照巴托确立的五种"美的技艺",将艺术区分为绘画、雕塑、舞蹈、音乐和诗歌这样不同的门类。但无论分类的标准如何变化,艺术作为每种文明最醒目的招牌,一直以来都在以英国作家罗斯金口中"值得信赖"的方式反映着人心观念的演变。①

那么,依循这个线索,就肯定了艺术总是与其时代背景、地域综合环境紧密联系的底层逻辑。于是也可以认为,时代变迁必然将在艺术领域有所表现,

---

① 对工艺美术运动创始人威廉·莫里斯产生巨大影响的 19 世纪重要作家约翰·拉斯金也有一段著名言论:伟大的民族在三种手稿中写下它们的自传,这就是行为之书、语言之书和艺术之书。如果不读其他两本书的话,其中任何一本都无法读懂,但三本书中只有最后一本是值得信赖的。

或者说，艺术天然具备与时代互动的敏锐直觉与表达欲望，新的社会状况也会成为艺术应变的催化剂。照这样看，处于中国重要转型期的乡村现实，为艺术创作提供了巨大的市场，其中也就包含了创新的动力。

现代设计的演进

年代	关键词	设计定位
1946–1960	功能、创造、风格	创造风格
1961–1980	系统、多元、协作	科技协作、人的理解
1981–1990	协调、意义、生态	协调管理
1991–2000	全球化、战略、非物质	创造体验
2001–	创新驱动、全球竞争、可持续	驱动创新

图 78　现代设计的演进

　　回溯艺术学科的发展历史，更清晰地看出这种不断因应社会需求、不断自我调整革新的内在性格。举艺术学科门类中与乡村旅游业发展携手最密的设计学科为例，如图 78 可以看出设计艺术在不同年代经历了怎样的主旨变迁以及对应了怎样的自我定位。从最初聚焦于风格的创造，设计艺术的主要工作集中在对形式的表达，通过对造型、风格的革新；因此可以说，设计的"创新"存在两个维度，首先在横向上，与同时代竞品相比的"效果"创新，以及在纵向上不同年代之间的"功能"革新。

　　2000 年之后，设计的功能得到不断延展，无论在社会经济领域的设计行业，还是在教育领域的前沿群体，对设计创新的认识与研究均达到空前一致。2014 年，同济设计周发布"DesignX"宣言，定义 DesignX 就是"复杂社会技术系统设计"。（图 79）从宣言中的关键词来看，"面对真实世界挑战""不仅仅提出策略、更介入实施"，以及"摸着石头过河"都体现了设计艺术的发展性特征，以及与时代共挑战的创新精神。设计或许可称为艺术学科中最具创新性格的门类，这在学科发展的导向上也可寻得依据：在 2011 年 3 月国务院学位委员会和教育部颁布修订的《学位授予和人才培养学科目录(2011)》中,艺术学与哲学、经济学、法学、教育学、文学、历史学、理学、工学、农学、医学、军事学、管理学等学科共同组成了我国学科系统的综合架构,设计学成为艺术门类下独立的一级学科。2021 年 1 月 14 日,国务院学位委员会、教育部印发通知,决定设置"交叉学科"门类,引发专业人士的积极讨论,作为设计教育的重要引领者,同济大学娄永琪教授认为,"交叉学科"是设计学的重要方向。这些关于学科的定位以及讨论,均体现了设计对创新的追求,以及社会现实对设计艺术提出的创新要求。

图 79 "Design X"宣言 (图片来源:娄永琪)

有意思的是,旅游学的发展也存在相似的经历,在我国旅游学发展的最初阶段,由于对经济效益的诉求,其被归于经济学的范畴之内;之后,因为旅游业是以旅游六要素为载体以提供服务的产业,又被转归到管理学的门下。[1] 然而这也同样并不是一个永恒的从属关系,伴随文旅融合思路尤其是文化部与国家旅游局的合并,关于旅游学的研究必然也面临创新思路的要求。于是我们可以看到,高校中旅游学院或商学院中的旅游专业的老师们,越来越多地开始申报文化和旅游部管理的国家社科基金艺术学项目。这一现象的产生,均是因为旅游学本身乃是一门具有高度应用性的学科。于是,当极具创新性格的设计学与不断面对市场应用问题的旅游学碰撞,必然激发出更

---

① 翟辅东:《旅游六要素的理论属性探讨》,《旅游学刊》2006 年第 4 期。

多的创新能量;如此印证了以设计艺术为代表的、当前语境中的艺术创新的现实观照。

二、产业升级与艺术介入的创新路径

(一)体验感升级与视觉审美化

旅游消费的本质属性是一种体验型消费,尤其是在文化与旅游融合发展的浪潮掀起之后,文化产业领域的创意转向驱动了旅游业的创意活化。"创意旅游"作为联合国教科文组织发起的产业实践,强调旅行者通过对艺术、遗产和地方特色的身心感知,获得具有参与感和原真性的旅游体验。[①] 这种体验涉及人的各个感知领域,这一现实逐渐在旅游业者中形成共识并日益重视;深耕酒店行业十余年的江坤森先生在"里山·明月"整体项目介绍时,将"听觉酒店"计划娓娓道来,整体感受新颖而又现实。就这一领域的发展趋势来看,听觉、触觉、嗅觉、味觉等人类感官都将在旅游领域不同程度地展开作用,与视觉这一最大感官因素共同建构多维复杂的乡村旅游体验。

乡村旅游体验感的升级来源于乡村体验原真性、舒适性、合法性的保证以及戏剧性的突破。那么,乡村旅游体验中"在地"的本体究竟是什么? 所谓"乡村性"又该如何体现? 两者之间又是否存在共通的表达? 乡村旅游体验需突出与城市生活的时空差异,强调"在地文化"的独特经验;它包括乡村的自然地理环境样貌,也包括乡村生产关系、娱乐方式、生活文化所综合而成的"人""文""地""景""产"五位一体的复合表现。所谓旅游体验升级,就是通过旅游产业的方式将这些"独特经验"再次放大,从而深化游客的体验强度与感知维度。

在这个前提下,人最重要的感知来源以及旅游体验的最主要来源就会显得非常突出,实践调研的结果也佐证了两者之间高度的彼此关联。在"首届长三角乡村文旅圆桌论坛"的讨论现场,绝大多数业主都将最直观、表象的经营痛点指向"重复与雷同",所指就是项目彼此间因"同质化"竞争所带来的困

---

① 向勇:《创意旅游:地方创生视野下的文旅融合》,《人民论坛·学术前沿》2019年第11期。

扰和焦虑。其实,作为乡村旅游的消费者与观察者,笔者对于这种"重复与雷同"也深有感触,毕竟这实则是一体之两面。贾樟柯导演曾经用"套娃印象"来隐喻电影在叙事到中段所常遭遇到的困扰,这个说法用来形容当下的乡村旅游也常显得非常生动:乡建热潮下的乡村旅游业,走近看也会有面对套娃的感觉,表面上看着似乎丰富,但揭开一个,好像第二个和第一个有点儿像;第三个和第二个又似曾相识……这个例子估计能引起许多人的共鸣,同时也请不要忽视另一个信息:这种感受,极大地源自视觉的印象。乡村与乡村旅游的视觉重复形成了行业内同质化竞争的典型表现。

有关视觉与感知的研究早在鲁道夫·阿恩海姆(Rudolf Arnheim)等人的研究中就已相当成熟,半个多世纪以来,该研究领域先后有 5 名科学家荣获诺贝尔奖。他们的研究从生理学、心理学、行为学、解剖学等传统学科领域证明了视觉的重要意义。作为人类最为重要的一种感觉,大约 80%—90% 的环境信息通过视觉进入大脑,1962 年诺贝尔奖获得者 F.Crick 就明确建议将视觉作为研究人类意识问题的最佳突破口。[①]

既然视觉是人类感知世界、形成意识的最重要途径,那么对于一门以体验作为产品根本价值的商业而言,视觉因素占首要地位具有科学上与逻辑上的合理性。回顾乡村旅游甚至整个旅游业为行业发展所做的一路努力,绝大多数都是以视觉经验的提升作为行动的突破口。从自然环境的优化,到人工环境的设置;从企业形象的设计,到服务流程的仪式;绝大多数的旅游体验都是围绕"视觉"为中心来展开的。这种倾向在旅游宣发、推广方面的案例也是俯拾皆是,从传统纸媒时代的《旅游情报》《中国国家地理》《时尚·旅游》,到互联网时代的"网易旅游""携程旅游"……精美的图片都是宣传目的地风采、特色的首要工具,人们通过"读图"在心中形成对目的地的初步印象。即便当互联网进一步发展,微视频等也成为宣传的重要趋向,但其根本表现对象还是目的地的审美化形象;无论传播的媒介怎样变化,但对象的本体是一定的,这决定了视觉呈现的核心地位。举一个很实际的案例,观察一下"以脚步丈量"乡

---

① 王云久、武志华:《心灵之窗:视觉研究的进展、应用与意义》,北京:科学出版社,2010年,第145—146页。

村旅游发展的"途家美宿家"们(KOL)的工作方式,会不禁思考,这种图文短视频曝光量超 17 亿,攻略类阅读量超 10 亿的传播成绩,背后是以什么样的内容产品作为支撑呢?[1] 在本书的调研过程中,曾经和他们有过为期十余天的工作交往,了解到美宿家们的工作状态与工作方法。在与"远仁""五六七""美丽姐""帽帽""智杰"等几位超流量 KOL 的交流过程中,他们一致肯定了图像在其自媒体传播工作中的重要作用,这也解释了为什么他们会在随行途中同时携带各种类型的图像采集设备,如单反、微单、手机、无人机等,以迅速适应不同的工作环境。"制造视觉""传播视觉"的旅游推介手段,对应和塑造了大众的"视觉接收"习惯,在这个意义上,旅游目的地或旅游项目的视觉图像呈现决定了游客对出行的最初印象,影响着旅游者的消费决策,也形成了对当次旅行最初的"预体验";毕竟,对于旅游这个消费品类而言,很少有人会在毫无获悉的情况下加以选择。当"读图时代"取代印刷文化为主导的时代,海德格尔说"世界被把握为图像",在这样的社会语境中,旅游业的推广内容已经接受了规定。

太多经验证明,消费者对于旅行目的地的丰富遐想,无论是风味独特的当地美食,还是体验特色的游乐项目,开始却都可能只是源自于一幅热气升腾的图片,或一张"丛林冒险""绝壁攀岩"的照片;在旅游传播的初始领域,我们常可以看到"视觉"取代"触觉"、"味觉"等其他感知通道所带给人的刺激。

这样,视觉感受所造成的影响从旅游推介时的"预体验",到达至目的地时的"在场体验",再到旅行结束时借由图像回忆时的"记忆体验"贯穿始终。这种"回忆"行为在当下自媒体时代又很容易触发下一个旅游个体的"预体验"行为,视觉感受成为不断激发并串联起旅游体验闭环的核心力量。(图80)提高视觉感受的质量成为乡村旅游业提质升级的行动方法,在旅游体验的前、中、后各个环节贯穿始终。所谓提高视觉感受,实则大多是现实意义上的视觉审美化。美能带来愉悦,人类有爱美的天性、有审美的需求,而艺术则具有创造美的旨趣和方法。

---

[1]　品橙旅游:《途家美宿家:全年曝光量 17 亿　达人粉丝人均 70 万》,https://www.pinchain.com/article/206695,2021-1-17。

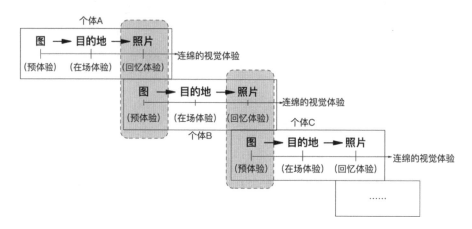

图 80　目的地旅游的视觉感受传播效应循环

"体验感升级"是站在游客经验的角度表述,"视觉审美化"则是指向从业者的实践方向,他们时常选择艺术的方法,以首先实现项目元素的"艺术化",再由"艺术化"而形成的"美"的旅游项目或旅游产品去服务于旅游消费者实现审美的经验。借用杜威的表述来说,"艺术的"主要指涉"生产的行为"(doing),"审美的"则倾向于"鉴别、知觉和欣赏的行为"(undergoing)。① 艺术介入乡村旅游业提质升级实践,是一个"做或造的过程",是艺术的产业经验;这种经验的结果通过旅游消费而被消费者"知觉""欣赏"从而"作为享受"。

厘清了乡村旅游业中"体验感升级"和"视觉审美化"之间的内在关系之后,可以进一步剖析二者之间自洽的实现过程。旅游体验的时序递进规律提供了一条较为稳定的线索。

首先,游客对旅游目的地的"预体验"通常有两个途径:项目的自主推介营销和自发的网络自媒体渠道。在实际市场过程中,这二者有时并不是并行的逻辑;由于前文所列的"美宿家"这一新型职业群体的出现,项目的自主推介营销则可能包括了这种借网络意见领袖自媒体渠道发声的方法,这使得事情的发生仿佛是第二种渠道,但实则依然是项目方的主动行为。"自发的网络自媒体渠道",突出推介的"自发性",在"全民自媒体"时代,这也成为一支重要的力量,是私域流量的高信任值匹敌了费用不菲的被动营销。此外,中国

---

① ［美］约翰·杜威:《艺术即经验》,北京:商务印书馆,2015 年,第 54—55 页。

整体经济转型、产业结构升级的过程中所沉淀的管理知识、营销策略等隐性知识伴随资本介入乡村旅游的规模化阶段而进入乡村旅游业的日常之中,这使得市场的实际运作过程是无比复杂的。在实践中,旅游项目或乡村平台也可以通过利益设置以激励私域高信任值流量的发声,这就形成了一种介于自主与非自主意愿之间的"暧昧"。所以,在旅游"预体验"的设置阶段,时常看到的是一张多元交织的意义之网,而乡村旅游项目本身才是这个意义生成的本体。如此,就不难理解,为什么旅游项目场景中时常会出现"网红墙""打卡地"等让游客极为"上照"的刻意设置。当"分享"成为旅游消费的意义本身,"照片"或者"图像"便超越了基本的展示价值,而混入了膜拜的意义。艺术介入在这一环节,也通过两种路径实施,无论是拍摄本身所涉及的摄影、影像艺术,还是被摄对象的审美性设置,艺术都可通过不同的技术手段参与其中,但这其实嵌套了游客的"在场体验"。

其次,"在场体验"是旅游体验中最重要、最丰富的内容;正因其内涵的丰富,艺术介入其中的学科门类、方式方法、路径策略也是最为丰富的。从本意上来看,乡村旅游的在场体验囊括了旅游活动的方方面面,旅游六要素的任何角度都将参与塑造在地旅游体验,从这个传统的意义上讲,与"住"相关的建筑设计、室内设计,与"购"相关的包装设计、产品设计,与"游"相关的景观规划、无动力设施设计等各个方面都具有与艺术介入携手的契机;而旅游升级的目标则是使这种契机的面向拓宽、深度变大。当下,乡村旅游业提质升级的特征之一就是强调文化要素的占比加大;《2021 年全国文化和旅游厅局长会议工作报告摘要》中指出,"要深刻把握文化和旅游融合发展的战略部署","用文化提升旅游品位,精心打造出更多体现文化内涵、人文精神的特色旅游精品"。如今,"诗意地栖居"成为越来越多的人对乡村旅游的定位;"乡村",从词义言,本质是对"经济社会结构"的界定,[①]而"诗意"则是文化范畴的判定。用"文化"助力乡村旅游,从而体现出"文化内涵",这个"文化"其主体必定是乡村,是乡村的文化。所谓文化,是指"一个团体为了位育处境所制下的一套

---

①　费孝通:《乡土中国》,北京:中信出版集团,2019 年,第 Ⅵ 页。

生活方式"①。以文化促进乡村旅游,所要呈现的也就必然是乡村的生活方式,以及乡村生活方式下生成的喜好、判断和价值理解。而旅游,从消费行为来看,绝大多数是作为短期消费行为实现。那么,在漫长岁月中形成的乡村在地生活方式要如何使其通过短期的消费行为被体验、被感知?又如何深化这种体验和感知呢?本研究给出的方向是艺术介入;并且,首要是以视觉感知为媒介的艺术介入。

正如前文所枚举的那样,艺术介入乡村旅游现场,以建筑设计、环境艺术、产品设计、甚至雕塑、绘画、音乐、舞蹈等纯艺术的方法"行动",所获得的"结果"都是可以被游客以及在地居民以视觉经验的方式被感知。审美的视觉呈现应该是最直观、具有美学价值创造和增值效率的介入途径。本书所列之两种呈现方式,二者起点截然不同,却又殊途同归,从而具有极高的典型意义。第一种呈现方式的思路是将灵感向历史回溯,用艺术的表现去放大当地传统元素,以塑造一种在地的"灵韵"。书中所调研的"小有洞天山居"案例,就是以当地传统夯土建筑为元素,以建筑、环境艺术的方法塑造新审美偏好下的"传统风格建筑"(图81、图82、图83)。

图81 河南省济源市王屋镇迎门村传统夯土工艺墙　**图82** 传统工艺夯土墙作为会客区域背景

"里山·明月"的"山石舍"项目,用的是同样路径去追溯巩义当地传统的石窑记忆。图84、图85是由明月村村长家的石窑老宅改建的比萨餐厅,石头

---

　　① 费孝通:《乡土重建》,北京:中信出版集团,2019年,第1页。

图 83　传统工艺夯土墙作为精品民宿大堂墙体兼展示功能

的粗犷气质与烘焙主题巧妙契合。置身于这个石窑餐厅，彼时感受让笔者不禁回忆起在捷克旅行时，布拉格有一著名的"岩洞餐厅"也同样以烘焙为主题，无论环境特色或是店铺口碑都是网络第一，在当地颇有影响力，这一回忆过程，不也是一种旅游体验的往复循环吗？室外的造景设置"自行车"意象的环境雕塑（图 86），所涉"切割""重构""缩小""高纯度""对比色"等方法，都是装置艺术常用的技巧，就处理的技法本身而言，就是许多艺术设计专业院系"设计基础"课程的经典知识单元。户外餐区的石面铺地也有讲究，新制石砖中掺搭旧制石盘，是旧物利用，也是历史记忆的唤起（图 87）。石窑、石磨……明月村和许多中国传统乡村一样，以"靠山吃山、靠水吃水"为古老的生存依赖；明月山中，唯产山石，于是，住石房、制石磨，以为营生。但石窑超高的耗时工艺、石磨与实际生活的分离，加之日益便捷的对外交通与交往，使得这种"以石为生、与石共生"的生活记忆逐渐淡出人们的视野，裸露出贫瘠而空洞的生活实态。在这个案例中，环境设计、公共艺术等艺术介入的手段使古老的中国中原传统石居能够包容"比萨"这种西方或者可以说泛化到城市范畴的生活方式，本就实现了一种场景融通的旨趣。对当地旅游经营而言，主力客群定位在郑州市域游客,尤其以亲子度假、情侣休闲为最首要;那么,这种设置的妙处,一来在于"古老"与"现代"并置对比而形成的高强度体验,二来在于对游客"差异化"体验诉求的精准把握。"旅游"是对"异化"生活的主动体验,但作为一种以休闲、度假为主旨的消费而言,当真去面对种种"不适应",其实又常常是违背本意的。于是,在这个案例中,看到的是这样以艺术的方法去实现多因素的平衡,最终最大限度地得到和谐的体验感受。相似的案例还有许多,比如在拥有我国"县域美学策源地"美誉的河南省焦作市修武县,当地最具代表性的乡村民宿"云上院子"的创始人彭志华先生此前的职业身份就是设计师,艺术教育的长期滋养将持续渗透在他的创作和经营当中,根据他本人所提供的项目资料,也可以看到这种以当地天然材料、生活记忆为母本的建筑改造。(图88、图89)

无论是"小有洞天·山居"的夯土,还是"明月·山石社"的石窑、石磨,又或者是"云上院子"的山石建筑,物质材料变身承载历史记忆的工具,变成设计师诠释方案的媒介,材料所呈现出的视觉效果,开始具有"意义",艺术家和设计师的工作,让山里、乡村那些一个个质朴的"碎片"转化为具有审美性的、隐喻意义的场景要素,生成为旅游生产力。

图84 "石窑比萨"餐厅　　　　　　图85 "石窑比萨"厨房

与此同时,艺术介入乡村旅游业的这些实践也为艺术领域的一些本质问题提供启发。杜威在《艺术即经验》中甚至写道:"没有什么比有关质料与形式问题的讨论更灾难深重了",而以上这些案例的确在当下语境中给予我们

图86　"石窖比萨"门旁造景

图87　"石窖比萨"户外餐区铺地

图88　"云上院子"前身是金岭坡村名门孙氏大户的宅院

思考的线索。传统建筑技艺、在地材料所形成的质感和肌理,诠释了一种"质料"如何作为一种"有意味的形式",又如何仅仅作为一种功能性的材料。当新旧材料并置于同一墙平面,当射灯聚光在夯土的残垣……这些物质性的存在被以艺术的形式塑造成审美的质料。杜威又继续发问:"是否存在着一种属于感觉材料的审美价值,而另一种审美价值属于使这些材料变得具有表现性的形式?"①归纳乡村旅游中最为常用的材料、工艺,以及他们所营造的风

---

①　[美]约翰·杜威:《艺术即经验》,北京:商务印书馆,2015年,第123—152页。

图 89　就地取材、筑新如旧

图片来源:彭志华。

格、调性;"山居""绿奢""度假""乐""野"成为市场中广为流传的项目"关键词"(名称)。思考一个从材料、肌理中呈现出的视觉印象,如何与一个词汇匹配,又如何竭力精准地去还原一个文化风貌,或者说文化印象? 三者之间有科学的关系吗? 既往的艺术经验会正面地去回答这个问题,是一种感性的回答;侯世达(Douglas Hofstadter)和桑德尔(Emmanuel Sander)最近的合作成果《表象与本质》可借鉴来从"类比"的角度阐释这三者的联系,是从思维科学的角度作出的理性回答。这个问答的逻辑是重要的。"文旅融合发展""以文化凸显旅游品位""突出地方文化内涵",但旅游的本质是娱乐,而不是教化,至少不能是明显的宣教。那么,艺术以其"美"的特征、对"愉悦"的塑造,以及非常落地的实践能力,成为乡村旅游发展中必须参与的力量。艺术工作的"魔力"在于,将"文化"这种地方"本质"性的内容,通过"材料""肌理""场景""风格"这些"表象实在"从历史转移到当下,使其依附于"新农村""新文旅"这些新的地方"日常"从而被旅游者体验。视觉感知是最直接的体验方式,"看"本身就构成了旅游行为的重要动机;艺术家通过职业的洞察力与想象力,表现并放大了这些"内容"所能带给人的刺激,更大的体验价值被塑造,成为旅游价值的生产因素。从这个意义上讲,艺术介入乡村旅游具有无可替代的实践作用;并且,视觉感知的审美化之于旅游体验的升级也是一样的道理。

"在场体验"的第二种典型呈现方式,与"向传统回溯"正好相反,艺术介入乡村的路径不再以历史移情为方法,而是将纯艺作品直白地、大胆地植入乡村。这种做法本来就是一种"事件"制造的过程,常委身于艺术节庆,也参与构成了节庆活动本身。日本福武总一郎和北川富朗的实践极具代表性,影响力也已超越日本,泛及世界。二人合作的"濑户内国际艺术节"的中国项目企划正在落实当中,项目团队与地方政府的磋商、博弈在我国多地同时展开,在此时探讨这种艺术介入的形式显得格外具有现实价值。回到对这一事件的分析,濑户内国际艺术节最有代表性的"图像"便是这幅"草间弥生的《南瓜》在水中栈道上'熠熠发光'",这幅图片中虽然没有任何文字信息、地理经纬,但它已然成为直岛的象征,在世界范围被知晓,也宣示了濑户内海地区独具特色的艺术活动形式。(图90)作为当下世界最有影响力的女性艺术家之一,草间弥生的展览一般出现在纽约、上海、东京、巴黎这样的国际都市,合作的品牌如路易威登、可口可乐……这样一位个性鲜明、风格前卫的当代艺术家的作品缘何会出现在当年那个日渐萧敝的濑户内海岛?不止于此,布鲁斯·瑙曼、杉本博司、詹姆斯·特瑞尔、安藤忠雄等著名艺术家、设计师的作品相继在这里出现,在"地中美术馆"落成之后,克劳德·莫奈的巨幅"睡莲"也得以在这里展出。那么,问题是,艺术在这里是被需要的吗?或者说,"伤痕累累"的废弃岛屿也需要艺术吗?濑户内岛的实践给出的是正面的答案,以艺术复兴乡土、重振地方的方式受到广泛关注,毕竟,乡土的衰落、乡村的凋敝是工业化国家所广泛面临的共同问题。濑户内艺术节如今已是颇具影响力的国际性活动,每当展期临近,甚至航空公司都会为艺术节增开国际航线,跨境旅游公司也开始设计旅游线路,旅游收入成为艺术节得以维续的实际手段。福武总一郎在《艺术唤醒乡土——从直岛到濑户内国际艺术节》中介绍"入场券是维持艺术节最大的收入来源"。① 自我造血是可持续发展的正确逻辑,

① [日]福武总一郎、北川富朗:《艺术唤醒乡土——从直岛到濑户内国际艺术节》,北京:中国青年出版社,2017年,第11页。

从这个案例中可以看到的逻辑是:由发起人调集资源,引入顶级的艺术家作品,为濒临荒弃的海岛培育出旅游资源,再对其进行转化、推进旅游业发展,从而实现乡村经济转型、旅游驱动乡村赋能的愿景。在这种驱动力量下,艺术被作为"投资"的对象,被引入、被经营,成为乡村"无中生有"的旅游资源,生成为旅游经济的生产要素参与到价值创造的过程当中,形成"美学经济"的典型样本。

图 90　濑户内国际艺术节代表性作品《南瓜》①

选取濑户内国际艺术节来作为本节的案例,是由于与其所合作的艺术家极为典型,世界顶级艺术资源的注入使该模式在作品、话题、企划、营销方面的利好最大化,可以清晰地展示以视觉为体验方式的艺术作品驱动乡村旅游的内部逻辑。在此之前的"越后妻有大地艺术祭",在以艺术为手段解决城市化进程中的乡村问题方面也具有极高影响力。与濑户内海的行动不同,越后妻有案例中"策展人"的角色非常突出,作为新潟县本地生人的北川富朗是当今全球最具影响力的策展人之一,对其进行的相关研究认为,越后妻有大地艺术祭的成功与北川富朗本人的战略性对策具有紧密关系,任亚鹏等人对历届

---

①　[日]福武总一郎、北川富朗:《艺术唤醒乡土——从直岛到濑户内国际艺术节》,北京:中国青年出版社,2017 年,第 11 页。

"大地艺术祭总括报告书"进行整理,总结第一至第六届越后妻有大地艺术祭的开展规模与财务信息,得出表11;可以看出,活动自2000年至2015年之间,每三年一届定期开展,每届展期作品数、入场者人数、志愿者人数等数据逐次递增,由建设投资带来的经济效益以及地方政府承担的支撑部分则呈递减趋势,而项目总体持有的、以乡村振兴为目标的艺术展览事业对当地旅游驱动的实际效果客观平稳。

表11　第一至第六届越后妻有大地艺术祭规模及财务情况表①

类别	第1届 (2000年)	第2届 (2003年)	第3届 (2006年)	第4届 (2009年)	第5届 (2012年)	第6届 (2015年)
会期作品数 / 组	146	224	329	365	367	378
入场者人数 / 人	162 800	205 100	348 997	375 311	488 848	510 690
志愿者注册人数 / 人	800	771	930	350	1 246	2 270
志愿者活动人次 / 人	4 770	2 000	2 500	3 244	3 991	3 424
经济波及效果 / 百万日元	12 785	14 036	5 681	3 560	4 650	5 089
建设投资效果额 / 百万日元	10 054	12 810	1 327	190	380	571
事业收入 / 百万日元	546.9 (100%)	426.6 (100%)	670.4 (100%)	581.1 (100%)	489.0 (100%)	624.2 (100%)
票务收入 / 百万日元	41.9 (7.7%)	43.0 (10.1%)	143.1 (21.3%)	89.9 (15.5%)	161.3 (33.0%)	145.5 (23.3%)
捐款收入 / 百万日元	13.0 (2.4%)	2.4 (0.6%)	213.5 (31.8%)	241.3 (41.5%)	99.4 (20.3%)	129.6 (20.8%)
国省支撑 / 百万日元	280.3 (51.3%)	220.5 (51.7%)	106.4 (15.9%)	—	108.0 (22.1%)	228.0 (36.5%)
市町支撑 / 百万日元	186.9 (34.2%)	147.0 (34.5%)	169.3 (25.3%)	78.3 (13.5%)	100.0 (20.5%)	100.0 (16.0%)
其他收入 / 百万日元	24.1 (4.4%)	13.2 (3.1%)	38.2 (5.7%)	171.6 (29.5%)	20.1 (4.1%)	21.2 (3.4%)

注:基于历届"大地艺术祭总括报告书"整理作成。

---

① 任亚鹏、崔仕锦:《日本浅山区振兴策略调查研究——以越后妻有艺术节为例》,《风景园林》2018年第12期。

　　作为三年一届的艺术节庆,越后妻有的数据来自于展期本身,是游客为感受艺术节所创造的"在场体验"买单;由传统的农耕场景转换而成的艺术展演平台,为艺术的展示与欣赏提供新颖的场域,这个场域中,艺术作品的呈现手法、比例关系获得更大尺度的自由。在对艺术消费日益增长的消费社会文化中,这种猎奇式的体验,叠加"三年展"形式所塑造出的"过期不候"的时间稀缺性,使这种"产业观光"式的区域振兴模式得以持续。

　　旅游作为一种消费行为,总是具有时间上的阶段性特征。"在场体验"的结束通常意味着一段旅行的临近尾声,对旅游业的发展而言,是否能够充实旅游的"后体验"阶段,无论对消费者所获得的价值剩余,还是对项目方的持续获客能力而言,都具有直接影响。此外,当下中国的乡村旅游发展多少还担负着中国传统审美文化、乡愁记忆的塑造功能,各地政府大力发展乡村旅游,一方面承载着民生维系的现实任务,另一方面还被寄予文化传承和文化自信的期望。从这个意义上讲,乡村旅游的价值创造本身就明确包含经济效益和社会效益两个层面,游客对旅行的回忆、传播行为便一方面构成了自身的主体回忆,另一方面还参与构成了旅游目的地的文化记忆,塑造着潜在消费者的"预体验"印象。

　　不可否认的是,视觉图像或影像是旅游者回忆旅游的最主要方式;其审美性主要取决于两个方面:一方面是作为在场体验的视觉体验对象物本身,另一方面是摄影摄像技术中的艺术性处理。关于前者,艺术介入的方式已在前文的重点部分"在场体验"进行讨论,后者则是在当下自媒体"信息大爆炸"时代逐渐凸显出的角度。这其实归因于媒介技术的发展,如果肯定游客关于乡村旅游的记忆是关于乡村这一特定"地点"的记忆,并最终参与构成了该地点的文化记忆;那么媒介则是作为物质的支撑,对这种记忆起到基本的扶持作用,并且媒介因其技术性特征而与人的记忆行为产生互动。基于这个理解,艺术介入这个"回忆制造"的过程则会被引向记忆的技术性以及文化性的媒介进行分析。诚然,在现实中已经出现了诸多提供图片、视频美化服务的软件,无论打开苹果系统的 App Store,还是安卓系统的应用商店,可供选择的相关程序应接不暇;它们提供着具有共性的服务,明度、纯度、对比度、高光……各种滤镜效果的选择,实际完成的皆是视觉效果的处理工作,而这原本就是视觉艺术家的工作不是吗? 只不过,媒介技术将这一切普及化了。此时,"人人都是艺术家"、人人都是时间长河中的记忆塑造者,是乡村旅游和地方记忆的塑造者,同时也是传播者。不禁要问,这重要吗? 拍摄重要吗? 无论从商业层面的经营角度,还是从文化理论的角度,回答都是肯定的。首先,在经营角度,莫干山民宿学院联合创始人、中国民宿集群概念倡导者夏雨清先生在清华大学乡村振兴云课堂中,曾作题为《民宿运营模式创新》的经验分享,在介绍宁夏中卫"黄河·宿集"这一民宿带动沙漠边村落发展旅游的业界传奇时,提到一个有意思的反差:项目团队在设计一些特色氛围服务时,从产品定价与调性等角度都预估是情侣或家庭亲子客群为消费主力,但实际客单情况却证实了"闺蜜游"才是最大的主顾,而她们的核心兴趣点恰在于拍照。这个小案例也说明了为什么那么多旅游场景中要设置所谓"网红""打卡"项目,这个看似不那么正式的词汇却分明非常"认真"地出现在诸多旅游推介、景区导览的实际应用中去了。其次,在文化理论角度,记忆重要吗? 如果记忆是重要的,那么艺术作为参与记忆形成的手段与方法就同样值得关注。耶尔恩·吕森在为"历史的观念丛书"作序时提出:"在人类生活的文化定向中,记忆是一种巨大的力量",并将这种力量提高到决定历史认同的相当高度。埃德加·温特在《瓦尔堡的文化学概念及其对美学的意义》中则认为,"图像回忆既是'气氛塑造者'也是'气氛激发者'"。在这些理论中,借由视觉图像对旅行进行的回忆,成为一种"回忆经验",伴随时间的流逝而不断生成新的、关于某次旅行的"价值剩余"。而图像与回忆行为本身所不可避免的"隐喻"则使得这种"回忆经验"一旦经由"媒介"的传播,又变成随时可能触发到新的"价值需求"的链接。不可否认一组关系在其中发挥着作用:在媒介和记忆的隐喻之间存在着紧密的相互关系。① 而视觉图像在艺术的介入之下则更容易达至理想的效果,成为"隐喻"的理想抱持者与传递者。这样,便不难看到艺术参与旅游"后体验"时期所参与的价值生成线索。

(二)消费力提升与产品系统化

旅游作为人的消费行为,天然地要求供给方的产品提供与需求方的消费

---

① [德]阿莱达·阿斯曼:《回忆空间——文化记忆的形成和变迁》,北京:北京大学出版社,2019年,第149页。

力相互匹配;旅游市场和其他商品市场一样,其合理有序的发展必然建立在供需双方的总体平衡基础之上。中国近年来经济社会、消费水平整体提升,文化及旅游领域消费增长明显,据国家统计局公布的数据,2019年全国旅游及相关产业增加值44989亿元,GDP占比比上年提高0.05个百分点,达4.56%,这一数据高出文化产业整体GDP占比(4.5%),显示出旅游业消费力增长的客观态势(表12)。从旅游业及相关产业的内部结构看,旅游业增加值占比90.6%,绝对领先于旅游相关产业增加值的9.4%占比情况。在旅游业内部,旅游购物规模最大,增加值为14077亿元,占全部旅游及相关产业增加比重31.3%。从增长速度看,旅游娱乐、旅游住宿、旅游综合服务发展较快,与上年相比,分别名义增长12.9%、10.4%和10.0%。[①]

表12 2019年全国旅游及相关产业增加值表[②]

分类名称	增加值 (亿元)	增速(%)	构成(%)
旅游及相关产业	44989.4	8.5	100.0
旅游业	40757.7	8.7	90.6
旅游出行	12055.0	7.9	26.8
旅游住宿	3602.8	10.4	8.0
旅游餐饮	6203.8	9.6	13.8
旅游游览	2141.4	6.5	4.8
旅游购物	14077.3	8.2	31.3
旅游娱乐	1881.9	12.9	4.2
旅游综合服务	795.5	10.0	1.8
旅游相关产业	4231.7	6.4	9.4

注:
1.增速为现价增长速度,未扣除价格因素。
2.若数据分项和与总量不等,是由于数值修约误差所致。

这组数据至少从两个方面佐证了旅游业升级的判断。首先是从数据增值角度,其次是从结构分析角度。数据角度非常直观,同时也是对结构分析的客观验证;结构分析则有利于对行业运营管理的趋势进行判断。在旅游业的早期发展阶段,主要消费领域是围绕基础生存或者说人的生理需求展开,如出行、住宿、餐饮等基本领域;旅游业的升级也首先从这些方面展开;但当旅游消

---

① 国家统计局:《2019年全国旅游及相关产业增加值44989亿元》,http://www.stats.gov.cn/tjsj/zxfb/202012/t20201231_1811941.html,2020-12-31。

② 表格来源:国家统计局官网。

费进一步提升,旅游需求进一步展开,旅游的娱乐、购物等体验则成为产业发展的重要增量领域。《2019 年全国旅游及相关产业增加值表》体现出我国旅游业近来在这方面的结构变化,显示出产业结构向成熟期过渡的迹象。伴随全国旅游业的逐渐复苏,在乡村旅游领域,无论是出于资本增值角度,还是从共同富裕出发,还有很大的提升空间。

这其实指向乡村旅游业主普遍关心的问题,即"二次销售不足"。根据中国社科院旅游研究中心发布的《2018—2019 年旅游绿皮书》,中国人境外旅游消费支出明显高于外国游客。有数据显示,以日本旅游为例,除住宿、出行、团费等费用之外,中国游客的人均购物消费金额达 8000 元人民币以上;但若考察境内乡村游购物消费则恐怕非常有限,根据本书《乡村民宿中的艺术介入情况访谈问卷》第八题"项目是否已有或打算有文创周边产品(包括农产品文创化包装)"之回收情况,选择"已有"的项目占比未到四成,这一结果在揭示问题的同时,也说明了该领域后期发展具有足够空间。

"二销品"交易的达成对乡村旅游业稳定提升具有重要意义,以目前乡村旅游的主要载体乡村民宿为视角,"二销"是企业经营增量的重要突破口。文化和旅游部在《旅游民宿基本要求与评价》(LB/T065—2019)中对"旅游民宿"进行定义:"经营用客房不超过 4 层、建筑面积不超过 800 平方米,主人参与接待,为游客提供体验当地自然、文化与生产生活方式的小型住宿设施"①,代表了当下乡村旅游住宿类产品的主要规模情况。对于一个客房数量一般不超过 14 间,周间、周末、淡旺季明显的住宿类产品而言,既要保证产品质量、又要实现可观利润并不容易,有时甚至连整体的财务平衡都不容易做到,那么这个产业将何以为继? 以民宿作为发展乡村旅游、精准扶贫抓手的思路又将如何落实? 夏雨清先生在云课程中曾多次表示"民宿不是一门好的生意,但的确是一个好的产业",其观点的出发点来源于多年的从业经验与主体感受:依靠民宿日常经营本身其实难以实现"挣钱"这个目标,但民宿作为乡村全面振兴的载体,对地方百姓的福祉、社会价值的实现、个人理想的追求却有着巨大

---

① 中华人民共和国文化和旅游部科技教育司:《旅游行业标准　LB/T 065—2019　旅游民宿基本要求与评价》,http://zwgk.mct.gov.cn/zfxxgkml/hybz/202012/t20201205_915538.html,2019-7-19。

意义;尤其在文创艺术介入农产品销售、增值愈发普遍的情况下,这个愿景更为落地。他在课件中原文表述为:"让农业恢复活力才是乡村振兴之路,我们挖掘在地风物,带给村民大地应有的馈赠。"他列举"宿集"品牌的诸多相关实践,如宁夏中卫的冰冻梨,戈壁滩的蒿子面、黄河边的滩枣、贺兰山的葡萄酒、松阳的古法红糖……在"黄河·宿集"的公众号上,陈列着这些特色地方物产的商品页面,仅葡萄酒一项,在开卖第一年就成功出售 10 万瓶,不仅为企业开源增收出力,也是地方精准扶贫的切实举措。

分析"黄河·宿集"的案例,可进一步尝试抽象出旅游企业产品体系、游客消费力提升、乡村旅游产业升级三者之间的内部关系。整体经济、文化综合发展的社会语境孕育出更多文化、精神消费的需求,经济进一步发展以及传播技术、消费文化的演进,共同促成了旅游需求量的增长与质的提升;经济增长的同时实现了消费能力的保障,内在的精神需求与外在的消费能力为旅游业制造了更多商机,旅游企业被需求驱动,从而实施产品升级与结构调整,产品系统化就是当下旅游企业在市场需求中所作出的调整;这一方面满足了现有的市场需求,另一方面也孕育了新的消费需求。因此,产品系统化与消费力提升二者之间相互作用,彼此推进,作为一个整体过程育化了乡村旅游业的整体升级。

从具体经营层面看,刺激游客消费、提高旅游项目价值生产效率的确是乡村旅游项目自我评价的重要角度。消费的客体自然就是产品,旅游体验是旅游过程中对诸多旅游产品体验的综合;因此,升级乡村旅游业产品就成为升级乡村旅游体验的实施过程。2012 年更新版的《体验经济》把"精心设计用户的体验是一切伟大产品的灵魂"印到了封面上,是从产品的角度阐明体验的重要;产品与体验成为一对相依存、共成败的概念。

如果说前文已经否定了扁平化地将旅游产品的理解套入传统旅游六要素的通道;那么,需要鼓励的则是将乡村旅游的产品以更加复合、多元、跨感知领域的方式呈现,这同时构成了旅游产品系统化的重要基础。值得追问的是,在这个重要的过程中,艺术是否介入其中,又何以发生作用?

哪怕仅是对艺术学科的简单了解,从学科设置角度就表现出"艺术设计"与"产品开发"之间的关系;尤其是受近年来愈演愈烈的设计转型思潮的影响,"体验设计""服务设计"等新理念、新方法开始同"产品设计""工业设计""视觉传达设计""环境设计""景观设计"等传统艺术设计门类共同作用于旅游业产品的系统性开发过程中。但所谓旅游业的"产品系统化",绝不只是一种产品的系列表达,更重要的是要指向区域整体性考虑的产品矩阵。

旅游业产品升级由此也包含两个维度,首先是单项产品维度,每一个产品都被理解为整体产品体系的一个元素;其次就是建立在这些繁多"元素"之上的产品矩阵系统。这两个维度的融合贯穿,需要对产品的生成环境,即在地旅游资源进行共性的分析,以全局的眼光调配系统资源再落实到产品的系统布局中去。

具体操作层面,即在针对乡村旅游资源充分梳理的情况下,形成产品创新的"素材库"或"母本",再在此基础上展开相关产品体系的开发流程。参考产品创新领域的前沿理论,《创造突破性产品》的作者乔纳森·卡根和克莱格·佛格尔提出:"模糊前期"是产品开发的重要阶段,它树立了项目总的目标和思想,后期产品具体开发工作将始终贯穿"模糊前期"的相关原则,从而有利于保持产品的领先地位。[①] 将这种应用理论成果引入乡村旅游产品的开发视野,致力于将产品与消费者所期待的价值产生联系;"模糊前期"为系列产品开发提供了资源丰富的"蓄水池",为产品系统持续更新提供保障,为旅游业生产从"大众化生产"转向"大众化定制生产"的革新提供文脉和素材基础。那么,具体又如何构成乡村旅游产品开发的"模糊前期"呢?

本书认为,可从消费者的价值期待入手,对包含"乡村性"以及"与日常生活相区隔"的旅游产品的"体验"形成了对乡村旅游消费的有效驱动。因此,乡村旅游产品开发应首先围绕乡村特有的在地文化进行文化特点归纳,形成"宽泛"的文化旅游"资源库",再以此去对应"模糊前期"的功能。这种"资源库"应包括与在地旅游文化特点相匹配的旅游开发资源储备。举例说明,乡村文化是物质文化和非物质文化的综合构成,指某一乡村地域范围内人们从事生产、生活所创造的物质和精神财富的总和。它是村镇长期发展和积累的

---

① [美]乔纳森·卡根、克莱格·佛格尔:《创造突破性产品——揭示驱动全球创新的秘密》,北京:机械工业出版社,2018 年,第3—4 页。

结果,包括农业生产文化、农村生活文化,以及农民娱乐文化三个大类;如传统的农耕生产活动,朴实的村民生活习俗,丰富的乡村口头艺术,村落、民居的选址布局艺术等,都是游客了解、学习和感悟乡村文化、体验农业文明的重要媒介。具体又可细述,如乡村生产文化包括乡村的田园景观、农耕文化、手工艺生产文化;乡村生活文化涵盖了乡村生活中的建筑、饮食、婚丧等日常积淀的文化;乡村娱乐文化与乡村生活文化密不可分且更加"纯化",乡村节日文化、乡村家庭生活文化等都属于此类。对乡村文化进行深度把握之后,不难从中梳理出可用的文化旅游资源;乡村中的生活空间、生产场域和生态地景交融并包,生成出既包括自然生态、地理景观、风土民情、民间工艺、历史传说和人文遗迹等主体性的旅游资源,也包括居家住宿、餐饮美食和车船交通等辅助性旅游资源。① 对一地乡村旅游的开发而言,其产品的设计与规划莫不出以上范畴,在这个"前期"基础上,再对产品体系进行产品架构规划、产品矩阵设计,在既保证个体产品质量的情况下,还能统筹安排、以利于形成差异性的竞争壁垒,这又解决了"重复与雷同"这一呼声最大的行业痛点。

在这方面,乌镇的经验在全国旅游业中具有广泛的影响力。陈向宏先生在总结乌镇经验时归纳自己其实只做了两件事:第一是做了个"壳",第二是往"壳"里装新东西;但这两件事必须围绕一个共同的基点,就是游客的"体验"。通过前文分析,应当容易形成一个共识:"体验"是由旅游整体场域中的各个具体产品所共同实现的。具体到乌镇行动,也验证了这种理解,可以从以下方面具体剖析。首先,项目团队在开始时即设立一个目标——"乌镇是不一样的",直指"小镇"旅游千镇一面的行业痛点。乌镇从观光小镇到度假小镇,再到文化小镇,核心是从资源产品和精神形态上制造差异性,生成商业模式,形成竞争壁垒。"观光小镇"是乌镇开发保护一期工程的目标,即"东栅景区";当时面临的现实是前有周庄、西塘,许多"前辈"开发得更早、名气更响,且既有资源相差不大;彼时乌镇,只是一个毫无知名度的、破旧的江南古镇。如何在这种资源条件下做到创新? 首先是调研前人问题,再自我优化创新。项目团队历经半年的调研得出当时古镇的共同特点:第一个特点是,所有古镇

① 陈灿、黄璜:《休闲农业与乡村旅游》,长沙:湖南科学技术出版社,2018年,第7—11页。

都不是一次开发完成,没有完整的产品形态考虑,例如古镇景区甚至没有停车场。第二个特点是,景区经营以点为主,这里卖个东西,那里挂个喷绘,所谓古镇不过是一条街或一块地的点状风貌。针对这一情况,陈向宏着眼于全局来做的古镇风貌设计,是一种整体性的风貌考虑,不同于一个个点状的内容呈现,而是做一片风格统一、气息连贯的古镇风貌;在设计介入方面,首先拆除老区里的新房子,然后再进行整体设计,这种做减法的方法,使得乌镇的老宅分外突出。与此同时,"东栅景区"作为乌镇的"古镇"板块,也是当时同类景区项目中第一个建立停车场的景区。

"西栅景区"是乌镇开发的第二期项目,定位为"度假小镇";在这一板块,陈向宏格外强调产品本身的差异性。宏观上看,东栅是白天游、景区游,西栅则是夜间游、度假游;这构成了景区板块的差异性结构。微观上看,西栅作为度假板块,主力在住宿、餐饮两个部门,所执行的标准是:住宿全部自营、餐饮全部外包。在住宿产品板块,通过严苛的服务体系与统一的设计施工保证游客的住宿体验;在餐饮板块,景区不收取经营商费用,但严格要求原材料配送安全以及低毛利率经营。这些举措在保证质量的前提下,形成高价产品与低廉产品的平衡互补;用陈向宏自己的话说,在西栅,"景区内的食物比景区外便宜"这就是一种良好的体验系统。所以,在乌镇,门票收益和酒店房费是高收益板块,而餐饮则是作为让游客充分收获"价值剩余"的部分,以此构成了景区错落有致的产品价值矩阵,共同构建一个整体的体验系统。

艺术介入"西栅景区"主要通过两个途径作用,首先在有形的物质营造层面,陈向宏十分注重酒店的设计工作,由于传统的酒店行业是计划模式下的商务酒店思路,没有转到以体验为中心的度假思维,所以他自己组建设计团队,以艺术设计来保障游客体验,如走廊宽度、房间尺度、非标要求、差异化设计等方面,都是住宿体验的细节铺陈。

既有景区板块的物质呈现差异,也有度假板块的价值感差异,作为古镇景区的乌镇整体如何与周边其他水乡古镇形成差异?"小桥流水人家"是江南古镇的共性资源,要如何突破越来越同质化的景区竞争?乌镇的差异化特征很重要一方面来源于一项创新,即乌镇选择将文化作为放大景区 IP 的方法。"文化小镇"是乌镇建设的第三个阶段,通过乌镇戏剧节、木心美术馆等文化内容的植入,乌镇为创造度假客人创造了更丰富的度假体验;音乐、戏剧、美术等艺术形式的介入,无形中构成了乌镇整体的、高级的竞争壁垒。[①]

总结乌镇经验,对"差异性"的追求过程塑造了系统化的产品结构;艺术介入景区的物质环境、精神产品内容、服务体系等诸多方面为产品优化赋能,丰富、多元的产品矩阵创新了游客对于古镇旅游的经验感受,综合地形成了乌镇整体景区的高竞争壁垒。乌镇发展不占先机,但却非常逢时,整体经济环境的向好孕育了旅游消费的需求与能力,消费力的提升催化了个体产品升级,也催生了旅游项目的产品系统化;这个旅游产品提供与消费的互动行为,一方面满足了旅游企业的发展需求、资本的投资收益,另一方面经由高质量旅游产品的体验又培育了新生的旅游消费需求与审美;此两方面互相增进、循环互动,构成了旅游业整体产业升级的动态过程,乡村旅游亦是如此。(图91)

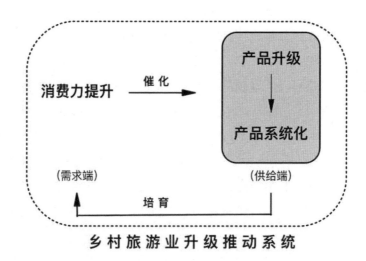

图91 消费力提升与产品系统化推动产业升级图示

(三)可持续策略与产业品牌化

对任何一个成熟的产业而言,"可持续"与"品牌化"都是提质升级的核心问题;但在升级中的乡村旅游业领域讨论这一议题却显得既紧迫,又新鲜。之所以"紧迫",是因为对于一个资产投入偏重、回报周期偏长的产业而言,如何

---

① CHAT 资讯:《陈向宏:打造和运营乌镇的 20 条经验与心得》,https://mp.weixin.qq.com/s/shA0BMkmA-KJCQcbqdxtFw,2020-7-16。

实现"可持续"经营是攸关资本在场的客观前提。即便是近十年来乡村旅游业飞速发展中所沉淀下来的一批旅游项目,也在文旅融合、消费升级的当下语境中纷纷面临是否升级改造、追加投入的现实抉择。是维持还是扩张?不可能是一个简单的冲动,往往需要冷静地思考、尽量谋求具体的策略支撑。那么,这个困扰大多数在营项目的问题,又为何显得新鲜呢?这基于乡村旅游发展以来的行业现实:文旅融合发展的思路为乡村旅游业发展注入活力,乡村旅游的文创化、精神化使其得以在新时代的消费社会语境中加速发展;随着2018年一系列政策明确了相关土地问题之后,大资本的入场使行业真正进入规模化发展时期,这也是为什么近几年市场上出现了一批高建造标准的乡村旅游项目的原因。但这种发展毕竟仍在攀升阶段,中国乡村地域辽阔,许多区域甚至还只是处于起步阶段。因此便可以理解当下语境中这种乡村旅游项目并没有非常明确的可持续品牌案例,国家级民宿标准起草参与者、木亚文旅CEO刘杰先生指出,以乡村旅游发展最重要的载体领域——民宿(住宿类产品)而言,目前还没有出现能够在行业内形成垄断性优势的品牌。

这些客观事实是容易被发现的,此类不同于其他诸多行业的"反常"现象在越来越庞大的经营主体的日常实践中日复一日、逐渐发酵,最终汇聚成行业的普遍忧虑;并且,由于乡村旅游在乡村全面振兴国家战略中的抓手作用,这种思虑又很快传导到相关职能部门,有关乡村旅游业可持续发展、品牌战略问题的思考在近年尤其显得迫切。在行动层面,可以看到,各地纷纷以国有资产为投资主体去投入乡村旅游的发展事业当中,许多地方还专门成立了国有资产性质的"文化旅游投资集团有限公司",这类国资文旅公司天然具有弘扬地方文化、打造地方品牌的职责与使命。对"地方品牌"的追求不仅是这类公司的口号,也成为其动辄千万、上亿项目投入的重要价值获得。那么,品牌何以重要?

品牌概念的出现是商业社会发展的结果,并且伴随商业竞争的深入与增长压力的发展,"品牌"的重要性仍在增长。从实践层面看,企业的商品在消费者角度是作为一个名称,还是作为一个品牌,将极大影响产品附加值与后续消费黏性,这都是关系企业市场实效的现实问题。奥美集团大中华区董事长宋轶铭先生说:"品牌是生意增长的根本动力,这个原则不曾改变,需要改变的是随时代步伐前进的品牌经营方法"。特劳特全球伙伴公司中国区总经理邓德隆提出,品牌带来生产效率的再一次革命。"在品牌的社会,社会的价值观、财富观,必将因此而大幅改变。组织最有价值的资源固然不再是资本资源,甚至也不是人力资源、知识资源,这些资源的地位都要让位于品牌所代表的心智资源。"①

将品牌与"增长机会"联系起来,就等于是认同了品牌与企业可持续发展之间的正向关系;毕竟,一个不断产生"增长"的企业去维持可持续的经营或稳步发展的局面是符合逻辑的。从这个意义上看,不难理解为什么在乡村旅游业行业论坛上关于品牌的探讨越发频繁;呼声渐频不仅体现了话题的重要性,同时也意味着必然存在现实的问题。乡村旅游业既然进入到文化赋能的增值阶段,就难以回避品牌化阶段的发展进程;但乡村旅游业中的品牌化似乎又不能完全遵循一般意义上的品牌经验。通常意义上的品牌所要求的统一性、原则性有时很难在乡村旅游业中得以全盘贯彻;究其原因,是由于乡村本身的多样性决定了无法使用一套标准去全盘通用。乡村旅游是对地方文化、在地风物、当地气候、环境各方面因素的综合体验。不同的地方有不同的文化资源,即便是相似的文化资源也有不同的表达方式;对不同文化资源中所生长出来的风土人情、生活习性也无法用统一的标准去衡量、去约束。同时,从消费情况看,乡村旅游的游客来源具有相对固定性,那种对旅游体验的猎奇需求也决定了供给方无法实施严格的标准化约束。举例而言,即便是国家层面最终出台了旅游民宿的相关标准,但也只是从卫生、消防、规模等方面进行约束。

以上客观情况综合决定了在乡村旅游业领域中探讨品牌问题的特殊性,一方面,品牌是企业可持续发展的必然追求;另一方面,乡村的多样性决定了相关旅游行业无法用一种普适的品牌系统来约束。因此,有关乡村旅游业品牌化的理解也可以分为两个层次。首先,虽然在乡村旅游业领域无法用传统的品牌原则、理解去做一以贯之的应用,但建立"品牌认知"依然是共同的金律。乡村旅游业不是没有品牌,而往往是以一种更具"柔性"的方式存在。以住宿类产品为例,由于不同的门店要选取、应用、放大不同乡村的在地资源,因

---

① [美]阿尔·里斯、杰克·特劳特:《定位》,北京:机械工业出版社,2011年,第XIX页。

此乡村民宿中的品牌性就不会像"威斯汀""希尔顿"之类以标准化的模式呈现;实践中表现出来的是一种更理念、更精神的形式,开创了中国乡村旅游品牌的独特调性,"大乐之野"是具有代表性的例子。"大乐之野"的第一间民宿,始于 2013 年浙江省莫干山碧坞村的一次考察,创始人吉晓祥和杨默涵是同济大学城市规划专业的同窗好友,他们为这家店的命名也很简单,就是"大乐之野碧坞店",这种"大乐之野+地名"的命名方式成为一种结构性命名方式在其多家分店运用。

"大乐之野"的品牌案例的确可以从店名上寻找些启发,从"大乐之野·碧坞"到"大乐之野·庾村""大乐之野·佘山岛""大乐之野·桐庐""大乐之野·中卫沙坡头""大乐之野·锦溪""大乐之野·千岛湖"……如今在"大乐之野"官方公众号上,可供选择的门店共 15 家,前 13 家以"大乐之野"冠首,最后 2 家是"向野而生·石村船说"和"向野而生·安仁",命题的差异折射出企业的品牌战略。"向野而生"是"大乐之野"实施下沉品牌策略的产物,在业务层面上,与包括开发商、供应商在内的各种资源进行链接;在运营层面上,拥有更亲民的价格体系;这种依托于主营品牌进行多个子品牌培育、联合的做法,为企业建立了品牌矩阵,一方面体现了对乡村多样化的适应,另一方面也避免了消费者的审美疲劳。与此同时,同主营文创品与在地风物的子品牌"野有集"联合经营,不仅拓宽了增收渠道,还能在多维经营中夯实品牌认知、提高品牌价值。

以"大乐之野"为案例,是为了佐证乡村旅游业中"品牌性"作为超越品牌表现的中国乡村旅游业的"创新"现象。这是乡村旅游产业品牌化的整体趋势和宏观判断,但在微观执行领域,企业又是如何实现品牌力的呢? 与之相关的是品牌专业领域相对普适性的理解:对于个体项目而言,品牌的建立与执行需要采用专业的落地方法;实践经验表明,艺术、设计是其中的关键性因素。艺术与品牌的联系可追溯到品牌概念的历史中去,关于"品牌"的研究认为,"品牌"最早出现于原始时期,当时的手工艺者在制作产品的时候刻画或打上一个标记来作为购买者识别产品的符号,这个符号的使用就已经代表了品牌意识的诞生,具有一种品质上的隐喻。在商业实践中,社会本身的商业化程度越高,品牌所体现的价值也就越大。代表性案例如,北宋时期"济南刘家功夫针铺"的标志不仅包含了"白兔持杵"的图形和品牌名称,并且还将"认门前白兔儿为记"作为门店的识别符号。现代意义上第一个受到法律保护的品牌标志出现在 19 世纪,贝思(Bass)的品牌标志成为英国 1875 年商标注册法实施后第一个注册商标。这些历史案例一方面指出了早期品牌与标志、商标之间的高度重合关系;另一方面也以标志与图形之间的关系暗示了其与平面设计艺术之间的联系。

时至今日,即便"品牌"的知识范畴已经发展为与管理学、经济学、符号学、艺术学、心理学等诸多学科交叉的复合型知识体系,但从行业内的一线工作情况看,那些界定为"品牌设计行业"或"品牌设计公司"中的主体人员,大多数拥有艺术设计的执业背景。实践中,在企业拥有一套核心意识之后,需要将其价值化的过程就是品牌设计的工作。流程上,大约经过前期确定、调研分析、策略定位、草图探索、设计品牌识别、简报提案、品牌触点的应用系统设计及品牌视觉识别手册制作等步骤;进而剖析品牌设计的核心内容,如品牌理念、品牌符号、品牌标志,符号与标志是对理念的诠释和表达,最后生成为与市场接轨的,可视、可感的具象形态。[1]

在消费决策领域,品牌标志号召力早已为人所知,谁都知道"H"在皮具领域的影响,也知道"M"在美食快餐里的所指,所以才有了那么多标志的仿冒和知识产权的争端。如果认同"品牌标志"在"品牌战略"中的意义,则就有动力去进一步探寻品牌标志的细节,《品牌设计法则》将图形符号设计、中英文标准字设计、色彩设计作为品牌标志的三大基石;同时将差异性与符号性作为优秀品牌的必备特质。对企业而言,品牌战略的本质是服务企业发展、在市场中赢得空间;实践层面,品牌定位策略要想成功植入消费群体的心智,就必须寻找到合适的媒介进行视觉呈现,在视觉上必须创造一个与其定位相辅相成的品牌符号,这通常就是艺术设计的工作领域。与此同时,如本研究前文所述,系统化的产品体系是企业可持续发展的保证,这就代表了企业的产品将有不同的供给方式甚至不同的品类,这就构成了消费者对企业或相对应的品牌的认知将由各种个体产品累进而成,就好像人的记忆是由不同的信息节点构成,

---

① 徐适:《品牌设计法则》,北京:人民邮电出版社,2019 年,第1—2 页。

整体呈现的是散乱的碎片式记忆文件;品牌通过色彩、LOGO 甚至形态的传播和消费体验产生大量的特定记忆信息,就好比在消费者心中设置鲜明而又显著的档案夹,从而占据其对该行业消费认知的心理认同。① 在这些细节中,哪怕仅是色彩一个领域,都可以形成强烈的品牌印象,就如同行业术语中的"蒂芙尼蓝""贝纳通红",都早已形成了广泛的市场影响。

如此看来,当产业品牌化与乡村旅游企业的可持续发展相关联,艺术介入其中主要通过两种路径产生影响:第一种是在企业品牌体系的设置方面,通过符号化、可视化的视觉呈现表达品牌理念和精神内涵,在企业品牌意识和品牌矩阵的建立中发挥作用;第二种则是通过色彩、赋形等具体的艺术技巧参与到品牌落地的各项细节中去。鉴于乡村旅游业本身单体项目的投资和收益特征,品牌化策略成为企业精细化经营、增量价值的必要手段,也构成了产业升级的评价指标。品牌战略的重要性也带动了艺术介入乡村旅游业的重要性,艺术介入其中的具体方法、策略、技巧均可纳入艺术设计,尤其是视觉传达设计的专业教育中的精耕细作;同时,对设计师或艺术家而言,让作品成为品牌与消费者之间传递信息的桥梁,也是对艺术、设计价值的增益。

第三节 艺术介入乡村旅游业的范式转换分析

一、艺术介入的实践主体及其驱动范式

(一)乡村旅游业提质升级中艺术介入的实践主体

主体是指实施行为并为之负责的个人或实体。在历史的语境中,主体指的是历史事件有意识的行为者、设计者,而不是历史进程无意识的工具。② 所谓艺术介入乡村旅游业,顾名思义即是以艺术的方法和手段对乡村旅游业施加影响,使艺术成为对该产业发展及其周边社会赋能的积极因素。在这个过程中,艺术介入的行为者即艺术家或艺术从业者,自然就成为我国艺术介入乡

---

① 徐适:《品牌设计法则》,北京:人民邮电出版社,2019 年,第 1 页。
② 汪民安:《文化研究关键词》,南京:江苏人民出版社,2020 年,第 571 页。

村旅游业提质升级发展的实践主体。

在宏观背景中谈论艺术介入乡村的问题,其方向、定位以及功用都是明确的;但当研究视域下沉到艺术介入的具体事件或项目时,对作为事件主体的艺术家的意识的分析却不能作简单的臆断。因为,在艺术介入乡村场域的具体实践中,艺术家面对着多元的利益相关者,虽然作为具体艺术产品或服务的提供方,但在产业语境和乡村振兴、社会发展的宏观背景下,乡村旅游业之推动主体的意识便会对创作主体产生必然的影响。因此,艺术介入乡村旅游实践的分析需建立在一种兼容并包的综合系统之上,才能够看清产业升级过程中不胜枚举的具体案例所共同包蕴的内在机理。

结合前文所述,从艺术介入的动因来源反观各种实践主体的行为特征,也就不难据此理解不同逻辑下所构成的介入行动的驱动范式。在不胜枚举的现实案例中所共同表现出的趋势是:即便将艺术介入乡村旅游业加以行动的实践主体界定为"艺术家",而这个群体中依然包括自由艺术家、高校中的艺术专业教师以及艺术机构中的专业者们……这些不同的身份。当然,这一群体具有一种共同的特点,即是具有艺术创作的本能动力,这取决于艺术的经验性本能。但在产业中讨论艺术行为,要看到艺术创作不能够仅仅作为艺术家个人情感与认知的表达,而必须要考虑接受者与使用者的需求和感受,其复杂性就如同讨论绘画艺术与设计的区别。但实际的复杂性却又不仅于此,因为,项目方、投资方的利益诉求与投资规模必然构成影响艺术创作的另一大影响因素;并且,这一组团的利益结构也并不完全一致。作为时下乡村旅游的投资方主体而言,既包括民间资本,也包括国有资本,许多地方政府出于民生发展以及乡村振兴的工作职责也会投入到产业实践中去。于是,在艺术介入乡村旅游业提质升级的领域中,大致出现了由以上多重角色构成的两类主体,无论是作为实践主体,还是作为推动或投资的主体,其内部追求必然构成对介入行动的驱动力量。

(二)基于主体分析视角的驱动范式转换逻辑

"艺术本能的驱动"以及"权利、资本干预下的驱动"这两种动因分别对应上文总结艺术介入乡村旅游业的实践主体以及投资主体;两者在产业中互相结合,几乎可以概括艺术介入乡村旅游业领域的绝大多数实践。在实践中,因为不同主体所起到的作用强度有所差异,也就生成出不同动因以及动因组合所表现出的不同的范式,也便具有不同的驱动范式特征。

从实践发展的历史过程来看,艺术本能驱动的范式是当下所研究的艺术介入乡村旅游的出发点。这种范式类型的特点是突出艺术的自我诉求,具体分为两种,其一来源于艺术/艺术家的生存诉求,好比北京宋庄,全国各地其实存在着一批由艺术家"求生"而落地产生的艺术村落,最终萌生出旅游业态,多少展现出一定的"景点"性质,其对应的旅游模式更多是"观光游";其二来源于艺术/艺术家的发展诉求,虽然对乡村旅游的驱动也常是"无心插柳柳成荫"的现实,但就其行动本身更多是出于艺术思考与艺术实践特征而作出的主动选择,艺术介入的创作过程突出社会责任的意识与思考,突出乡村文化的复兴理念,社会学、人类学的角度成为艺术介入乡村实践的观照,艺术家们不求经济回报的初心也维护了艺术创作的相对自由,艺术在此更多体现的是自律性特征。

本书前文调研章节中所举的艺术介入民间艺术的案例代表了一种具有一定典型性的路径:艺术家介入乡村民间艺术,然后由这种民间艺术门类作为旅游业发展所需的文化资源来形成艺术介入与乡村旅游业之间的连接,再进一步影响旅游项目的主题元素、视觉效果以及内容产品。依然列举靳之林先生的实践,2006年前后,他花费约一年时间,带领博士生深入白家塬、小程村农家体验当地生活,在延安地区延川县的白家塬帮助民间剪纸大师高凤莲一家完成"高凤莲艺术馆"的创建,这段经历是他对本原文化研究的继续深入,也是他对当地民间艺术进行探索、引领民间艺术家、普通村民持续互动的过程。2007年2月28日,79岁高龄的靳先生与法国梅耶人类进步基金会主席卡兰默共同倡议的"相邀小程村·国际民间艺术节"在小程乾坤湾广场开幕,来自六个国家的23位民间艺术家在这个黄河边的小村庄与当地民间艺术家互动交流,而这个当地民间艺术家团体则是由当地劳动妇女组成。① 这个事件本身(艺术节)好比是靳先生及其学术团队长期工作的一个果实,在这之前的在地工作则是一个漫长的过程,在这个过程中,艺术家介入村庄对村民生活以及

---

① 靳山菊:《靳之林先生简历及年表》,《民艺》2019年第2期。

创作思路的影响是潜移默化的必然。根据方李莉的田野考察记录,小程村民胡玉梅回忆,靳先生到小程村写生画画,教给当地人新的剪纸题材,比如,原先胡玉梅也会剪纸,但只是剪一些日常的小型窗花,以花卉、动物为题材,而大场景题材和人物题材,则是靳老师教给当地人的。我们当然知道,从艺术创作的专业角度,这种转变意味着什么。小程村现在号称民间艺术村,培养了几十位剪纸能手,村里有艺术学校,有民间艺术组,这些"内容"的营建为一个小村庄培育了核心文化资源,加上"国际艺术节"的传播效应,旅游业顺势而为则成为自然的事情。虽然靳先生在小程村艺术工作的初心并未见得是要带动当地旅游业,但其艺术工作的结果却可谓"无心插柳柳成荫"。"靳老师到这里发动大家画画、剪纸、绣花、唱民歌、跳秧歌,不仅丰富了大家的业余生活,还可以开展旅游活动,又挣钱,又轻松"方李莉的田野调研留下了这样的记录;贫穷的小村落里原本消寂的民俗活动也因游客的到来而逐渐频繁,腼腆的村民"胆子也大起来",和游客一起聊天,唱起民歌。①

相似的案例其实很多,艺术介入乡村,从而实现地方创生,其共同的结果往往都促进了当地旅游;有些是从无到有,有些则是从小到大。从无到有的例子常更倾向于艺术的内驱与思考,发生更早。从小到大的例子则往往容易带有明确的市场目的性,当下更为常见。靳先生的例子属于第一类,由于这类行动的驱动来自于艺术的经验性本能与艺术家的主观能动性,所以它们早已有之,并持续发展。无论这类行动发生得早晚,艺术介入对乡村旅游的促动一定是伴随艺术介入乡村建设的行动,或者说其本身就是"艺术乡建"的一部分或衍生品。或许不同案例会采用不同的方法或角度,但尊重乡村的传统价值是它们共同的前提,旅游业的萌生成为村落文化价值激发与传播后的自然产物,并承担着创造地方可持续发展模式的探索任务。

与艺术的经验性本能所带来的艺术家"无心插柳"的现象不同,地方政府主导与资本驱动的范式在乡村旅游业规模化发展阶段,尤其是地方政府主导下的乡村文旅大发展阶段往往成为主流。

在地方政府寻求社会效益、资本追随经济效益的双重诉求下,艺术介入在

① 方李莉:《小程村的记忆》,《艺术评论》2007年第2期。

这一类型中更多成为求索目标的工具,其商业变现能力受到极大关注;例如本研究访谈问卷第十题,艺术介入方面的投资倾向超过60%坦言商业效果是投资意愿的决定性因素。但有一个相对抗解的问题在此:商业变现的逻辑是强调投入产出比的,这容易形成对艺术介入资金投入呈谨慎态度的判断,因为如果收入既定,利润即是营收与成本的差额,这并不难理解。但实际的情况是这样吗? 解答这个问题,首先需区分此种范式的两种倾向。第一种是权利绝对优势于资本,主要是"国营资本操作大文旅资源""大民营资本项目作为标杆"这两种情况;其所涉及的实践做法恰恰往往是"不计成本"的。为了实现"标志性"成果,国营资本天然雄厚,且具有更注重社会效益的本能;而大民营资本在这种情况下也容易获得政策性补偿来平衡艺术方面的巨大支出,所以这里的价值生产算法就不是单体项目的逻辑,而往往涉及巨大的外部补偿。如河南省巩义市米河镇明月村山石舍(里山·明月)民宿(图92),项目客房总量不超14间,邀请日本著名设计师奥长直之担任建筑设计,建筑、景观、室内方面的设计费用高达100万元以上。熟悉酒店管理行业的人都会知道,这个体量的住宿项目很难靠日常运营本身收回投资,那么他的资本逻辑是什么呢?项目投资方河南省民安集团是河南省本地知名的民营地产开发集团,山石舍民宿项目作为民安集团在明月村落地的"里山·明月"乡建项目中的一个首发节点,遵循"里山·明月"的整体构想,充分契合乡村全面振兴的国家战略与地方创生的在地需求;在河南省大力发展乡村旅游以践行乡村全面振兴战略的宏观背景下,当地政府给予约三十万方建设用地指标作为项目配套的政策红利一举填平了投资缺口,资本在政策的驱动下成为此类项目的共同逻辑,焦作市武修县西村"云上院子"、洛阳市车村镇"云合山间"都多少未能脱离这种模式。

图92　明月村山石舍调研图片

从近年来的发展趋势看,以上两种驱动因素时常逐步走向融合,从而引发新的范式,姑且称之为艺术驱动的产业发展范式。这种范式结合前两种驱动因素的主要特点,如由艺术家的专业本能驱动、依托于良好的政策背景;但与前两种相比,它最大的差异在于,在这类实践中,艺术家实施艺术介入乡村建设的行动本身具有明确的产业振兴意图,虽然对借由相关行动去反思艺术的功能、特性以及艺术与社会发展的互动关系等专业思考作为实践的出发点显得必然且尤其重要;但对乡村社会整体赋能、产业振兴、营收平衡、可持续发展的意图亦非常明确。因此,艺术家对政策的依赖在此范式中体现在更多维度;艺术家主动成为"复兴乡土"的"媒介",却不会甘愿成为缺乏思考的"工具"。在此,艺术家需要与政府具有更多的精神契合,因为项目的转化逻辑不是简单粗暴的地产平衡,而更可能是需要缓慢渗透的长周期过程。这里亦可举北京大学文化产业学院向勇教授在四川省达州市宣汉县白马镇毕城村的艺术/文创振兴乡村实践为例。整个项目至今已历时4年,前文已介绍了项目的起点,以及在翻修祖宅基础上建立的"花田间国际乡村创客营地",由此开启了艺术介入乡村建设的文化行动,所创办的"大巴山花田艺穗节"旨在用艺术唤醒这座古老的村落。用向教授自己的话说,他是要用一种"生活美学""理想国"类的内在价值追求去打造家乡,通过这种方式赋予这里自我创生的能力,同时也为全国各地的艺术文创乡村建设树立样板。他是要用当代的艺术手段介入乡村建设,慰藉现代人的乡愁,这种发愿于他内心的、饱含学术思考的艺术乡建方式逐渐吸引周边游客,以旅游业带动当地村民勤劳致富是本案例设定的乡村自我创生的重要手段。正是基于这样的价值认知与自我实现,才会有向教授一次次亲力亲为组织活动、一次次踏上由北京到白马的遥远旅途。(图93、图94)

深层分析这一案例还可以发现,"白马花田间实践"顺利发展的原因不仅在于向勇教授及其召集的一批来自各地的艺术家、学者的努力行动,还有赖于近年来不断向好的外部环境。首先,伴随国家整体层面基建投入的持续扩大,由高速公路、高速铁路、高速网络带来的发展机会已深入山区,成为近年来乡村旅游业规模化、爆发性发展的基础。其次,乡村振兴作为国家战略的定位明确,文化与旅游融合发展的思路明确,宏观层面社会消费水平升级的趋势明

图 93 向勇教授在营地组织讨论

图 94 向勇教授为营地活动出镜宣传

确,人民群众对美好生活的向往明确;在这四个"明确"基础上,各级政府对乡村振兴路径与旅游业发展之间的逻辑关系越发敏感,政府倾向于成为类似项目的利好因素,如"北京大学文化产业博士后宣汉创新实践基地""北京大学思想政治实践课教育基地"在花田间营地的揭牌就标志着政府对项目的认可,并为后续全村多点发展民宿的计划创造市场机会。

表 13 总结了三种范式的简要对比情况。艺术介入乡村旅游业的驱动范式在出现时间上大致遵循表中三者的演变进程。在当下的实践案例中,不同的项目依据各自不同的资源条件而处于不同的定位;根据各地经济发展情况、产业政策条件,有时会出现某种范式的聚集,尤其是商业性质较强的第二种范式。乡村旅游业发展到规模化阶段的同义逻辑便是产业的聚集。与此同时,资本的能力、诉求以及局限均呈显性,对艺术介入的诉求明确、变现要求高、作品完成度也高;相较其他两种范式,其资金投入虽然有明确的变现要求,但作为生产要素处理之后,最终投入恰恰可能是几种范式中最高的。

表 13 艺术介入乡村旅游业的范式比较

范式类型	落地契机	对乡村旅游业驱动诉求	艺术属性	商业化程度	艺术介入资金成本
艺术的本能驱动范式	生存/发展	意外收获	自律	低	低

范式类型	落地契机	对乡村旅游业驱动诉求	艺术属性	商业化程度	艺术介入资金成本
权利与资本驱动范式	国资—大资源 民资—标杆项目	目的明确且首要	他律	高	高
艺术驱动的融合范式	艺术家/学者个体	目的明确但非首要	融合	中	中

第三种范式作为前两种驱动模式的融合,兼顾了对产业的主动探索与艺术的本质思考,项目发起人的个人情怀、能力、资源背景均具有偶发性,但就全国看来,这种偶发性汇聚起来却形成了这一种范式的普遍性:对乡村抱有特定情怀的艺术专家投入乡村建设,旅游业成为回收乡建成本、增量村民收入的重要手段从而成为被主动预设的路径,而经济因素之外更重要的考量,常常在于如何提高乡村的组织能力,如何使当地人能够解决自己的问题,如何实现村民自治等问题。而这些恰是资本主导型驱动模式很难去做深入的主动思考的。如方李莉所提出:"艺术介入美丽乡村建设的意义在于通过艺术复兴传统的中国生活式样,修复乡村价值,推动乡土中国走向生态中国的发展之路。"①这是艺术家与学者思考的艺术介入乡村实践的初衷与目标,旅游业的发蒙、发展是这条道路上的一个环节、一种方法,而非全部意义;但可以预见的趋势是,对乡村产业的激励作用可能是艺术在新时代下介入社会实践的历史责任,既有挑战也伴随着机遇。

二、艺术介入的技术路径及其范式特征

艺术介入乡村旅游所涉及的技术路径、方法多样,其具体选择以乡村旅游业发展程度为依据;乡村旅游业提质升级是一个持续的过程,从产业升级理论看,是产业结构优化和产业价值链升级的耦合来最终实现产业的整体升级,其结果是陈旧产品的淘汰、产业资源的重组和产业价值的攀升。② 艺术介入作为实现产业升级的践行手段,由于在处理不同产业阶段的主要行业痛点时,需

---

① 方李莉:《论艺术介入美丽乡村建设——艺术人类学视角》,《民族艺术》2018 年第 1 期。

② 黄伟丽:《产品空间理论视角下的中国纺织产业升级路径研究》,西安:陕西科技大学学位论文,2019 年,第 30—32 页。

要表现出一定程度的策略差异,因而可归纳在我国乡村旅游业发展历程中,艺术介入大致呈现出"环境营造式""产业发展式"以及"文化复兴式"三个基本的技术范式。

(一)环境营造式

环境是乡村聚落的物质载体,也是乡村旅游的基本对象,环境的改善是世界乡村建设历程中的基础内容,也往往被认为是艺术家介入乡村建设的起点。因此,对环境实施影响是艺术介入乡村以及乡村旅游业的最基本形式,囊括建筑艺术、园林艺术、装置艺术、室内环境艺术等广义的环境艺术,是艺术介入乡村旅游业的主要方向。[①] 虽然对旅游者而言,乡村旅游必然有一个具体的目的地,即乡村旅游项目;但现实中并没有乡村旅游项目是可与在地乡村割裂发展的,尤其是国家将乡村旅游作为乡村振兴战略的落地抓手,政府在引进项目时往往同时会抛出公共环境整治与基础设施建设的利好条件,特别是在旅游项目相对聚集的发展区域,如道路铺设、景观营建、休闲设施、水域治理等兼顾于在地居民与旅游项目的环境优化投入,通常是由政府承担。如浙江省桐庐县芦茨村由于其生态基底较好,被规划为民宿产业重点发展村,设计规划的游客流量为日负荷数百人次,全村污水处理系统实现对内(村民生活)与对外(游客消耗)全覆盖,为村落水系的环境美观奠定了重要基础。再如湖州市妙西镇妙山村,是当年张志和写下《渔歌子》的地方,具有发展旅游的本底资源,在县域整体产业转型过程中,妙山村集中引入了如野界、廿舍、慧心谷等文旅度假项目,三个项目选址集中在西塞山前、陆羽古道下,原本并没有规范的机动车道,最终也是由政府出资作为项目配套进行落实。这些硬件的投入对于环境的美化作用首先满足了产业发展的功能需求,并为进一步的、更偏向审美性、功能性的艺术介入环境优化提供前提。

陈向宏先生在其经营乌镇十多年的经验基础上,作出"某种形态上,游客对古镇的爱,是'伪爱'"的判断。其实道出了游客乡村旅游消费的普遍心态,他们从城市"逃离","隐遁"于乡村,将生存环境的表象从高楼大厦切换到山

---

① 曾莉、齐君:《环境、文化、产业——论艺术乡建历程上的三个主要范式》,《南京艺术学院学报(美术与设计)》2020 年第 2 期。

水田园,但生活的习惯则恐怕是内化到肌肉记忆的深层意识;那么,乡村旅游体验中的硬件设施、布草卫生、网络质量甚至是否有蚊虫这种细节,都是消费者无法逾越的决策条件。这些来自"需求"的客观情况在现实中引导了乡村旅游项目的主流设计风格,呈现为一种外部风格与整体调性融合于乡村在地环境,内部设施追求现代性、科技化功能的普遍特征。桐庐县分管民宿业的科长将其总结为:"内部要好、外部要老",并透露桐庐县精品民宿的内部用品统一执行国际标准。但若将这一总结放置在乡村旅游项目建设的全局视野,仍未可称全面;这一方面由乡村的多样性决定,另一方面受项目开发条件的影响。

前文已经论述了住宿类产品在旅游项目建设初期作为首发引进项目,当娱乐与内容产品开发之后则转化为配套项目的行业规律;但具体到项目落地过程,还有不同的细分条件。当研究对象具体到发展旅游的乡村,鉴于早期利用农村闲置用房的原则和初衷,区域旅游发展的前期倾向于对旧有建筑进行翻修改造,这不仅有利于存量物质资源的有效利用,同时也有利于对地方文化记忆的保存与文化资源的利用。基于这样的准则,在建筑设计层面,时常遵循"修旧如旧"的方案,这种策略不仅保证了旅游项目与在地风貌的和谐共存,且常常为项目预设了"历史故事",这种故事本身也参与构成了游客消费的价值构成。列举一个设计介入原址改造的极端案例,国内著名环保建筑师吕晓辉先生是国内乡村民宿业的"顶流"设计师,代表作品如莫干山裸心系列、西坡山乡度假、三秋美宿、凤凰居等,在业界具有较高影响力;但其本人在长三角乡村文旅论坛中饶有兴致着重分享的则是"西坡·山乡"的猪圈改造项目。十来个平方米的废弃猪圈,在设计考察时仅剩下半截土基,由于没有屋顶的遮挡,建筑中已经竹木丛生,吕晓辉的设计方案是还原乡村最朴素的粗放质感,大量运用当地材料、旧物改造,最终这个施工改造仅约5万元人民币的破旧猪圈,却在运营期成为了西坡售价最贵的房型,年产值逾20万元人民币。诸如"莫干山上最美民宿,居然是由猪圈改造的"之类文案,则成为项目传播的亮点,与生俱来的故事性成为空间价值转换的媒介,对消费者而言,由城市的高楼大厦切换到"猪圈"住上一晚,这种猎奇、差异的体验成为旅游消费重要的价值来源。从工作习惯来看,吕晓辉注意收集乡村生活中的旧物,他认为那些老物件中蕴含着独具乡村传统特色的文化元素和生活气息,具有与乡村环境的天然调和能力,可以给予乡村环境改造以不竭的灵感。

这种"从旧"的技术路径在早期的乡村项目落地中占据主流地位,如《碧山》杂志的主编左靖在安徽黟县关麓村改造的徽式民宿"关麓小筑",夏雨清改造莫干山的老"颐园",清华大学的罗德胤老师更是改造了如哈尼民居、黄岗戏台等诸多历史遗存;罗老师给自己的工作定位是一名乡村遗产设计师,这些年他与团队所做的项目大量体现了艺术创意工作介入传统村落复兴所产生的积极作用,为乡村旅游发展创造资源是其中十分重要的路径。

当时间步入 2018 年之后,土地政策的落地真正刺激了资本的涌入,乡村旅游业发展的规模已非存量房产可以容纳;如此,新造建筑成为这一时期的主流。由于旅游消费的体验性需求,注定了这些新建筑也是差异于城市的,这决定了建筑设计、艺术设计在其中依然担负着重要的责任。与此同时,由于城市常规住宅受到人口、政策、生活方式等各种因素的制约,存在既无法充分个性化,也无法形成舒适居住体验的现实弊端,而乡村旅游项目,如民宿,其建筑恰可摆脱城市的桎梏,自由而充分地表现出建筑师的理念与倾向;这种"赋权"刺激了优秀的设计师们进入这一领域展开工作的动力,于是出现了一批现象级作品在乡村落地。[1]

无论是上述的"复旧期"还是"创新期",行业中均存在一个有趣的现象,就是乡村民宿的业主许多都具有艺术、设计或者文化产业相关的职业背景,以湖州市妙西镇妙山村集中引进的三个项目创始人为例,"廿舍度假村"的李京生、"野界营地"的彭亮、"慧心谷绿奢度假村"的杜永平,分别在乡村规划领域、建筑设计领域、文化传媒领域早就有着傲人的成绩。在本研究访谈问卷中,"项目核心创始人中具有艺术或设计相关专业背景"的受选比例约高达七成。这些事实和数据其实也间接说明了设计与审美方面的优势正成为参与新型乡村旅游业的触发点,这些优势资源的介入通过直接参与或间接催化的形式有利于项目与乡村环境的审美营造。如妙山村陆羽古道的规划设计,即是由李京生教授的团队完成,李教授的廿舍度假村本身也是陆羽古道的使用者,

---

①　范亚昆:《民宿时代》,北京:中信出版集团,2017 年,第5—6 页。

在这个逻辑中,乡村旅游业成为引进智慧资源的平台,通过产业使外来人才成为乡村发展的利益相关者,为乡村发展合力共谋。

在艺术介入乡村旅游业的环境营造范式下,传统视野下仅被作为农业生产、村民生活日常的乡村物理空间经由艺术介入的作用、通过艺术化的改造成为可供消费的旅游场景。当游客乐于付费前往乡村去体验那里的生产、生活,那些被消费的乡村场景就成为了被赋予文化与体验意义的生产要素。艺术介入下的环境优化、场景设置推翻了乡村传统的以土地肥力好坏、位置便利与否来做判断的土地价值标准;赋予乡村土地以传达地域文化、表达人文情感、实现精神意义的旅游场景价值。

(二)产业发展式

相较于环境营造范式下,对居民生活环境优化与旅游项目场景设置双重价值的共同考虑,乡村旅游业中艺术介入的产业发展范式则更明确地倾向于为产业发展服务。由于超越了较多提供物质功能性的环境营造范式,产业发展范式中的艺术介入由于具有更深刻的商业诉求,因而往往具有更加纯化的艺术特征。"将艺术作为事件介入"是产业发展范式中的典型方法。

产业发展范式是乡村旅游业规模化过程中艺术介入的必然走向,因为它契合于乡村旅游业提质升级的驱动力量。地方政府与文旅企业共同践行了乡村旅游业发展过程,前者着眼于区域整体发展,在资源配置上具有最重要的导向作用;后者则是旅游市场的具体供给者,是独立的价值个体,对自身企业利益负责。在产业导向层面,政府相较企业,具有不可比拟的优势力量。鉴于国家对农业农村问题的重视与乡村振兴工作的落实,地方政府具有发展乡村旅游业的主观能动性。但出于工作方式、人力资源状况、旅游项目产权等客观现实,直接创作或购买艺术作品的介入方式都不匹配政府的资源结构。本研究认为,通过发起艺术事件、在事件中去整合艺术创意资源、从而输出优质的体验内容,再通过体验与游客之间的链接去服务于地方旅游业升级发展是比较适合政府角色的工作路径。

最直观的做法就是对大型艺术活动、节庆的组织:通过规模性的事件制造乡村旅游发展的文化资源,弥补个体企业的成本局限,在较短时期产生地域旅游的品牌价值与影响力。

这一路径最有代表性的案例是日本的"越后妻有大地艺术节"和"濑户内国际艺术节"，需要说明的是，虽然这两个节庆都是由个人主导发生的，但其模式的内核就是大资源（资本）驱动艺术规模化地介入乡村，其结果都是对当地旅游业的推动与地方创生。

这个逻辑可以匹配当下国内地方政府的诉求与效率，现实的情况也可以佐证这一思路，据调研，越后妻有大地艺术节的中国项目对接都是与政府层面展开，如浙江的桐庐、湖州等地，每届两三千万元人民币的资金投入绝不是单体旅游项目可以承担。但就"越后妻有大地艺术节"和"濑户内国际艺术节"这两个项目所收获的国际影响力，以及对越后妻有地区、濑户内岛地区这两个日本社会中典型的老龄化区域所展现出的激活作用，都是当下驱使地方政府考虑合作的原因。

当然，将艺术作为事件介入乡村，是日本双节给予的积极提示，但与之合作并不是唯一或首要的选择；作为可行路径的核心逻辑，始终是设置或发生在乡村领域的艺术形式；通过与他者、公众发生关联、产生话题，由艺术体验的在场感所创生的文化资源吸引着向往艺术、猎奇、差异性体验的游客到访乡村，产生旅游、购物的消费，为原本结构单一、运作迟滞的乡村经济带来新的资本流动、就业机会与地方认同。这种艺术介入的方式，生而为激励产业而存在，从作品的技术路径来看，不同于前种范式对环境的改造、建筑的设计具有较强的物质功用，而常以雕塑、公共装置、大地艺术等更纯粹的艺术形式展现。"纯艺"对场所所产生的"外力作用"使乡村这个原本的村民生活、生产的空间开始被赋予更多的"展示"语义。[①] 此类作品如玛丽娜·阿布拉莫维奇的《梦之家》，克里斯蒂安·波尔坦斯基的《亚麻衣》《心跳博物馆》，草间弥生的《南瓜》《花开妻有》……这些当代艺术史上鼎鼎大名的艺术家及其作品在日本乡村的落地，为当地旅游甚至区域整体带来了声誉和流量。这些思辨、纯粹的艺术作品客观上并不是乡民生活的迫切所需，事实上的确有反面意见在发问：这种精英主义式的艺术介入乡村究竟与村民有什么互动和关系？但不能否认的

---

① 曾莉、齐君：《环境、文化、产业——论艺术乡建历程上的三个主要范式》，《南京艺术学院学报（美术与设计）》2020 年第 2 期。

是,依靠知名艺术家和作品所带来的话题和声誉,确实在流量变现领域为乡村旅游业发展带来积极作用。

目前,越后妻有大地艺术节的中国项目仍在洽谈之中,但中国本土的实践也已经展开,例如浙江省桐庐县的"桐庐大地艺术节""广安田野双年展",四川省武胜县宝箴塞的"四川省乡村艺术节"都是本土实践的积极代表。相比引进日本双节,原创实践的好处是可以节约较大的资金投入,并且每一次举办都可作为原创品牌价值的资本积累。鉴于当下我国乡村旅游业所处的快速升级阶段,借用品牌所实现的快速价值变现模式的确使得决策方跃跃欲试。毕竟从乡村旅游业发展角度来讨论这个话题,必须考虑旅游消费的特殊性,本质上的文化消费与有闲消费属性决定了乡村旅游虽然发生的场域是乡村地方,但消费主体却是城市群体甚至是城市精英群体,品牌价值对此类群体的号召力,单看当下网红民宿的消费价格与预售情况就是很好的说明。

是引进品牌,还是原创实践?需要地方政府根据具体情况作出决策。其本质都是产业发展诉求下借用艺术的号召力去赋能地方旅游业的发展;在这个逻辑中,艺术介入是作为工具的手段,被乡村旅游业所"消费"。但就"作为产业发展"这一诉求出发,艺术介入其中还有更加主动的方式;即艺术为了自身生存(如租金因素)而在乡村自发形成的聚集区,这些区域通过进一步发展,从而形成了艺术村的形态,促进了当地服务配套发展,并最终成为吸引游客纷至沓来的理由。例如我国北京的宋庄、798和深圳的大芬油画村,法国巴黎的蒙马特村、美国纽约的格林威治村都以这个模式成为颇具人气的游客打卡地。

艺术介入乡村旅游业的产业发展范式所经历的这两种路径,共同点在于艺术都是作为纯粹的形式进入乡村场域带动了当地旅游业发展,区别则在于前者具有明确的旅游发展目的性,而后者则是在艺术自身需求的前提上,首先建立艺术产业,再由此生发出带动消费和观光的附加价值。在我国乡村旅游业高速升级的浪潮中,从产业推进的角度看,对职能部门而言,第一种显然是更具抓手的实践形式,通过政策的积极推进有望更快地新生出案例以供分析;但在这种模式下必须注意的是,计划性的推进与市场需求之间是否匹配,其实是关系着区域旅游能否持续发展的重要条件。艺术在这两种驱动下的介入过程往往表现出不同的特性,艺术是作为"工具",还是作为"目的",影响着介入后旅游业的呈现效果、功效作用,同时也关系着艺术在时代价值方面的自我探索,值得从艺术本体论上作出一些反思。

(三)文化复兴式

从环境营造式兼顾村民与游客的物理环境营建,到产业发展式针对旅游业升级发展所做的针对性运作,艺术介入乡村旅游业的第三种范式重视对乡村本体意识的探索与建构,乐于对乡村母体加以回馈。抱以文化复兴的思维,通过放大文化资源、涵养乡村文化,进而再更生文化美誉的往复过程,期待实现产业与村庄的共生共赢。

文化复兴范式一方面强调对乡村文化的追忆、对乡愁的满足,另一方面着手塑造具有当下时代特色的"新乡土"文化。

立足第一方面看,艺术可服务于自省的回忆工作;这一点,安塞姆·基弗、西格丽德·西古德森、安娜和帕特里克·普瓦利埃这些艺术家早就以例如《两河流域》(图95)、《寂静来临之前》《权利的脆弱》这样的典型作品展现艺术对过往的沉思。虽然这些作品可能过于极致,但也因此明确地提示了人们去注意,当艺术开始对记忆强加关注的时刻,正是那段回忆对社会产生特殊意义(也可能是即将忘却而需存留)的时刻。[1] 河南省济源市"那些年小镇"的"五三一三线建设展"(图96、图97)是以一种较为柔和的方式去呈现"那些年"的记忆,表现出对过往主动地、高强度地追忆。艺术介入其中产生具有审美性的物质媒介对文化记忆起到基本的扶持作用,其结果是将回忆具象化地转变为文化资源,并产生与人之间的互动。总体看来,立足于这种面向的文化复兴范式致力于对在地文化与乡愁记忆的挖掘与传承,努力呈现原真性的乡土文化体验。"那些年小镇"项目中刻意保留的兵工厂墙体、废弃零件所组成的墙围、摆件,甚至连客房的配色——暗红色的地板搭配军绿色的沙发也是对当年那身军装的隐喻(图98)。在原真性主导下的旅游场景营造,艺术有时会以"去艺术化"的行动介入,但却可将日常物设置为艺术的代言。如图99,当

---

① [德]阿莱达·阿斯曼:《回忆空间——文化记忆的形成和变迁》,北京:北京大学出版社,2019年,第14、417—430页。

在"那些年小镇"项目的小空地偶遇到电影里才有的老式解放牌军用车,定睛看那是一辆失去驾驶功能的报废品,放置在此场景中却转化为一件与环境融合的艺术装置隐喻着那个年代的"在场",试图唤起游客们原真性的旅游体验。

图95 《两河流域》,两个摆满铅质图书的书架 (图片来源:安塞尔·基弗)

图96 "那些年小镇"特展入口 **图97 "那些年小镇"特展部分内容**

立足于另一方面,虽然文化复兴范式下的艺术介入乡村旅游的主旨思路是为游客打造原真性的在地体验,但艺术家或设计师既无意也无必要去一定成为恢复历史的工具。尤其是在某些历史文化资源特别丰富的地区,刻板复制未见是最好的方式。

图 98　"那些年小镇"项目组图

图 99　报废的解放牌军用车放置于"那些年小镇"的公共空间,转化为艺术装置

　　例如在某些遗产村落,无论是对有形的物质遗产如传统建筑,还是对无形的非物质遗产如传统手工艺,艺术介入的最好方式并不见得是完美的复刻,按照阿莱达·阿斯曼的回忆空间理论,艺术性的回忆并不在于"储存器"的功能,尤其是当乡村传统严重脱离当下社会生活方式时,乡村居民同样享有技术进步、生活迭代的权利,于是就出现了罗德胤老师在改建哈尼族民居时"杠杆法"的使用,在尊重当前生活方式的前提下,最大限度地保留历史信息,既关注乡村场景原真性的体现,又关怀在地居民的居住感受(图100)。于是就出现了这种,挑高了的"传统民居",既保留了传统民居的主要特征,又解决了现在居民生活其间所不能接受的采光性差、空间利用受限等现实问题。

　　这个案例的提示非常明确:地方传统、工艺的消逝是乡土文化未能适应新技术、新背景下的生活方式的结果,乡村旅游的最大乐趣在于对乡土的体验包括与村民的交流互动,这当是一个活态的体验过程,而不能等同于博物馆式的参观;乡村是"活"的,艺术介入其中所参与设置的旅游场景同时也是游客短期生活与村民日常生活的组成部分,当以顺应时代的、"进化"过的"新乡土"呈现。这意味着在旅游业的场景设置、产品设计过程中,艺术在介入其中之时需要牺牲一部分的原真性以延续其生存活力,并产出新的文化感召,艺术家或设计师的工作就在于尽力将这种原真性的损失减到最小。①

　　无论是以上哪一个方面,更确切地说,是以上两个方面合力展现出当前乡村旅游业中的艺术介入步入文艺复兴范式。艺术与其所处社会背景之间的关系、艺术与当地文化之间的挪用与更新关系、艺术本体的"工具"与"目的"等关系,都将变得比物质呈现的结果更耐人寻味。于是,对艺术介入其中的评价甚至开始走向"去艺术化"的标准,而融入社会学乃至人类学的方向。

---

　　① 曾莉、齐君:《环境、文化、产业——论艺术乡建历程上的三个主要范式》,《南京艺术学院学报(美术与设计)》2020年第2期。

图 100 哈尼族民居改建要点(图片来源:罗德胤)①

当视野偏向文化与社会生活而不再单囿于艺术介入的作品本身,艺术之于旅游项目、艺术之于乡村所实现的整体"氛围"(ambiance)开始融入地方环境的整体进化过程。如同让·鲍德里亚所分析的"气氛的结构",当艺术介入作为一种对旅游空间的处理时,其自身也成为"气氛"的元素之一;实践中对艺术介入的门类、技术、路径的选择总是伴随着旅游对于气氛的文化需求。②然而对于产业发展而言,脱离乡民社会背景的旅游项目是难以持续的,这就是为什么如今在对乡村旅游项目进行评价时,常以与村民的互动包括就业为指标进行考虑。在这种范式下,乡村就绝不是设计师和艺术家单纯的演绎场,当艺术的公共性被关注,创作者所受的激励与规制都在增加。

此时,再考察乡村旅游的现场,就不再仅关心游客的体验、企业家的收益,看他们在乡村中走马灯式的来来往往。乡村的整体"氛围"、乡土文化的涵养与新生是这些作为利益相关者的"人"施展行动的"舞台",这个思路拓宽了看待艺术介入与乡村旅游关系的视野,也代表了艺术参与社会,由为"人"向为"人文"服务的观念转变。

① cc 讲坛:《罗德胤:从修旧如旧到新旧并置的美学思考》,http://www.mzczjs.com/s_html_38.html,2021-12-21。

② [法]让·鲍德里亚:《物体系》,上海:上海人民出版社,2019年,第32页。

第五章 经验的建构:艺术介入乡村旅游业提质升级的评价展望

艺术介入作为乡村旅游业提质升级中重要的驱动要素,不仅在乡村旅游业资源、资本与组织的三大部类间推进转化,关系着产业价值的生产效率;亦有利于从整体观的视角为乡村旅游这一在特殊场域中发生的产业实践提供人文的关照。乡村旅游业成为乡村全面振兴国家战略的重要抓手,总结经验、建构一个合理、可操作的评价体系成为一种必要的努力方向。与此同时,在这个梳理、归纳、建构、求证的过程中,艺术学科内部也生发了对新经验的思考与适应。这种交织于产业实践与学科发展之间的双向理解,催生出对未来的展望。

第一节 艺术介入乡村旅游业的评价分析

一、评价的必要性及依据

(一)对乡村旅游业中艺术介入展开评价的必要性

伴随乡村旅游业发展在地域上的逐渐普及,以及在规模上的逐步扩大,行业整体面貌发生了巨大、积极的改变。艺术介入在此过程中担当起重要角色,不仅成为旅游资源向旅游资本转化的催化力量,同时也是协调地方民生与产业共荣的切实行动。

在十余年的快速积累中,对于乡村场域中的艺术介入而言,无论是驱动的来源、行动的方法、技术的路径……均表现出并非单一的可能性;又由于乡村旅游的特殊性,比如资金投入偏重、资产形式偏向固定等,这些因素彼此结合,便共同指向一个方向,即对乡村旅游业中的艺术介入行动施以客观评价是必要且紧迫的。

首先,对乡村旅游业中的艺术介入展开评价,有利于增进艺术介入的效果,促进艺术创作内部演进与产业促进共融发展。艺术的发展演化有其自身的规律可循,艺术的不同门类以其不同的艺术语言、材料特质在不同时代中寻找表达自我的形式,这一过程不仅是艺术参与社会的过程,同时也是艺术自我书写的过程。那么,对艺术介入乡村旅游业的行动、案例形成一套客观的评价逻辑,将这套逻辑运用于实践,一来将有利于在项目决策阶段选择适宜的艺术介入方式;二来也有助于选择合适的作品风格以取得在实际运用中的最优效果;三来提高艺术介入的评价意识提高了对市场需求的关注度,通过吸纳消费端信息,从而能够着手建立有效的反馈循环系统。

其次,对乡村旅游业中的艺术介入展开评价,有利于厘清不同驱动类型所内含的行为范式与执行特征,为日后的相关项目在资源匹配时提供依据。将评价建立在客观依据之上,实际就是一个鉴往知来的过程。通过前文对艺术介入行动的动因分析,将不同驱动类型的范式特征运用于项目评价当中,有利于在资源匹配与趋势判断中做出正确决策。

再次,以艺术介入的视角去评估旅游业发展的实际状况,有利于在产业变革期为项目探寻新的方向。乡村旅游产业升级不仅是规模与产值的膨胀,更重要的意义表现在产业结构调整和新型业态的萌发方面。在当前乡村旅游业提质升级所面临的确定性与模糊性共存的复杂现状下,这一点显得尤为突出。所谓必然性,是指伴随产业升级面临瓶颈以及游客对体验价值获取的进一步要求,内容产品的研发逐渐成为业界共同关注的焦点。所谓不确定性,人们的生活习惯、消费习惯仍然经历着持续改变;元宇宙等技术领域的新兴转向给未来社会发展所带来的可能影响不容忽视;等等。在这些因素的综合作用下,文化因素在旅游业中所具备的力量将持续增长。这种增长一方面来源于当下旅游业态实现增长所需的内容产品问题;另一方面在于针对技术突破所做的长远布局。基于对产业现实中艺术介入的理解,有利于分析和预判不同的项目结构、阶段所需匹配的艺术介入形式以及方法,对于乡村旅游升级发展过程中的方向抉择提供参考。

最后,以综合、系统的眼光去评价艺术介入乡村旅游业的多元结果,有利于将乡村旅游的升级发展置于乡村振兴的宏观背景中去考量,从而注重旅游资源的合理配置与适度开发,保证了乡村旅游的发展节奏。中国的乡村旅游业发展具有自身的特殊性,将乡村发展置于中国生态文明转型与构建以国内大循环为主体、国内国际双循环相互促进的新发展格局下,可以看到参与其中的事件所具有的更为丰富的内涵。艺术介入乡村、介入到乡村旅游的项目中去,虽然落脚点可能是具体的旅游项目,但实际必然会对老百姓的日常生活产生影响,乡村是旅游业的归属地、是游客的休闲地,但其首先是在地村民赖以生存的故土家园。因此,无论对于地方文化的转化、开发,还是对于具体项目的设计和表达,都应当在综合的视野中去考量,以评估艺术介入本身节奏与方法。

(二)对艺术介入乡村旅游业展开评价的现实依据

对艺术介入乡村旅游业展开评价的依据来源于两个方面,对一线项目状况的客观把握是作为基础的方面;尤其是对于中国这样土地辽阔、乡村自然与人文条件均具有丰富多样性的国家而言,了解代表性区域的发展现实,并加以比较分析,提取共性、甄别差异,才有可能建立起具有一定共性的评价模型。那么,从宏观上来看,这种对产业典型性加以分析的过程,就是为评价模型的建构寻找现实依据的过程。

中国的乡村旅游业自 20 世纪 90 年代开始步入较快发展的阶段,特别在当其与美丽乡村要求相联系、作为乡村振兴战略与精准扶贫目标的工作抓手之后,乡村旅游业发展获得前所未有之机遇,在消费升级与资本进场的洪流下,产业升级开始进入规模化阶段,相关项目可谓在祖国大地遍地开花。无论是从物质环境还是从文化资源角度,村落本身一定是乡村旅游业发展的承载基础。但中国乡村分布之广、面积之阔等客观原因带来的气候条件、地理特征、生产方式、空间行为特征、生活习惯上的区别必然导致村落条件的差异,并最终决定了生发于多样性乡村之上的乡村旅游业也呈现出千姿百态的格局。早自 2006 年起,各级政府出台的乡村旅游相关政策开始步入细化阶段,其实就已经释放相关信号,一方面显示了乡村旅游业发展阶段的管理水平正不断深入;另一方面则表明了对该行业多样性特征的接受与应对。

　　不同地区乡村所秉持的资源不同,决定了其发展旅游的方法和路径也有所差别,艺术介入的投入、目标也不尽相同,若要将其深入研究,可提取几种典型路径进行分类并作必要的对比研究,这种研究工作首先应建立在对乡村本身的分类了解上。

　　关于乡村的分类问题,在社会学、建筑学、经济学、地理学领域早有研究。总体来看,乡村的发展因素与相关特征为分类研究提供了基础条件,在我国高等学校城乡规划学科专业权威教材《乡村规划原理》中,涉及乡村类型的划分因素包括宏观区域、城乡区位、产业经济、自然气候、地形地貌、人口及密度、宗教文化等整体特征要素,也涉及村落规模、布局形态或者建设特征等局部性指标,甚至还包括等级等法规性或政策性指标。① 不同的特征要素可从不同的学科体系切入,从而进行有针对性地分析;结合本研究以旅游发展为导向的研究目标,对乡村的分类尤其需从建筑学、地理学和社会学的角度深入。比如,建筑学理论中的乡村分类更注重对乡村风貌、功能、组织等现象的认知,相比其他学科,这一视野更加注重实用性和艺术性;建筑是乡村中人与自然环境以及与材料博弈、协调的产物,会对居住其中的人的生活方式产生深刻影响。因此,对在地建筑的分析,实质是对乡村本质进行了一场内外双向的理解,在乡村属性辨识的过程中更具观赏性与实用性价值。地理学分为自然地理学与人文地理学两大学科方向;鉴于乡村旅游业的业务模式与项目特征,尤其在文旅融合发展的思路践行之后,人文地理学的学科视野不可或缺,这种典型的研究人地关系的学科,对经济、政治、文化与地理地域关系问题的探索与乡村旅游密不可分。② 而社会学所关注的社会行为和人类群体关系在乡村中则聚焦到农村经济社会结构、农村社会变迁、“三农”问题之上,旅游业的发展成为激活当代乡村发展的共享系统,尤其在我国以乡村旅游促乡村振兴的政策思路下,发展乡村旅游业的本质是平衡城乡关系、是为了改善农村社会甚至整个社会的福利与发展水平;这与人类学以人为中心的理念不谋而合,决定了社会学视

　　① 李京生:《乡村规划原理》,北京:中国建筑工业出版社,2018 年,第 102 页。
　　② 张泽楠:《旅游发展为导向的县域村落分类研究——以河南省新县为例》,南京:东南大学硕士学位论文,2017 年,第 9—10 页。

野在乡村发展中的全局作用。①

虽然已经将乡村的类型研究集中到了少数几个学科领域,但根据研究的需要,还要将其与旅游领域的研究方法相结合。为了将这些由不同学科视野所捕获的、有关乡村本底资源的"现实依据",聚焦到一个可供分析的评价模型,旅游竞争力研究提供了极大启发。根据任宁的"乡村旅游竞争力影响要素模型"(图101),乡村旅游资源是构成乡村旅游竞争力的首要因素,成为文化旅游发展的竞争力内核,这符合文化产业研究、文化资源学对旅游发展的既有思路。

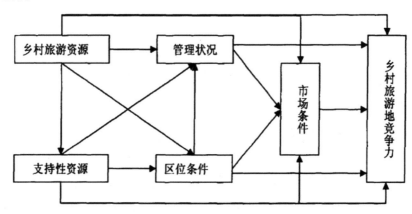

图 101　乡村旅游竞争力影响要素模型②

乡村旅游资源既包括有形的自然和人工环境,也包括无形的社会文化风貌,从这一内核出发,可将乡村的分类主要聚焦到产业主导类型、自然特征类型以及城乡区位类型三个主要口径下。如从主导产业类型看,可分为农业主导型、牧业主导型、渔业主导型等单一主导型的乡村,或者工农业、工牧业、农贸业、休闲农业或休闲渔业等兼业主导型的不同类型。这种分类的逻辑背后暗示了乡村产业经济发展的动力资源特征,例如在休闲农业或休闲渔业为主导的乡村中,便很自然利于发展出一些特色的乡村旅游活动。从自然特征角

---

① 郭占锋、李卓、李琳、付少平:《中国农村社会学研究现状与前景展望——"第七届农村社会学论坛"观点综述》,《西北农林科技大学学报(社会科学版)》2016年第4期。

② 任宁:《乡村旅游地竞争力影响因素研究》,杭州:浙江大学硕士学位论文,2008年,第39页。

度分类,平原、高原、丘陵、山区、戈壁、沙漠等地形地貌呈现出多样丰富的特征,特殊的地貌特征成为远途乡村旅游发展的重要驱动,对巨大差异地貌体验的猎奇感成为驱动远距离乡村旅游的重要动力;宁夏中卫"黄河·宿集"的火爆就是很好的说明,国外的例子也很典型,例如美国犹他州的"羚羊彩穴"便是拥有了吸引人群不远万里前去打卡的独特地貌。城乡区位特征是日常生活中用来划分乡村类型时最常见的表征因素,例如,大众对城市边缘、城市近郊、城市远郊,直至更偏远地区等的感官印象想必并不会陌生;区位差异直接影响着乡村地区从产业经济到生活方式的各个维度,必然也影响着乡村旅游资源的结构以及项目开发的重点。①

从中国经济发展的宏观区位特征来看,中国经济发展较快的长三角、珠三角地区与相对滞后的西部地区仍然存在较大差距。客观分析,这种经济的差异深受特定地区的地理位置、气候条件等客观资源影响,如长三角、珠三角的经济发展与区域地理、交通条件对产业层级与在地物产的影响密不可分。由此可以发现两组集合项:第一组,交通不便与经济滞后如影随形,但却往往保持着较多的传统文化、历史遗存;这种类型的乡村拥有丰厚的历史文化资源,在旅游项目设计时,便常倾向于以属地文化开发转化为旅游资源塑造的行动策略。于是,艺术介入的宗旨也倾向于传承性,注重对当地文化的符号化提取与形象化表达。第二组,交通便利与经济发达相辅相成,发达的经济使社会迅速陷入城市化、现代化的洪流,乡村传统的生活方式与民俗习惯更易遭受冲击;在这种情况下,乡村大量沦为都市的"卫星城"、补给站,从而出现严重的年轻人口外流、乡村活力衰退的现象。于是,在这里首先发展出来的乡村旅游业便是采摘游、农家乐这类初级产品项目,旅游业在与城市消费者需求变化的不断磨合中逐渐迭代,从而塑造了一种特定路径的乡村文旅先行者。由于在历史遗存的保留方面并不占太多优势,加之居民消费升级等客观条件,使得现代性建筑、前沿科技更容易在这里落地,艺术介入其中的首要原则也从注重传承,转向鼓励创新。乡村旅游的度假模式首先在这里开启,乡村成为"田园山水间的现代生活方式"的物质载体。

---

① 李京生:《乡村规划原理》,北京:中国建筑工业出版社,2018年,第106—107页。

由此也可以看出,作为一种服务型产业,乡村旅游业的典型性无法脱离经济环境的制约;因为对经济行为而言,是供给与需求共同构成了行业的价值循环得以实现,二者缺一不可。从这个意义上,经济发达地区的乡村旅游与相对滞后地区的乡村旅游必然存在着明显差异。需要特别说明的是,由于乡村旅游业的"有闲消费"性质、文化产业属性,其发展必然建立在一定的经济水平与消费能力基础上;对地方来说,只有在经济发展水平达到一定程度,其旅游业才能得到可持续性发展的机会。也因如此,本研究从这一角度提取两个地区案例作为典型代表加以对比分析;受选地区生产总值产值相近,为旅游产业发展提供了经济保障;具有比较价值的差异主要体现在社会消费品零售总额的数据上。

以本书调研的浙江省与河南省为例,从 2024 年数据来看,两省生产总值均位于全国前列,分别处于第四位与第六位;但若看社会消费品零售总额数据,差距则非常明显。以 2024 年数据为例,浙江省以人均生产总值位列第五,而河南省的人均生产总值则位列 25 位,相比 GPD 排名,河南省在社会消费品零售总额这一数据上被远远拉开距离,具体数据近乎折半。从主导产业类型和地理风貌特征角度看,两省也存在明显差异。因此,本研究即选取浙江省与河南省的代表性案例以作比较,在具体细分行业方面,则以艺术介入具有较高显示度、行业内占比较大的住宿类度假品类为样本。

住宿类产品在乡村中常以民宿形式出现,从早期农民闲置用房经营的 B&B 模式,到如今乡村精品民宿大量出现,其实民宿的意义早就超脱了早期旅游产品作为旅游配套的"住"的功能,很多去精品民宿的客人,本身就是将民宿本身作为度假的目的地,这也决定了这一品类的代表性意义。

乡村住宿类产品的选址与建设,凝聚了乡村旅游业发展的时间线索。在发展早期,民宿项目倾向于老宅改建,一方面活化了乡村存量资产,另一方面老宅自带故事的特性成为民宿传播过程中偏爱的文化资源。然而当市场进一步发展,老宅的供给不能满足产业增量的需求,再伴随 2018 年土地政策的加持,新建建筑开始广泛落地。在这个过程中,艺术介入的方式与表现,蕴含着不同的文旅发展思路与旅游资源偏好。

依托地理位置的便利与周边经济的高水平发展,浙江省形成了全国民宿发展的高地,尤其以莫干山地区为例,成为中国高端民宿的发源地,从这个意义上,可以说与河南省乡村民宿发展拉开了不下十年的时间差。在莫干山的早期民宿建筑里,艺术介入老宅翻新使其呈现出乡村旅游的场景价值。业界鼎鼎有名的,如夏雨清的"颐园"始建于1930年;高天成的"裸心谷"事业,始于莫干山半山腰一个几近废弃村庄(山鸠坞)改造的"莫干山395";法国人司徒夫将一个废弃茶厂改造成玫瑰簇拥的"法国山居",成为高端民宿的代名词。"裸心谷"单间房年收益过百万元、"法国山居"常年坚挺的客房价格……客观上催生了莫干山"民宿时代"的来临。设计、艺术的介入在其中担当着"化腐朽为神奇"的作用,用夏雨清的话说"没有设计就没有民宿产业"。浙江一带的民宿,艺术介入老宅改造的方式,虽以老宅为基础,却勇于使其焕发更具现代性的光华,或许是与"魔都"太近,上海客人的生活习惯和审美品位决定了艺术介入的使命是要将现代的生活方式与审美习惯融入乡村,老建筑成为承载"新意"的容器,乡村场景的"戏剧性"超越"原真性",体现为具有差异性特征与仪式感的摩登乡村生活。于是,这里会有纯正的咖啡馆,会有从茶厂演变出的法式风情。上海的国际性与包容性使艺术在这里可以将设计史上的现代风格与中式建筑相结合,如图102这种"大窗、白墙"的简约"大乐款"深刻影响了莫干山乃至周边许多地区的民宿后来者。① 当行业发展到新增房源阶段,"创新性"开始超越风格层面和审美表达,体现在对新技术的接纳与使用。湖州市妙山村"从无到有"的民宿发展基础使其成为彻底创新的"良田":"慧心谷"彻底抛弃所谓的古宅风格,建设了大规模的现代式客房,"廿舍"使用了建筑行业领先的"装配式住宅"技术……就如同设计史所告诉我们的,蒸汽机要首先被发明才有了电梯,有了电梯才可能有后来的国际主义高楼大厦,现代主义建筑改变了城市天际线,也颠覆了世界对建筑的审美。技术创新和形式创新互为影响,艺术成为为技术赋形的手段,在艺术介入乡村旅游场景塑造的过程中,技术、形式的双重创新和艺术内涵同步成为重要的创作手法。

2020年9月召开的河南省文化和旅游厅发动召开的"全省民宿工作推进会"上,每个嘉宾收到一本印制精美、厚重的册子《河南民宿》,在近两百页的

---

① 范亚昆:《民宿时代》,北京:中信出版集团,2018年,第38—47页。

案例中,"云上院子"和"小有洞天·山居"是为首的两个。(图103、图104)这
两个项目都具有原址改造的"身世","小有洞天·山居"改建了传统的夯土建
筑,"云上院子"则是在金坡村望族孙氏大院基础上落成,他们代表了河南民
宿所具有历史性叙事的特征。这一方面缘于中原地区文化基础的雄厚,"一
部河南史,半部中国史"的说法凝聚了河南人的文化自豪,这种自豪在文旅产
业发展中就表现为竭力地再现与传承地方文化脉络。另一方面则是由于河南
省民宿行业起步较晚,仍有一大批库存空间可供使用,如果与浙江省产业发展
并行考察,则可见出这一资本的时序特征。基于这种情况,艺术在河南民宿的
落地现场扮演着将当地文化符号化、具像化的作用,历史叙事的初衷使原真性
显得格外重要,在地材料如土质、石材的大量使用塑造出中原民宿的硬派风
格;从技术层面上看,艺术介入则成为这些材料的融合过程。

图 102　大乐之野庚村店①

　　艺术介入在硬件层面,受区域发展时序的影响较为典型,但在文化内容产
品的设置上,则并不会受太大影响;只要行业交流跟上,理念与管理在资讯发

---

　　① 范亚昆:《民宿时代》,北京:中信出版集团,2018年,第47页。

图 103　"云上院子"客房（来源：彭志华）

图 104　"小有洞天·山居"庭院

达的互联网时代是极易了解的。尤其在河南省文化和旅游厅"一招两引"[①]的政策下，与国内旅游行业领军企业合作使文化内容产品的生成方式近乎可谓与时俱进。此时，艺术本体开始被开发为旅游体验项目，如"云上院子"的文化传承、非遗活动、书画艺术、手工制作、陶艺实践等项目是全国乡村民宿项目都在推行的方案，其共同基础是乡村精品民宿（本身就作为旅游目的地的项目）从单一住宿服务向微度假体转变的思路更新。（图 105）

　　综上分析，基于对主要的典型性乡村旅游发展状况的对比分析，可以发现，艺术介入在不同市场环境、消费层级，以及不同的文化资源本底条件下的乡村旅游业发展现实中，具有不同的路径和表现。因此，例如介入项目的驱动主体、投资模式等因素均成为影响艺术介入最终实现方式与效果的变量，从这些角度出发展开思考，尝试构架出一个系统性的框架，有利于实践经验的总结，以及项目决策的预判。

二、评价分析的模型构架

（一）艺术介入乡村旅游的整体观视角

　　以整体观的视角审视乡村旅游业中的艺术介入行动，关注艺术是如何在这一全局体统中发挥作用。如果说资本是一种组织要素，艺术就可谓是一种当仁不让的驱动要素。在由资源、资本、组织三大部类构成乡村旅游业中，艺术的驱动作用首先表现在扁平逻辑下对三大部类的转化驱动。文化产业的理

---

① "一招两引"即河南省文旅厅实行的民宿招商和引进先进理念、引进现代管理等系列措施。

图105 "云上院子"的艺术体验活动 （图片来源：彭志华）

论研究证实了资源向资本转化的实际产业价值；在精神经济背景中，乡村旅游发展所极其依赖的文化资源来说，文化资源向文化资本的转化质量决定了产业的生产结构状况与价值产出效率。艺术在两者之间起到了重要的驱动作用，艺术介入往往被作为文化资源向文化资本转化的具体方法。

当旅游资源发展为旅游资本之后，对资本的组织管理水平决定了旅游项目，乃至区域旅游业的整体运转效率。如果把乡村旅游业发展置于乡村振兴的总体战略下，回到助力农民群体的初心考虑，就会发现"组织"的有效、科学，在保证产业有序、持续发展中起到重要作用。

举例一个典型的负面案例，图106中景象的美学意蕴吸引了大批游客拍照打卡,人流为发展餐饮、住宿提供了保障,村子的"旅游业"就这样发轫,但对于这摄影作品中最重要的主题要素:建筑和柿树的主人而言,并没有得到经济利益,反而是摄影人群踏坏了庄稼,屋主也损失了部分生活的平静,在组织管理缺位的情况下,事情发展为柿子树被主人砍去,而建筑的主人竟然在墙上张贴出招租广告;其结果是整村的旅游业遭受巨大挫败,不得不说令人惋惜(图107)。案例中,造成问题的底层原因是,长期去组织化使得农户分散占有生态资源演变为"吃租者"角色,而产业发展的蓬勃动力,当然是来自于生产者,而绝不会是"吃租者"。

我国几十年来发展现实下形成的农民群体,任何个体的势力都是有限的,因此,如果能够以美学价值生产为驱动,围绕生产提高"组织"效率,构成了解决相关问题的可行路径。中山大学旅游学院保继刚教授在云南省红河哈尼族彝族自治州元阳县红河哈尼梯田世界文化遗产核心保护区内发起的旅游减贫行动取得标志性成果,其核心逻辑就是对旅游生产的组织模式进行再设计,使每一户村民能够分享水田和景观收益,事实激发了村民积极性,不仅促进了旅游发展,更保护了一个完全自然循环的水田保护区。

图106　网红摄影为乡村旅游招徕游客　　　**图107　令人遗憾的结局**

图片来源:温铁军。

乡村旅游业中艺术介入的驱动作用还表现在纵深逻辑下艺术对产业价值生产效率的赋能作用。以美学价值为锚定,在产业中形成了一系列要素的链接。相关理论在第三章第三节中已有论述,以图70为例,展现了美学价值的驱动作用,艺术介入作为美学价值实现的路径必然有其重要价值。

综合乡村旅游业中艺术介入在扁平与纵深双重逻辑下的驱动作用,可建

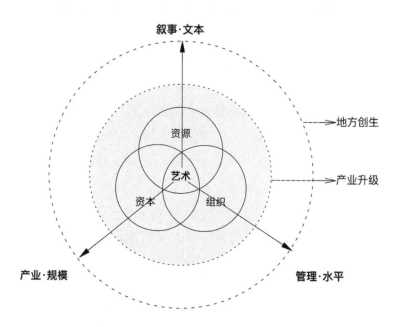

图108 整体观视野下乡村旅游业中的艺术定位

构图108以展示艺术介入在乡村旅游业整体视野中的位置与作用。如图所示，艺术在资源、资本、组织三者之间成为重要中介，驱动着要素间的转化与链接关系。当艺术介入旅游资源，将对旅游业文化内容相关生产的文本发生作用，影响着地方文化的叙事逻辑、风格与效果；这同时是旅游资源向旅游资本转化的过程，经过艺术与产业资本、文化资本的双重结合，促进旅游业的规模化发展，"规模化"构成了旅游业升级的一大重要指征。最后，当艺术介入与组织"共谋"，将带来旅游企业或区域旅游业的管理水平提高，形成旅游产业升级的持续保障。有了图中艺术链接核心圈层的有效运转，在中观层面型塑了产业升级的表现、同时也是动因；在乡村地方的相对宏观层面，又激发了地方创生的内在动力。

（二）艺术介入乡村旅游业的评价模型

对艺术介入乡村旅游的实践行动进行评价，首先应当鉴别驱动介入行为之所以发生的主要因素，因为不同因素驱动下的介入行为，其评价所参考的影响因子也必有差异。在针对具体案例进行分析时，应当同时兼顾介入行动的主体与客体两个方面,这两方面对应着艺术相关评价标准的不同维度。

若将这一评价工作上升到哲学层面考虑,追溯到康德"人作为目的而不是手段活着",这个着重强调人的自我立法的"意志自律"概念继而被运用到审美领域,成为关于艺术自律的美学概念。康德的审美自律思想作为艺术自律性的源头又构成了艺术批评观念的基本命题,成为学界反复讨论的问题。许多优秀的中国学者也参与其中。比如,周宪教授将艺术自律性与审美现代性相联系,从五个角度总结了艺术自律性的社会学动因:社会分工、现代性进程中形成的商品化和市场化、现代社会性制度的安排、现代个人主义的高涨、明显的形式主义倾向以及艺术社会功能的转变。[1] 冯黎明认为,作为历史建构的产物,艺术所具有的自律性或非自律性都是特定社会实践或社会结构的结果。[2]

认同艺术自律性与非自律性与社会现实之间的关系,为从艺术的能动性角度评价艺术介入乡村旅游业的实践提供理论上的合法性,同时也开启了对艺术在当下社会中功能的必要探索。在实际研究的过程中,延续这一思路做一些必要延伸将更有利于理解乡村旅游业中的现实问题;马克思在思考人的造物行动时,也曾作类似的延伸,他将康德的"人作为目的而不是手段"抽象到资本主义社会的工人工作领域,用以探讨人与其造物的关系。

将思路绵延至当下乡村旅游业中个案的考察,艺术经由不同的驱动主体、依据不同的动因实施介入的行动,案例如雨后春笋般在广袤乡村大量生发;但纵然案例频繁,从自律或非自律、作为目的或是作为手段的思路去分类研究,总是提供着较为清晰的脉络,为具体的评价工作提供最为基础的架构。

当艺术趋于自我本能、社会价值的探索,如靳勒的石节子艺术村实践,让村民有机会与艺术、艺术家发生关系;他让村民出国参加卡塞尔文献奖,用艺术激活村民的想象力与创造力;艺术成为激活当代社会、人的个体、国家、民族某些沉睡传统的力量。[3] 再比如向勇教授在毕城村的"花田间"实践,或者说

①　周宪:《审美现代性批判》,北京:商务印书馆,2005 年,第 228—242 页。
②　冯黎明:《艺术自律与市民社会》,《文艺争鸣》2011 年第 17 期。
③　方李莉:《艺术介入乡村建设读解》,《中国文化报》2019 年 3 月 20 日。

是一种实验也不过分：一种以艺术介入、调集资源、创办节庆等系列方式培育乡村旅游资源，再通过模块输出的方式赋能村民自我创生、可持续生产的旅游发展模式；其在模块化之前的行动均是将艺术加以介入的行动，作品嵌入到村民的生活日常中，以激活地方旅游资源的生成。艺术在这种行动中不断探索其内涵与外延，在社会行动中实现自我价值的延展，这便是艺术作为目的的角度。

与之相对应的另一个角度，是将艺术作为手段。但必须要强调的是，此"作为手段"并不是马克思用作解释资本主义生产时的劳工自我价值的丧失，而是更偏向于艺术对乡村旅游业中资本价值实现的辅助。因为，在当下语境中讨论乡村旅游业的发展问题，最突出的矛盾并不是村民与资本的绝对对立；在政策所引导下的乡村旅游业项目在落地过程中，本身就是作为乡村振兴、地方扶贫工作的现实抓手；村民福祉、村落整体软硬件环境始终将是旅游项目的重要载体。与作为目的的艺术介入行为相比，最重要的区别乃是在于对资本投入回报的高度关注；在大资本进驻的规模化发展时代，这一角度的案例比比皆是。

当艺术作为资本投入乡村旅游业的必要工具，其评价就开始偏向于艺术的价值生产能力，相比此前角度，这是更易量化评价的线索。将艺术介入的实践与乡村旅游项目或村落整体的实际反馈相联系，是现实中的常见思路；旅游行业研究中的"目的地竞争力"指标成为联系艺术介入与旅游价值产出之间较为直观的中介维度。

"旅游目的地竞争力"研究相比"旅游竞争力"研究是一个较新的领域，由于乡村旅游发展颇注重社会效益与村民福祉的特性，决定了"旅游目的地竞争力"指标可能更适应乡村旅游发展的全面需求。任宁在梳理归纳前人相关研究的基础上，对乡村旅游竞争力作出诠释：乡村旅游地竞争力即乡村旅游地拥有的乡村旅游吸引物、旅游服务及旅游设施等要素，以及将其转化为乡村旅游产品推向市场，获得经济、环境、生态等效益的综合能力。具体可从三个方面对此加以理解：首先，该诠释认为，旅游地竞争力是对经济、环境、生态等多方面效益获得能力的综合能力；其次，乡村旅游业最终需要通过市场进行检验，因此对旅游资源及各种要素的产品化转化能力至关重要；最后，基于对当下乡村旅游的综合理解,认为对乡村旅游地竞争力的评估不可仅关注客观指标,主观的认知评价亦不可忽视。任宁在总结既有模型的基础上,如在旅游研究中较为成熟的"七因素旅游目的地竞争力模型"(Crouch & Ritchie,1999)(图109)、"旅游目的地竞争力综合模型"(Dwyer & Kim,2003)(图110)、"旅游目的地竞争力五因素模型"(易丽蓉、李传昭,2007)(图111),最终综合多方因素提出"乡村旅游地竞争力影响因素概念模型"(图112)。①

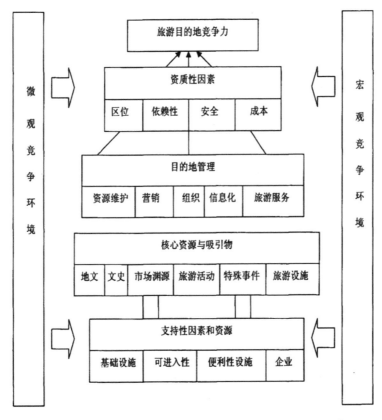

图109　七因素旅游目的地竞争力模型(Crouch & Ritchie)②

<hr />

①　任宁:《乡村旅游地竞争力影响因素研究》,杭州:浙江大学硕士学位论文,2008年,第26—31页。

②　任宁:《乡村旅游地竞争力影响因素研究》,杭州:浙江大学硕士学位论文,2008年,第26—31页。

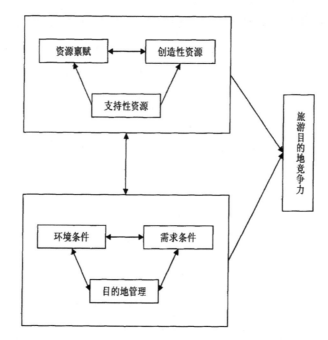

图 110　旅游目的地竞争力综合模型(**Dwyer & Kim**)①

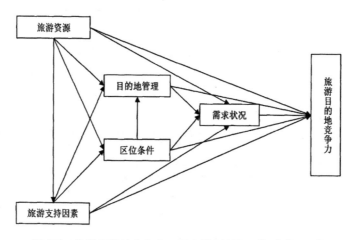

图 111　旅游目的地竞争力五因素模型(易丽蓉、李传昭)②

---

① 任宁:《乡村旅游地竞争力影响因素研究》,杭州:浙江大学硕士学位论文,2008 年,第
26—31 页。
② 任宁:《乡村旅游地竞争力影响因素研究》,杭州:浙江大学硕士学位论文,2008 年,第
26—31 页。

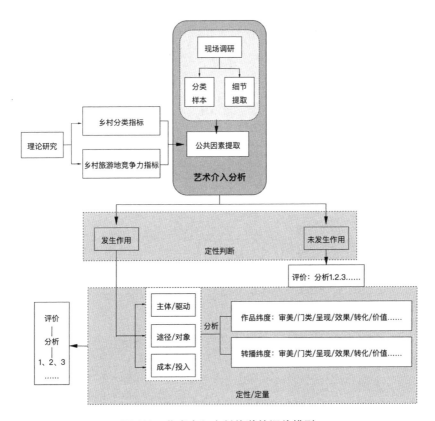

图 112　艺术介入乡村旅游的评价模型

相关模型研究给予本书的启发主要来自于两方面：首先，对模型的研读有利于对旅游业的价值生产能力、综合效率、产业逻辑形成更整体的理解；其次，对旅游业竞争力的影响因素更深入地把握。这两方面对本研究的促进作用不言而喻，对任何产业而言，竞争力的提升是产业发展质量、升级效果的必要保障，无论对乡村旅游发展的聚集村落，还是对乡村旅游的具体项目而言，横向或纵向的竞争力提升均可作为产业升级发展的目标。那么，在与之相关的影响因素明确之后，考察艺术介入与这些影响因素的互动关系便成为评价乡村旅游产业升级中艺术介入作用的具体方法。

除此之外，结合前文内容，乡村本身的类型因素将影响当地旅游业发展路径，因此本研究认为，艺术介入乡村旅游业评价模型的构架不仅在于通过对竞争力作用与否的互动性确认，还应尽量考虑乡村类型对艺术介入的影响；因为在"乡村旅游地竞争力影响因素概念模型"中,"乡村旅游资源"是整个模型最重要的驱动力量,构成了乡村旅游竞争力形成的核心资源,是旅游目的地特色内容、主题呈现、同质化趋避的根本来源。关于乡村类型划分的研究,张泽楠基于旅游发展导向提出的"村落类型分类指标体系"(表14)与任宁的"乡村旅游地竞争力影响因素概念模型"(图101)出现交叉,对本研究评价模型的构架提供启发。

表14　基于旅游发展导向的村落类型分类指标体系

一级指标	二级指标	指标变量
旅游资源	村落风貌	风貌完整度、风格典型性、村落景观性
	田园产业	田园游赏性、产业规模值、产业丰富度
	周边景观	景观丰富度、景观特异性、景观协调性
	文化传承	年代历史性、地位重要性、民宿生活性
建设支持	设施水平	基础设施度、接待设施度、耕地充沛度
	用地潜力	建筑潜力值、用地规模值、土地限制性
	建设限制	林地限制性、水系限制性、坡度限制性
社会经济	社会结构	文化水平、常住人口、年龄结构
	人口经济	人口规模、收入水平
宏观区位	区位条件	交通区位、景区关系

信息来源:张泽楠。

　　综上所述,结合旅游目的地竞争理论与村落本底资源的条件研究,本书拟提出艺术介入乡村旅游业的宏观评价模型。如图112所示,该模型希望对乡村旅游业中的艺术介入实践提供一个整体审视与初步评价的思路,其与旅游业升级的关系,在于评价结果的质量,愈是作用效果好、产出效能大的评价结果,将愈加与产业升级产生互动关系。以此类推,在"未发生作用"范畴,也更多可能性地代表了产业的保守因素,或映射了一种稳定的状态。

　　依据评价思路,对于一个乡村旅游项目或旅游集聚发展的村落而言,可首先通过梳理在地资源,明确村落类型倾向,在自身资源条件特征上确立旅游发展的具体类型;在此基础上,进一步与产业竞争力发展理论相结合,提取"乡村分类指标"与"乡村旅游地竞争力指标"的公共因素,在现场调研、深入分析的基础上确定艺术介入的案例选取并进行描述分析。在分析过程中,第一步分别对所提取的公共因素如"旅游资源"中的村落风貌、田园产业、周边景观、文化传承(历史意向价值),"市场条件""支持性资源"等要素相互交叉所形成的人口经济、设施水平等指标,进行深入到各细节指标变量的质性分析;第二步即在此基础上进行艺术介入作用与否的基本判断;第三步再进一步对发生作用的案例角度进行关于"类"的描述和解读。在实践分析中,艺术介入的主体与驱动方式、介入的产业环节或对象与介入途径、艺术介入的成本与投入方式之间往往存在着明确的因果联系,这些内在的关系都将反应在最终呈现的艺术介入作品当中,具体可从介入行动所涉及的艺术门类、艺术介入所呈现的效果、艺术介入表象向旅游产品转化的效率等方面进行分析,并最终辅助归纳经由艺术介入而产生的经济价值与社会价值。

第二节　艺术介入乡村旅游业的未来展望

一、新美育与泛文创:借助乡村旅游的文化生态构建

新的旅游观念越来越强调旅游消费的文化体验价值,而体验价值为文化旅游市场带来新的价值增量。在乡村旅游由观光游模式向休闲度假模式转变的过程中,地方的文化娱乐活动如娱乐休闲方式、节庆活动等,和地方日常文化主题如习俗、养生、手工艺、生活方式等都将成为旅游活动的内容来源。[①]与此同时,在旅游业模式转变发展的另一面,是对乡村固有文化习俗与生活方式升级的再次强化,基于旅游目的的乡村审美化转变也将渗透进村民的日常生活最终实现所谓"日常生活的审美化"。在这个意义上,乡村旅游发展与地方创生紧密结合;如果说文化旅游、文旅融合是乡村社会和脱贫攻坚、经济发展的重要途径,那么由发展旅游的各种实践所激发出的种种社会关系则构成了"地方创生"的中国实践,通过对"人、文、地、景、产"等地方元素的统筹,文化产业通过乡村文旅为乡村的振兴带来更大空间。[②]

---

① Richards,G.,"Creative Tourism and Local development",*Creative Tourism:A Global Conversation:How to Provide Unique Creative Experiences for Travellers Worldwide.*Santa Fe,USA,2010.

② 向勇:《创意旅游:地方创生视野下的文旅融合》,《人民论坛·学术前沿》2019 年第 11 期。

基于这个逻辑,乡村旅游所容纳的就不仅仅是旅游企业与游客这二者关系,旅游业给乡村面貌与生活文化带来的改变也不仅仅是游客个人的价值体验,经由环境艺术、产品设计、景观艺术、表演艺术、民俗手工艺等多要素综合的"乡村旅游艺术化"成为新时代乡村生活方式的有机组成。"乡村旅游艺术化"中所包含的三个关键词:乡村、旅游、艺术化。其一,"乡村"寓意了中国人的乡愁情怀,代表着文化上的认同;其二,"旅游"明确了一种产业类型与行为模式;其三,"艺术化"则暗示了传统文化的当代转化和城乡发展共融的精神需要。

作为一个拥有数千年农业文明的国家,中国的乡村毫无疑问是曾经辉煌过的,这种辉煌不仅是农业生产上的发达,还包括文化层面的厚重,中华文明一直被认为是以农业为根基的文明,乡村就是中华文化的重要载体;对中国人而言,乡村意味着天性中的文化认同与心理归宿。宋代诗人王禹偁有诗句"棠梨叶落胭脂色,荞麦花开白雪香。何事吟余忽惆怅,村桥原树似吾乡",深切道出了植根于中国人内心的乡愁情愫。[①] 乡村的山水草木,一直是中国古典诗词的咏颂对象,是中国画的灵感来源;然而,工业化时代所带来的全球乡村退化、城乡二元对立的矛盾在中国并未能幸免,乡村所代表的美好形象在工业化时代被浸没、甚至颠覆。

然而此时,乡村旅游业发展为乡村场景与生活方式的优化提供了绝佳机会,旅游项目内在的文化资源依赖性、同质化排斥性等特征,天然地为乡村审美化改造提出了现实要求,其结果是在乡村旅游建设现场中,对民族性、地方性的表达获得格外关注;那些在城市中、在过往建设中被掩盖在"国际风格"之下的文化传统和东方智慧开始在乡村中重获新生。基于这个立场,艺术介入乡村旅游业提质升级,不正是在通过一个个审美设置、视觉优化的案例持续改变着中国乡村的视觉形象吗? 这种改变,是传统中国审美意象的回归,也是新技术条件下乡村生活方式的优化机会。借由精品乡村旅游项目所带来的物质和人才资源,乡村所代表的文化内涵和乡愁情愫在创新中得以传承,乡村旅游正以自己独特的方式建设乡村地域的新的人文景观。通过一个个乡村旅游项目、旅游目的

---

① 罗德胤:《在路上:中国乡村复兴论坛年度纪实》,北京:清华大学出版社,2017 年,第 IV—V 页。

地的推广,新时代中华民族的视觉形象也在乡村旅游业的发展中自我觉醒。①

从这个角度去理解艺术介入乡村旅游业提质升级过程的意义,为乡村旅游场景、产品甚至服务的艺术化所付之的努力,其价值就不仅止于对游客审美体验的迎合,还在于乡村风貌、村民生活场景的审美优化,是实现大众“日常生活审美化”的过程。回望乡村旅游的发展资源,如风光旖旎、山水田园的自然风光,或是地方性叙事特征的历史文脉,旅游资源向旅游资本转化的过程,通常即是对当地自然美、社会美、艺术美的凝练与呈现,或者说是以艺术美为准则来将地方特色的自然美与社会美转化为可供体验的旅游业产品或者服务。当艺术介入乡村旅游业,通过对旅游这一既相关消费者,又关系原住民的特殊产业产生影响,艺术的“功能”在现场经验和媒介传播的共同作用下,对城乡两个居民群体产生影响。

阿兰·德波顿在《艺术的慰藉》中说:“艺术(包括设计、建筑与工艺方面的作品)是一种具有疗愈性的媒介,能够协助引导、规诫以及抚慰艺术品的欣赏者,使他们成为更好的人。”“记忆、希望、哀愁、重获平衡、自我认识、成长、欣赏”被归纳为艺术的七项功能。② 那么,艺术化的乡村和借由旅游所获得的乡村经验,便可以被看成为一种新时代的美育行动。蔡元培先生早年提出了“以美育代宗教”,不仅构成了其自身学术思想的重要部分,也为继承和发扬中华民族传统文化的实践行动提供了深厚的理论基石和思想资源。美育在精神、文化因素高度作用的当代语境中,表现出与社会生活的广泛糅合。有学者认为,从学校、家庭以及社会层面看,美育呈现出“立方体”式的复合结构,称之为“美育立方体”。根据这个结构,美育的实施与感知路径被归纳入“家庭”“学校”和“社会”三个模块,家庭模块提倡熏陶与养成,学校模块强调课程实施,社会模块则注重整体的感染与影响。③ 在这三个模块所构筑的系统中,对环境美感的认同成为共识,举一个很容易共情的例子,在目的明确的美育行动中,空间、环境的审美营造往往成为项目实现的基本要素。从这个逻辑当中,

---

① 方李莉、孟凡行、季中扬、甘锋:《“中华民族视觉形象”与“共同体意识建构”》,《民族艺术》2021年第1期。

② [英]阿兰·德波顿:《艺术的慰藉》,武汉:华中科技大学出版社,2019年,第5—7页。

③ 顾平:《情境、感知与沁润——美育中美感捕获的“自我”姿态》,《美术》2021年第3期。

至少可以引出两条线索：首先，明确审美性空间与美育实现的相关性，以及乡村旅游行为与乡村旅游场景与社会层面的美育之间所内化的涵纳关系，就相当于认同了优质乡村旅游体验与乡村空间美育之间的内在联系。其次，美育离不开艺术，艺术介入是实践中最普遍的工作方法；在乡村旅游领域，其结果常常表现为被"艺术化"的空间效果，一种特意呈现的乡村场景营建。

　　至此，乡村旅游与美育之"社会模块"间的内在关系被合理阐释；这种合理性还可以置于当前社会消费文化与生活方式的整体系统中考察。伴随学界对"泛文创化"概念的认同逐渐普及，"泛文创"描绘了一幅富有温度的社会生活图景；以此来作为现代消费生活的概括，这符合当前艺术实践对社会生活广泛介入的客观现实。"泛文创化"不仅是对新时代消费方式的描述，同时也是对生产模式的限定。文化与精神要素在生产与消费环节所担负起的重要角色也不是单一或狭隘的，就有形的固态产品而言，体现在可见的肌理、色彩、造型等形式层面；就无形的服务而言，文创又可以表现为流程的优化与系统性设计，以求塑造富于情感关怀的用户体验。因此，以泛文创化匹配旅游业与文化的深度融合，以泛文创的普及与社会美育实践的达成彼此关联，不仅代表了一种产业升级的方向与策略，也勾勒出乡村旅游业、泛文创生活图景、社会美育价值之间所存在的立体的三个层面关系（图113）。

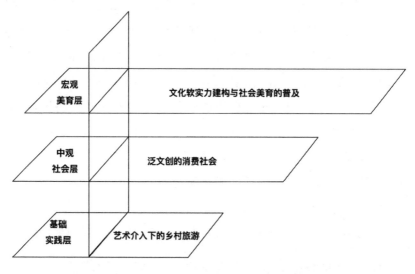

图113　乡村旅游、泛文创消费与社会美育的层次关系

基于这样的理解,可以看到美育在新时代的使命担当。虽然早在蔡元培的思想中就已经阐明了美育对国家、民族精神建构的重要性;虽然这个核心认知没有改变,但美育本身也存在一种与社会发展、时代需求之间不断调整适应的过程。蔡元培美育观中居于核心的"情感的作用""陶冶的实施",放置于今天,所对应的中国人的最大情感就是人民对国家和民族的情感,那么乡村作为中华文明的根基,以及乡愁情愫的归属,很自然形成了一种特殊的陶冶场景。党的十九大将"铸牢中华民族共同体意识"写入党章;习近平总书记在 2019年 9 月 27 日的全国民族团结进步表彰大会上又发表了重要讲话;2020 年 7月 10 日,中共中央统战部、宣传部、教育部、国家民族事务委员会联合发文设立十家"铸牢中华民族共同体意识研究基地"和五家"铸牢中华民族共同体意识研究培育基地";党的二十届三中全会《决定》提出,"健全铸牢中华民族共同体意识体制机制,增强中华民族凝聚力。"一时间"从中华民族视觉形象角度铸牢中华民族共同体意识"的研究成为整个艺术界共同关注的话题。这一视角同时也为大量的"艺术乡建"实践提出新的价值与期待;乡村旅游场景的设置与产业的振兴自然是其中非常重要的落脚点。有学者认为,旅游观光作为一项愈发兴盛的社会文化现象,本质上是一种综合性的审美实践活动。以乡村旅游为例,其不仅为活动于其中的各个利益相关者提供了广泛的乡村审美实践机会,还通过潜移默化的特殊作用满足人们对美好生活的需求,激发地方认同和文化自豪感。[1]

如此看来,乡村旅游业发展中所涉及的自然之美、社会生活之美、艺术之美通过赋予各利益相关者审美经验的方式,同时使其沉浸于乡村美学的审美教育之中;当乡村之美与城乡均衡、精神寄寓、民族文化相关联,艺术化与审美化的乡村旅游活动的意义也由此上升到时代美育的更高层面。

二、新经济与新学科:服务社会创新的新兴学科构想

在经历了长时间的持续发展之后,我国乡村旅游的爆发式增长出现于2018 年前后;这种增长不仅体现在行业产值与主体数量方面,更重要的变化

---

① 王柯平:《旅游美学论要》,北京:北京大学出版社,2015 年,第 35 页。

在于文化和旅游融合发展的策略在宏观层面得到认可后,顶层策略的推广与执行加速了旅游产业的模式和形态开始发生结构性改变。旅游这一行为本身,也从传统社会中的零星偶发事件转变为现代社会中具有普遍性和客观性的"社会事实"。①

在传统的旅游学教材中,对旅游的定义类似于:"旅游是人们出于审美、娱乐和社会交往等目的,暂时离开自己的惯常居住地、前往旅游目的地,作短暂停留所引起的各种社会现象关系之总和。"②这个概念强调旅游的个人诉求与行动,虽然其中所包含的消费内容既包括了物质意义上的功能消费,也包括了精神意义上的文化消费,但总体而言并没有特别强调旅游目的地与旅游者之间的文化交互。而当下文旅融合创新所表现出来的产业发展趋势,则是对旅游业发展、尤其是乡村旅游业发展的非经济性因素愈加重视,明确了文化因素在旅游消费中的主导意义。

虽然旅游活动自古以来都是作为一种超越生存需要的消费类型,旅游资源的文化特征对游客决策的重要影响决定了旅游产业的文化属性。但所谓"文化资源",其内涵已发生了相当大的变化。以往称"文化资源",主要指来自于历史的、自然的既有资源;而当下的"文化资源"则被作为旅游业发展的基础性资源,这就对应了更高的创新能力。这一方面得益于对传统文化资源的转化能力增强,无论是产品的视觉效果还是形式特征,与时代生活方式的联结空前紧密,旅游产业也成为了地方文化内涵的重要载体;另一方面互联网时代的技术与传播特征、居民素质与消费升级的现实,使游客、创业者的个人行动与在地文化产生更深刻的作用,形成互动增长的可持续模式。

基于以上转变,"旅游"一词越来越多地被冠以"创意""艺术"等形容词,如此突出了旅游业升级中最核心的转变。无论是"创意旅游"还是"艺术旅游",旅游活动的精神性特征都在放大,其产业实践均提倡旅游者与地方文化的积极互动,强调对地方传统的参与式体验。例如,2008年9月在美国圣达菲召开的首届创意旅游国际会议着重强调创意旅游对艺术、遗产和地方特色

---

① 孙九霞、李菲、王学基:《"旅游中国":四十年旅游发展与当代社会变迁》,《中国社会科学》2023年第11期。
② 臧良运:《旅游学概论》,北京:电子工业出版社,2009年,第4—5页。

在身心方面的感知的注重,"参与式"一方面强调了旅游行为与地方文化的融通,另一方面也道出了原真性旅游体验的获得路径。① 所谓"创意旅游"就是文化产业"文化加值、创意赋能"的管理手段在旅游业中的综合应用;所谓"艺术旅游"则强化了艺术的审美性特征在旅游活动、场景中的彰显。对于乡村旅游的物质载体与精神依托,旅游发展模式的变化必将体现在村庄本体当中,因为乡村本身已融入甚至转化为文化旅游的组成部分,旅游的"创意化""艺术化"甚至"文创化"将带动村落的同向演进。

回顾旅游业的发展线索,从传统旅游到创意旅游,中间经历的是文化与旅游融合的不断深入。例如,旅游者与旅行目的地文化之间的接触方式,从简单的"观""看""听"单向接收模式的逐步精进,再到为游客提供参与式的互动体验产品或服务,这种转变中就蕴含着文化与旅游融合模式的多样性与复杂化。在乡村旅游业领域,如果说传统的"农家乐"旅游是简单的"农+旅"模式,那么在2018年文化和旅游部的成立则开启了乡村旅游转型提质的新篇章,"农+旅+文"的融合形式受到关注,本书第三章第二节中所列举的"曹山地瓜村"项目就是非常典型的案例。由"硬件升级"向"内容生产创新"的升级诉求变化就是乡村旅游业发展结构性转变的有力说明。

乡村旅游业的这些内部变化,实际决定了与之相关的细分领域均要发生调整,这种调整既是产业升级的表现,同时也是成就因素。那么,无论是将乡村旅游业作为研究对象,还是作为服务对象的相应学科,也便面临着系统性的调整。以两个三元模型来对应业界与学界所面临的状况,表示为图114。图中左侧模型试图展示乡村旅游业作业产业经济范畴的演变线索;曾经,乡村旅游业只是作为旅游产业的一个分支,"乡村"作为一种界定的意义,在地理上它仅表示一种区位,在功能上也主要只是作为"景区"的承载。彼时,人们可以为了"不到长城非好汉"而不畏路途前往延庆、昌平或者怀柔,但在一番"游览"之后,回到北京、回到城市似乎是唯一的选择,游客与旅游在地、与村落的关系是隔阂的,难以形成深入的交互关系。如今,将乡村旅游发展置于乡村全

① Wurzburger,R,"Introduction to the Santa Fe & UNESCO International Conference a Global Conversation on Best Practices and New Opportunities",*Creative Tourism:A Global Conversation:How to Provide Unique Creative Experiences for Travellers Worldwide.*Santa Fe,USA,2010.

面振兴的国家战略当中,把乡村审美所传递的村落美学作为中华传统文化的基因承载,这种宏观格局塑造了我国当下乡村旅游业现状和游客体验的需求特征。在这一过程中,生产要素的物质性逐渐让渡于精神性,审美要素开始演变为重要的生产要素,深刻影响着潜在客户的消费决策。展望未来,乡村发展关系着我国生态文明转型的战略,乡村旅游业的发展成就作为链接城乡、增益乡村本土、抵御外来风险的共有基础,将进一步融入民族文化传承、中华美育的文化价值。它将不仅是在地村民生活美化、就业便捷、收入提高的方法,同时也是国家意义上中华民族共同体意识的承载以及现代生活方式下乡愁情愫与集体焦虑的寄托。与之相应,旅游活动的精神性收获、旅游场景的审美设置都成为产业价值实现的基础,这决定了艺术介入的功能性与必要性都将提高。

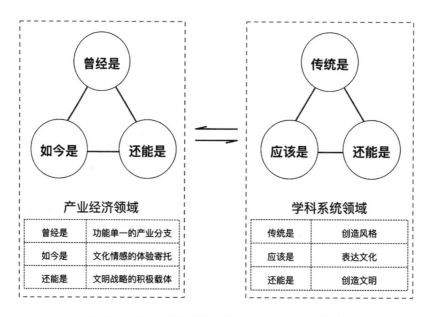

图 114　产业经济与学科系统相互交织的三元模型

旅游学研究认为,现代旅游业在被现代社会塑造的同时,又反之参与了对现代社会发展的促进。当影响旅游的因素增加,与旅游业相关的学科体系也将发生调整。面对乡村旅游由较为单纯的消费品类,转而为与社会、文化、新消费模式,甚至政治、科技与知识进化相关联,与之相应的教育与科研也表现为愈发开放与交叉的体系。① 客观来看,搞好一地的乡村旅游绝不仅仅只是一个地方政府、职能部门能力的好坏,也不会只取决于一个项目团队的经验多寡与能力优劣。梳理一下文化和旅游部的相关项目便得到佐证,即便只是在"国家社会科学基金艺术学项目"的申报中,"课题指南"中与旅游相关的就会涉及管理、贸易、政策、策略、方法等诸多领域。举例 2022 年的指南文本,"设计推动乡村振兴建设策略与方法研究""旅游文创产品设计研究""文化和旅游融合发展研究""文化和旅游市场管理政策研究""文化和旅游公共服务体系高质量发展研究""文化和旅游服务贸易研究""世界各国文化和旅游法律、政策比较研究"从多个侧面构架起服务于旅游发展的综合框架。更不用说在"国家社会科学基金艺术学项目"之外,文化和旅游部还设有技术类、人才培养类以及专项类等多维度的项目体系。

于是,就艺术介入而言,与之相关的学科体系也愈加立体、多元。这同样也是一个互动交错的过程,艺术介入在服务于乡村旅游升级发展的过程中,所面对的复杂环境倒逼艺术学科做出相应调整,比如对新技术的适应、对新体验的塑造,以及对新经济的匹配。其实在艺术学科内部也继承着学科疆域不断扩张、延展的基因。

以与乡村实践联系最为紧密的设计学科为例,一个学科的产生、发展之路通常根植于某种社会需求,或产生于与旧有学科演化分裂的过程中。在满足社会需求的过程中,逐渐形成了一个具有相似兴趣、相近思考,甚至相近学术利益的社群,通过社群的知识建设与组织建设,逐渐形成一套相对独立的学术理论、方法、工具等体系。对设计学科而言,可以表现为从 19 世纪中叶开始的艺术与手工艺教育,如 1837 年的英国皇家艺术学院、1845 年的格拉斯哥艺术学院、1877 年的罗德岛设计学院;也可以表现为包豪斯所基本完成的结构化的课程体系。如本书第四章中图 78 所示,设计的演变过程就是一种对不同时代关键诉求的客观回应;可以理解,正是有了"真实世界"(维克多·帕帕奈克)所提出的复杂的社会需求,才有了设计学科边界的不断拓展。如今,设计艺术已然经历了超越狭隘产品与视觉设计的约束,转而面向复杂性、模糊性和

---

① ［美］埃里克·朱洛:《现代旅游史》,北京:商务印书馆,2021 年,第 11 页。

不确定性,去聚焦关系和系统的设计,去关注相关者和问题的复杂系统……（Design X 宣言）;设计艺术变为设计创新的工具。同济大学娄永琪教授认为,或许将来,设计学将更加远离艺术学的范畴,或许"交叉学科"才是设计艺术的归宿。这一观点提出,基于对当前艺术设计介入社会现实的真实挑战的理解,就当下的情况来看,乡村便是这"真实挑战"的重要组成。尤其在诸多不确定性因素的影响下,介入乡村的不同艺术门类、甚至不同的学科,均面临着同样复杂的局面:对象挑战、价值挑战、知识挑战、主体挑战、方法挑战……共同交织成相关学科所锚定的复杂问题。

于是,不难理解图 114 右侧模型所描述的艺术学科系统进程,面对社会现实问题,艺术从传统的聚焦于风格、形式的技法维度,转而成为当下注重对文化的表达;当"旅游"向"创意旅游"进化,旅行者愈发注重在旅行过程中对地方文化的积极参与。乡村地方的文化资源何以转化为可供旅游业实现价值生产的文化资本就显得尤其重要。于是,当"故事"成为乡村振兴、旅游开发的内生动力,对旅游产业而言,一方面,"故事"符合文化产业"文化价值、创意赋能"的一般思路;另一方面,"故事"以一种内在的价值和力量对乡村产生持续的影响力,尤其是在传播技术空前发达的互联网时代,"故事"成为传播地方文化的媒介,而旅游产品则又是"故事"的载体与衍生。

以"故事"作为乡村文化资源的线索,乡村的在地文化在旅游产品打造与消费过程中对供给方与消费者都将产生影响,文化内容的丰富对游客体验的改善直观可见,值得特别说明的则是对村民的潜在影响。例如,通过对地方文化故事的表述和传播,村民个人和集体较容易在"故事原型"的基础上建立地方价值认同,发生在"在地感"和"认同感"上的集体意识能够激发年轻人留在乡村的意愿,从而能够促进乡村的可持续发展。从文化产业的专业角度分析,"故事"是文化创意的终端产品,却又是文化产业的源头,"故事"给传统的旅游文化资源插上创意的翅膀,从而驱动文化内容与旅游生产的深度融合。①

---

① 向勇、王昀:《乡村振兴与地方创生》,北京:金城出版社,2020 年,第 180—183 页。

　　如此看来,当设计、艺术服务于"故事"的表现,实际就是服务于地方文化的表达。这个逻辑在当下艺术、设计的专业教学领域表现得愈加明显,许多学校相关专业开始开设与乡村现实结合的课程,有些甚至直接以乡村旅游业的具体项目作为命题,拉近了教学与社会现实需求的距离。例如,上海视觉艺术学院本科二三年级的"主题环境设计""主题景观设计"课程,就直接与文旅公司(自然种子)合作,围绕具体旅游项目组织设计学科的专业课教学;产出了诸如"机械蒸汽小镇""饼干制造厂"等优秀方案(图115)。图116、图117展示了"机械蒸汽小镇"项目如何围绕一个故事主题,进行设计的策划与方案的审美性表达,这种教学方案的设计与教学过程的组织均体现出对"文化表达"的线索。对微观具体的项目设计如此,放大到某一个乡村地域的范畴也可见相似的流程与方法,艺术介入在当下阶段对乡村旅游项目的操作过程很难离开文化表达这一主流。

图115　上海视觉艺术学院与文旅项目结合的课程举例

图片来源:自然种子。

　　当乡村旅游还能够成为我国生态文明建设战略转型的积极载体,与这一诉求相匹配的人才培养与研究体系也就有理由发展成为文明塑造的具体路径。围绕上述案例来说,教师不再被定位为教育过程中的说教者,而是学生创

图116 "机械蒸汽小镇"项目概述 图117 "机械蒸汽小镇"故事板

图片来源：自然种子。

作作品的指导者与同行者。在围绕当前大量乡村旅游业务需求时,教师在指导学生的基础上,完成理论的思考以及经验的总结与产出。对于学科的所在学院而言,其定位则更倾向于学科发展的引领者与组织者,担负学科发展及其整体思考的角色。在这个三元体系中,可以看到艺术家、专业教师作为创作者的忙碌与孤立,也可以看到他们作为社会赋能者的尝试与担当;三者之中最具有学科创新价值的,来自于与实践结合而促成的、作为知识的生产者的那份希望与契机。

扩大到更宏观的艺术学科体系,试图在表演、音乐、舞蹈、多媒体等各种艺术形式之间寻找一种相对通用的概念,或许就是学科体系愈加倾向多元,工作方法愈加趋于跨界,以及功能诉求愈加复合。回归到"学科"的基本含义,无论是作为知识的"学科",还是围绕这些"学科"所建立起来的组织,"跨学科性"或许才是未来的新学科体系所具备的共同基因。

结　　论

作为当前中国文化消费重要内容、乡村振兴工作切实抓手的乡村旅游业提质升级,体现了我国社会、经济高质量发展的鲜活图景。与传统旅游业相比,文化要素的占比增加、旅游者对乡村文化体验和地方价值认同的诉求提升,成为乡村旅游业提质升级的内在要求。文化与旅游表现出前所未有的关系强度,艺术作为文化凝练和表达的媒介,其价值所在、方法何为,都愈加引人探赜。

本书在对乡村旅游业发展现状进行历史定位与充分调研的基础上,梳理出产业现存痛点与艺术介入效用之间的对应关系,明确了艺术介入乡村旅游业提质升级的必要性与紧迫性。我国正处于生态文明战略转型的新发展阶段,美学价值与经济增长、旅游产业与地方创生、空间资源与生态经济、乡村图景与文化认同、东方美学与文化自信等一系列因素交互构成的内在线索,决定了艺术介入乡村旅游业提质升级的作用逻辑不可能只是局限于艺术创作视野的技术考量。乡村旅游业发展所提供的诸多案例亦成为艺术经验与内部演进的丰富素材。基于以上综合的整体观视角,本书对乡村旅游业提质升级中的艺术介入研究具有明确的现实指导性与未来指向性。

一、研究结论

(一)从助力产业升级到赋能生态转型:艺术介入乡村旅游业提质升级具有多元复合的时代价值

自 2017 年乡村振兴战略提出以后,乡村旅游业就被多地作为践行战略的具体抓手;各级政策的助推、乡村经济结构与社会转型中所表现出的效率,使乡村旅游业的产业实践将在未来持续发展,对相关事件的思考深度、反思角度也将呈拓展趋势。多重动因驱动下的乡村旅游业发展积极、趋势向好,但普遍、具体的行业痛点也已经造成实践者的困扰。例如,"视觉同质化""品牌体系薄弱"以及"内容产品不足"都是已经暴露出来的问题。

首先,凭借艺术在表达多样性、设计增值力以及文化阐释力等方面的优势,艺术介入乡村旅游业被赋予具体的目标指向,即从实用艺术的技术层面参与解决产业升级中面临的现实问题,直接助力乡村旅游业的提质升级。

其次,将研究视野进一步推向宏观,结合当前中国生态文明建设战略转型的宏大叙事,乡村发展被赋予了醒目的历史坐标。乡村旅游业作为关乎经济质量与村民福祉的综合型产业,其项目场景与村民生活场域之间存在天然重叠,乡村旅游业的经济行动被嵌套进乡村民生的社会网络当中。因此,艺术借由对乡村旅游业的介入,事实产生了超越具体产业的多元价值。例如,艺术介入通过对环境审美化实现,参与了乡村生态资源定价,也助力了乡村存量设施性资产的激活,更影响了村民日常生活审美化的感官体验。对于乡村旅游消费者而言,乡愁情愫与东方审美的接触与满足成为文化认同与自信培育的通道。当"乡村美学"的审美性得以铺陈,对于以"乡土性"为传统特征的中国而言,乡村意象中所涵纳的中华基因在乡村旅游的体验中得以延续。试想当设计师、艺术家们运用色彩、造型的专业技能对乡村空间以及空间中的人造物加以处理,使之具有审美愉悦性而乐于被人们接受,这个过程本身就是"美即生活""天人合一"的东方哲学的传播,是中华美育的实现路径。

(二)从"审美要素"到"生产要素":乡村旅游业提质升级中的实践为艺术价值生产提供新的路径

伴随经济发展由增量时代步入存量发展阶段的客观现实,各行业对资源利用的深度、质量提出更高要求,这是一个社会经济高水平发展的阶段。在这一阶段,经济发展与环境生态同样重要,可持续与生态性成为一个硬币的正反两面,紧密而不可分割。党和国家领导人倡导的"美丽中国""两山理论",为乡村发展路径定下了基调,中国乡村的未来发展,不会走牺牲生态的老路,对人口流失、乡村凋敝等问题也不会不加防范。当这些初衷要落实到乡村事务的具体环节,增加高附加值产业的重要性便凸显出来。在这样的宏观语境中,审美价值如同在城市的重要性一样，开始嵌入乡村经济、生活的发展变迁；这就为艺术介入乡村展开实践提供前提和基础。

当艺术介入乡村旅游业的实践载体由局限在物质性产品或空间的美化，拓展到乡村旅游目的地整体氛围的营建；当社会文化消费需求日渐提高、乡村旅游消费趋于普及，乡村旅游由传统的"景区游""一日游"转型至"休闲游""度假游"模式，乡村旅游住宿类产品异军突起，从"旅游配套"转变为"旅游目的"本身，这就意味着审美体验的边界与旅游目的本身逐渐模糊。艺术介入乡村旅游业提质升级所进行的艺术创作和创意表达的作品本身，其价值实现由作为旅游产业的"审美要素"转变为"生产要素"，审美也是生产力，艺术介入的效果构成了消费决策的重要参考，美学经济作为一种驱动力量为艺术价值生产提供新的路径。

此外，艺术介入乡村旅游业的价值在生产环节和消费环节共同体现，精神经济和美学经济的理论为洞察文化、艺术在乡村旅游业中的价值实现提供有益视角。艺术介入乡村旅游业提质升级所呈现的审美化空间在具有"生产价值"和"美育价值"的同时，提供了我国乡村资源内部可交易性的增长，这有利于我国空间资源价值化的开发，也构成了国内大循环的重要保障。从该角度看，观察到乡村空间场景艺术化所具有的深层动力，也就容易理解这些因素合力促成的因果链条对于强化东方审美的空间认同的增益，这也为艺术价值创造的理解，提供了新的思路。

（三）从艺术赋能传统经验到创新路径：乡村旅游业提质升级为艺术学科的内部演进提供了机遇

在艺术学科内部，"介入"作为并列于"技艺"与"审美"的艺术学科面向，有必要对其技术路径加以分析，技术路径的变化表达了艺术学科内部的知行演进。为此，本书将乡村旅游业作为艺术介入的鲜活经验、看作是艺术对自我探索的丰富素材。

本书对艺术介入实践的技术路径研究从地方性感知和生产的视角加以展开，乡村旅游业并不是一个单纯的经济系统，而可以被认为是一个综合的社会系统；艺术因其实践性特征、经验性本能而具有介入其中的内在动力。艺术介入乡村旅游业的技术路径伴随产业发展的阶段特点而发生变化，表现出不同的作用机制与范式,不同范式转换的背后还嵌套着不同驱动主体所对应的执行特征。比较乡村旅游业中处于不同产业发展阶段或不同地域特征的艺术介入案例,艺术介入的赋能方式也表现出从传统经验向创新路径的过渡。

具体而言,我国乡村旅游业发展历程中,艺术介入作为实现产业升级的践行手段大致呈现出"环境营造式""产业发展式"以及"文化复兴式"三个基本范式;范式的转换之间投映出不同驱动主体的执行特征。范式转换的基本逻辑,离不开艺术介入的外在呈现与所要阐发思想之间的关系认同。本书理解和把握到的艺术介入乡村旅游业提质升级实践的最大特征,是产业内艺术介入行动在升级的程序逻辑上表现为以文化背景为开端,再引入经济的视野;进而综合文化和经济的双重逻辑,从内部理解艺术介入乡村旅游对在地乡村以及社会整体的综合影响。这种对艺术行动底层逻辑优先把握的思路为艺术介入的路径拓展和思路创新提供内生动力。与此同时,艺术介入的思维特征也从门类技术型转向更为综合的视角,艺术介入的乡村实践由此也成为推动艺术内部方法论体系持续优化的驱动。

(四)从评价产业实践到优化学科体系:乡村旅游业提质升级中的艺术介入研究的前瞻性兼顾产业指导与学科优化

艺术介入赋能乡村旅游业提质升级,本质上是艺术在特定社会环境下的内生性探索,有其可归纳、可评价的模式和方法。不同地区乡村所秉持的资源、区位条件以及市场特征共同决定了其发展旅游的方法和路径也有所差别,艺术介入的投入、目标也不尽相同,本书通过对典型案例的比较分析,结合乡村分类研究与旅游目的地竞争力理论,提取艺术赋能的代表性因素,尝试构建艺术介入乡村旅游业提质升级的评价模型。本书研究的前瞻性价值,不仅在于评价模型对于未来实践的指导作用,例如可以利用分析模型对具体项目的内部结构进行判断,进而对艺术介入的门类加以匹配、对表现及价值转化效率加以预期;最后,这一议题与当前消费社会的泛文创现象以及中华美育的价值相关联,引导着艺术学科的研究与教学发生持续演进。

二、研究展望

鉴于乡村旅游业本身的业态综合性,以及艺术内部学科门类的多样性,乡村旅游业中的艺术介入研究,便会涉及多学科、多领域的研究交叉,表现出对研究能力综合性与高效性的要求。

客观而言,本书研究的选题脱胎于对中国发展现实的回应,其重要目的在于理解和梳理乡村旅游业提质升级中的艺术介入行动。站在乡村旅游业发展的立场,研究艺术介入其中的内在逻辑与路径方法,就是为了使艺术介入乡村旅游业,能够为产业升级提供更大的赋能作用;与此同时,乡村旅游业构成了艺术介入的实践领域,为艺术介入的创作和研究提供大量素材。因此,本书研究的许多观点和逻辑,还需要在日后乡村发展和产业升级的实践中不断加以运用、总结,亦有必要对典型案例进行长期观察与追踪。在此,对于后续的研究工作提出展望:

首先,从以上结论来看,艺术介入乡村旅游业提质升级受社会宏观环境中多重因素的影响,具有内在的逻辑和思维体系,但本身并没有一套固定的模式或标准的模板,并且至今仍处于非常活跃的发展阶段;这种动态的实践过程要求研究者对其始终保持关注的态度与积极的思考。包括市场资本变化因素、元宇宙技术等对旅游消费模式产生的可能性影响,使我们发现,任何既定的结论可能都会具有某些阶段性的局限,这也决定了本书的研究主题将历久弥新,具有持续追踪的价值。

其次,本研究尝试构建一套关于艺术介入乡村旅游业的研究体系,从介入的动因分析,到介入的技术手段,再到介入效用的综合评价,但鉴于产业现场的复杂性,交错着诸多利益相关者因素,在研究的量化分析方面还存在较大空间,这在后续研究中,期待今后可以进行更多的实地调研。

最后,乡村旅游发展和艺术介入乡村,本身是中国社会日常生活审美化转变的重要构成,艺术的实践和理论,其社会意义很大程度在于对社会文化环境的直接或间接影响。党的二十届三中全会《决定》提出,城乡融合发展是中国式现代化的必然要求。必须统筹新型工业化、新型城镇化和乡村全面振兴,促进城乡共同繁荣发展。2025 年 1 月,中共中央、国务院印发的《乡村全面振兴规划(2024—2027)》也提出,实施文化产业赋能乡村振兴计划、乡村文旅深度融合工程,提升乡村旅游质量效益。乡村作为中国人的乡愁寄托、重要的社会生活图景,为艺术的实践创作和理论创新提供了珍贵的、丰富的研究样本。

附录一　乡村民宿中的艺术介入情况
　　　　访谈问卷

＊本问卷仅作为学术研究依据，不作传播及商业用途

您的项目地址（省份、城市、镇村）：

您在项目中的主要身份：（　　　）

A. 创始人　　B. 投资人　　C. 管理人

1. 您认为艺术介入在乡村民宿项目中的重要性为：

A. 非常重要　　B. 重要　　C. 一般　　D. 不必考虑

2. 您的项目在启动（如景观设计、室内设计、开业筹备）团队中，有专业的设计师或艺术家参与吗？

A. 有　　B. 没有

3. 您自己或者项目的核心创始人中有人具备艺术或设计相关专业/职业背景吗？

A. 有　　B. 没有

4. 您项目的建筑设计、景观设计、室内设计费用合计约为（如创始人为职业设计师请按市场价值）：

A. 100 万元或以上　　B. 50—99 万元　　C. 10—49 万元　　D. 10 万元以内

E. 5 万元以内　　F. 没有支出　　G. 不清楚具体情况，但比较重视

H. 不清楚具体情况，没有特别重视

5. 您项目的客房总量为：

A. 小于 5 间　　B. 5—14 间　　C. 15—20 间　　D. 大于 20 间

6. 请您为艺术介入乡村民宿或乡村旅游业的途径排序（按重要程度由高到低）：＿、＿、＿、＿、＿、＿、＿，如有其他，那么是＿＿＿＿＿＿＿＿。

A. 建筑设计　　B. 景观设计　　C. 室内设计及软装　　D. 文创周边

E. 音乐氛围　　F. 演艺活动　　G. 品牌传播　　H. 活动策划

7. 您认为乡村民宿或乡村旅游项目中对艺术介入所费的投资可以转化为商业价值吗？（如入住率提升、产品单价提升、口碑传播效果提升、品牌价值提升等）

A. 可以，转化效果很好　　B. 可以，多少有些效果　　C. 没有效果

8. 您的项目已有或打算有文创周边产品吗？（包括农产品文创化包装）

A. 已有　　B. 打算做　　C. 不会考虑

9. 艺术介入乡村民宿或乡村旅游业可以解决如下问题，请按重要程度排序：＿、＿、＿，如有其他，您认为是：

A. 视觉上的重复与雷同问题（空间体验）

B. 内容与精神上的个性化不足问题（内容与活动体验）

C. 二次消费不足问题

D. 品牌塑造与推广

10. 就您的项目而言，在艺术介入方面的投资，您主要是出于什么方面的考虑？

A. 纯粹为了商业转化效果　　B. 纯粹为了个人情怀与喜好

C. 两者兼顾，主要希望提升商业效果，个人审美有所参与但更多考虑商业效果

D. 两者兼顾，主要为了个人情怀、喜好和标准，商业效果会考虑，但不重要

11. 您的项目在艺术介入方面所花费的投资强度和收效如何？

A. 投资充足，效果满意　　B. 投资充足，效果一般

C. 投资充足，收效甚微　　D. 投资较少，效果不错，准备继续投入

E. 投资较少，效果一般，仍需要继续投入

F. 投资较少，效果一般，不准备特别考虑这方面的投资了

12. 您的项目正处于（如您有多个进度不一的项目，请选择您做上述问卷

时的主要参考项目）：

　　A.建设阶段　B.开业两年以内　C.开业2—5年　D.开业5年以上

　　13.您对乡村旅游业发展持乐观态度吗（宏观行业角度,非具体投资人角度）？

　　A.非常乐观　B.乐观　C.很难说　D.不乐观

　　非常感谢您的热忱支持,以下为选填项,诚意感谢!

　　您的称呼:_____（选填）

　　您的项目:_____（选填）

附录二 《乡村民宿中的艺术介入情况访谈问卷》 设计说明

调研背景：

伴随乡村全面振兴国家战略的持续推进、我国整体经济发展与消费结构升级调整的客观现实，乡村旅游正经历规模化的发展过程和专业化的历史机遇，在大量的乡村旅游项目实施过程中，艺术介入成为实践者们绕不过去的方法，在项目的在地场景体验、内容服务设计、品牌营建、宣传推广等诸多领域发挥重要作用。

在近年来的产业升级过程中，乡村旅游呈现出从休闲观光游向旅居度假游转变的特征，依托于城市消费群体的"2.5小时"交通动能圈影响明显；这些因素决定了住宿类产品在乡村旅游中的重要作用。"民宿"成为热点，一方面解决了旅游六要素"住"的功能，另一方面还时常成为旅游目的地本身；有句话叫做"民宿因乡村而起，乡村因民宿而活"，形象地说明了民宿与乡村旅游的互动关系。因此，考察艺术介入在乡村旅游中的相关问题，以民宿为切入点是一个具有代表性的角度。

调研对象：

本问卷定向发放，调研对象为从事乡村民宿事业的一线人员，他们是乡村民宿的创始人、管理者或投资人，有时会出现创始人与管理者重合的身份，但总体特征是他们参与艺术介入项目实践的决策，协调艺术介入的具体环节，了解介入的效果与经济回报。

问题设计：

问卷正式提问一共13题，分别从主观态度、客观情况、效果评价、未来预期几个角度进行发问。第 1 题首先了解问卷对象对艺术介入乡村民宿项目的总体主观态度。第 2、3 题了解项目决策团队中的艺术专业背景。第 4、5、12 题旨在了解受测项目的客观物质条件与经营状况。第 6 题用于了解从业者对艺术介入乡村旅游业的途径认识。第 7、9 题用于了解艺术介入乡村旅游业的收效状况,包括对艺术介入所能针对的问题进行了解。第 8 题针对文创产品进行提问。第 10、11 题用于了解艺术介入在项目中的投资情况。第 13 题用于对从业者信心进行了解。

问卷回收与分析:

本问卷使用"问卷星"程序进行定向发放,回收比率、有效性、可信度高,问卷分析分为三个层面:首先是系统自动生成的数据基础材料;其次是使用系统工具进行的交叉分析;最后是根据书中章节需要所进行的文内论述分析。

参 考 文 献

著作类:

[1][法]丹纳:《艺术哲学》,南京:江苏人民出版社,2017年。

[2][英]E.H.贡布里希:《艺术的故事》,南宁:广西美术出版社,2015年。

[3]温铁军、张孝德:《乡村振兴十人谈——乡村振兴战略深度解读》,南昌:江西教育出版社,2018年。

[4]朱铭、奚传绩:《设计艺术教育大事典》,济南:山东教育出版社,2001年。

[5][美]保罗·萨缪尔森、威廉·诺德豪斯:《经济学》,北京:商务印书馆,2015年。

[6]张胜冰:《文化资源学导论》,北京:北京大学出版社,2017年。

[7][澳]戴维·思罗斯比:《经济学与文化》,北京:中国人民大学出版社,2015年。

[8]翁冰莹:《布尔迪厄文艺场域理论研究》,厦门:厦门大学出版社,2019年。

[9]李天元:《旅游学概论(第七版)》,天津:南开大学出版社,2014年。

[10]姚伟钧:《文化资源学》,北京:清华大学出版社,2015年。

[11][美]乔纳森·卡根、克莱格·佛格尔:《创造突破性产品——揭示驱动全球创新的秘密》,北京:机械工业出版社,2018年。

[12][英]约翰·赫斯科特:《设计与价值创造》,南京:江苏凤凰美术出版社,2018年。

[13][加]丹尼尔·亚伦·西尔、[美]特里·尼克尔斯·克拉克:《场景:空间品质如何塑造社会生活》,北京:社会科学文献出版社,2019年。

[14][英]阿尔弗雷德·马歇尔:《经济学原理》,北京:中国社会科学出版社,2007年。

[15]周宪:《艺术理论的文化逻辑》,北京:北京大学出版社,2018年。

[16][英]E.H.贡布里希:《艺术的故事》,南宁:广西美术出版社,2015年。

［17］［美］约翰·杜威：《艺术即经验》，北京：商务印书馆，2010年。

［18］［英］奈杰尔·斯皮维：《艺术创世纪》，北京：中信出版集团，2019年。

［19］［美］H.H.阿森纳、［美］伊丽莎白·C.曼斯菲尔德：《现代艺术史》，长沙：湖南美术出版社后浪出版公司，2020年。

［20］［英］罗斯金：《艺术与道德》，北京：金城出版社，2012年。

［21］［加］马歇尔·麦克卢汉：《理解媒介：论人的延伸》，南京：译林出版社，2019年。

［22］李向民、王晨：《文化产业管理》，北京：清华大学出版社，2015年。

［23］［美］爱德华·W.萨义德：《东方学》，北京：三联书店，1999年。

［24］臧良运：《旅游学概论》，北京：电子工业出版社，2009年。

［25］张五常：《经济解释》，北京：中信出版社，2017年。

［26］王云久、武志华：《心灵之窗：视觉研究的进展、应用与意义》，北京：科学出版社，2010年。

［27］费孝通：《乡土中国》，北京：中信出版集团，2019年。

［28］费孝通：《乡土重建》，北京：中信出版集团，2019年。

［29］［日］福武总一郎、北川富朗：《艺术唤醒乡土——从直岛到濑户内国际艺术节》，北京：中国青年出版社，2017年。

［30］［德］阿莱达·阿斯曼：《回忆空间——文化记忆的形成和变迁》，北京：北京大学出版社，2019年。

［31］陈灿、黄璜：《休闲农业与乡村旅游》，长沙：湖南科学技术出版社，2018年。

［32］［美］阿尔·里斯、杰克·特劳特：《定位》，北京：机械工业出版社，2011年。

［33］徐适：《品牌设计法则》，北京：人民邮电出版社，2019年。

［34］范亚昆：《民宿时代》，北京：中信出版集团，2017年。

［35］［法］让·鲍德里亚：《物体系》，上海：上海人民出版社，2019年。

［36］［美］迈耶·夏皮罗：《艺术的理论与哲学：风格、艺术家和社会》，南京：江苏凤凰美术出版社，2016年。

［37］费孝通：《文化与文化自觉》，北京：群言出版社，2016年。

［38］高明潞：《西方艺术史观》，北京：北京大学出版社，2016年。

［39］［英］克莱尔·贝尔：《艺术》，北京：文联出版社，2015年。

［40］钱理群：《论志愿者文化》，北京：生活·读书·新知三联书店，2018年。

［41］邱晔：《美学经济论》，北京：中国社会科学出版社，2020年。

［42］李京生：《乡村规划原理》，北京：中国建筑工业出版社，2018年。

[43]周宪:《审美现代性批判》,北京:商务印书馆,2005 年。

[44]罗德胤:《在路上:中国乡村复兴论坛年度纪实》,北京:清华大学出版社,2017 年。

[45][英]阿兰·德波顿:《艺术的慰藉》,武汉:华中科技大学出版社,2019 年。

[46]黄光勇:《咏物成金:文化创意产业析论》,厦门:海峡文艺出版社,2018 年。

[47]向勇、王昀:《乡村振兴与地方创生》,北京:金城出版社,2020 年。

[48]艾秀梅:《日常生活审美化研究》,南京:南京师范大学出版社,2010 年。

[49]周宪:《审美现代性批判》,北京:商务印书馆,2005 年。

[50]周宪:《当代中国的视觉文化研究》,南京:译林出版社,2017 年。

[51]姚文放:《审美文化学导论》,北京:社会科学文献出版社,2011 年。

[52][德]格诺特·波默:《气氛美学》,北京:中国社会科学出版社,2018 年。

[53][法]尼古拉斯·伯瑞奥德:《关系美学》,北京:金城出版社,2013 年。

[54][美]W.J.T.米切尔:《风景与权利》,南京:译林出版社,2014 年。

[55]罗德胤:《走读中国乡村》,北京:中国建材工业出版社,2019 年。

[56][美]杜威·索尔贝克:《乡村设计:一门新兴的设计学科》,北京:中国工信出版集团,2019 年。

[57][法]居伊·德波:《景观社会》,南京:南京大学出版社,2017 年。

[58][法]让·鲍德里亚:《消费社会》,南京:南京大学出版社,2014 年。

[59]俞昌斌:《体验设计唤醒乡土中国——莫干山民宿实践范本》,北京:机械工业出版社,2018 年。

[60]王柯平:《旅游美学论要》,北京:北京大学出版社,2015 年。

[61][英]斯蒂芬·威廉斯、[美]刘德龄:《旅游地理学:地域、空间和体验的批判性解读》,北京:商务印书馆,2018 年。

[62] Michael B, *Rural Settlement in an Urban World*, Oxford: building and Sons Limited, 1982.

[63]Trigger B.G.*Time and Tradition*, Edinburgh: Edinburgh University Press, 1978.

[64][加]马歇尔·麦克卢汉:《理解媒介》,南京:译林出版社,2019 年。

[65][德]海德格尔:《艺术作品的本源》,北京:文化艺术出版社,1991 年。

[66]汪民安:《文化研究关键词》,南京:江苏人民出版社,2020 年。

[67][澳]希拉里·迪克罗、[加]鲍勃·麦克彻:《文化旅游》,北京:商务印书馆,2017 年。

[68]徐复观:《中国艺术精神》,沈阳:辽宁人民出版社,2019 年。

[69]顾平:《艺术感知与视觉审美》,北京:北京大学出版社,2020年。

[70]干永福、刘锋:《乡村旅游概论》,北京:中国旅游出版社,2017年。

[71]旅游概论编写组:《旅游概论》,天津:天津人民出版社,1983年。

[72]国家旅游局:《中国旅游年鉴》,北京:中国旅游出版社,1991年。

[73][美]埃里克·朱洛:《现代旅游史》,北京:商务印书馆,2021年。

[74][美]克利福德·格尔茨:《地方知识——阐释人类学论文集》,北京:商务印书馆,2019年。

学术论文类:

[1]马静、舒伯阳:《中国乡村旅游30年:政策取向、反思及优化》,《现代经济探讨》2020年第4期。

[2]闫星、赵伯飞:《"艺术生产"理论与审美价值的创造》,《西安电子科技大学学报(社会科学版)》2002年第3期。

[3]杨磊:《艺术自律抑或艺术责任?——读〈马克思主义与形式主义关系史〉》,《中国图书评论》2018年第6期。

[4]靳山菊:《靳之林先生简历及年表》,《民艺》2019年第2期。

[5]方李莉:《小程村的记忆》,《艺术评论》2007年第2期。

[6]张玉梅:《艺术介入乡村建设的三个样本》,《决策探索(上)》2019年第5期。

[7]方李莉:《论艺术介入美丽乡村建设——艺术人类学视角》,《民族艺术》2018年第1期。

[8]何景明、李立华:《关于"乡村旅游"概念的探讨》,《西南师范大学学报(人文社会科学版)》2002年第9期。

[9]方一平、盈斌:《我国山区空间分布与经济发展类型划分研究》,见《2015年中国地理学会经济地理专业委员会学术研讨会论文摘要集》,2015年。

[10]邱晔:《美学经济初探》,《北京社会科学》2020年第10期。

[11]邱晔:《美感消费论:一种新型消费趋势的探讨》,《北京社会科学》2016年第5期。

[12]邱晔:《从资本到产业:美学经济价值链内涵结构与运行机制》,《学术探索》2020年第11期。

[13]李林、李舒薇、燕宜芳:《场景理论视阈下城市历史文化街区的保护与更新》,《上海城市管理》2019年第1期。

[14]闻晓菁:《罗斯金的理想与中国的"乡愁"——社会转型中的审美、乡愁与国家的文化认同》,《南京艺术学院学报(美术与设计)》2016年第11期。

[15]向勇:《创意旅游:地方创生视野下的文旅融合》,《人民论坛·学术前沿》2019年第11期。

[16]任亚鹏、崔仕锦:《日本浅山区振兴策略调查研究——以越后妻有艺术节为例》,《风景园林》2018年第12期。

[17]曾莉、齐君:《环境、文化、产业——论艺术乡建历程上的三个主要范式》,《南京艺术学院学报(美术与设计)》2020年第2期。

[18]王孟图:《从"主体性"到"主体间性"艺术介入乡村建设的再思考——基于福建屏南古村落发展实践的启示》,《民族艺术研究》2019年第6期。

[19]翟辅东:《旅游六要素的理论属性探讨》,《旅游学刊》2006年第4期。

[20]王南溟:《许村计划:渠岩的社会实践》,《公共艺术》2012年第4期。

[21]郭占锋、李卓、李琳、付少平:《中国农村社会学研究现状与前景展望——"第七届农村社会学论坛"观点综述》,《西北农林科技大学学报(社会科学版)》2016年第4期。

[22]冯黎明:《艺术自律与市民社会》,《文艺争鸣》2011年第17期。

[23] Wurzburger, R,"Introduction to the Santa Fe & UNESCO International Conference a Global Conversation on Best Practices and New Opportunities", *Creative Tourism: A Global Conversation: How to Provide Unique Creative Experiences for Travellers Worldwide.* Santa Fe, USA, 2010.

[24] Richards, G.," Creative Tourism and Local development", *Creative Tourism: A Global Conversation: How to Provide Unique Creative Experiences for Travellers Worldwide.* Santa Fe, USA, 2010.

[25]方李莉、孟凡行、季中扬、甘锋:《"中华民族视觉形象"与"共同体意识建构"》,《民族艺术》2021年第1期。

[26]谢纳:《作为表征实践的文化空间生产》,《社会学辑刊》2019年第4期。

[27]郭昭第:《乡村美学的核心内容和学术宗旨》,《天水师范学院学报》2019年第6期。

[28]王孟图:《从"主题性"到"主体间性":艺术介入乡村建设的再思考》,《民族艺术研究》2019年第6期。

[29]石海滨:《从比较视角看艺术本质审美价值理性》,《湖南社会科学》2005年第5期。

[30]赵伯飞、闫星:《从"效应"理论看审美价值的本质及其实现》,《人文杂志》2013 年第 1 期。

[31]何景明,李立华:《关于"乡村旅游"概念的探讨》,《西南师范大学学报(人文社会科学版)》2002 年第 5 期。

[32]何景明:《中外乡村旅游研究:对比、反思与展望》,《农村经济》2005 年第 1 期。

[33]马静、舒伯阳:《中国乡村旅游 30 年:政策取向、反思及优化》,《现代经济探讨》2020 年第 4 期。

[34]汤飞宇:《论艺术作为文化生成的符号本质与象征表达》,《求索》2014 年第 7 期。

[35]方李莉:《"中华民族视觉形象"与"共同体意识建构"笔谈》,《民族艺术》2021 年第 2 期。

[36]张芳瑜、李翠霞:《艺术介入乡村文化认同建构之现实审思》,《东北农业大学学报(社会科学版)》2018 年第 12 期。

[37]周子书:《创新与社会——对社会设计的八点思考》,《美术研究》2020 年第 10 期。

[38]冯建、吴芳芳:《质性方法在城市社会空间研究中的应用》,《地理研究》2011 年第 11 期。

[39]王丹、刘祖云:《国外乡村空间研究的进展与启示》,《地理科学进展》2019 年第 12 期。

[40]于光远:《论普遍有闲的社会》,《自然辩证法研究》2002 年第 1 期。

[41]刘俊:《理解艺术媒介:从"材料"到"传播"》,《当代文坛》2021 年第 11 期。

[42]季中扬:《"艺术乡建"的审美理念及其文化逻辑》,《粤海风》2021 年第 10 期。

[43]陶蓉蓉:《艺术唤醒乡土:设计、艺术对乡村振兴的驱动性影响研究》,《盐城师范学院学报》2018 年第 5 期。

[44]陶蓉蓉:《新时代文化生态发展与艺术介入的媒介系统研究》,《盐城师范学院学报》2021 年第 12 期。

[45]王柏玲、朱芳阳、卢耿锋:《新时期我国生产要素的动态构成、特征及经济效应》,《税务与经济》2020 年第 6 期。

[46]于立、王健林:《生产要素理论新论——兼论数据要素的共性和特性》,《经济与管理研究》2020 年第 4 期。

[47]林毅夫:《新结构经济学的理论基础和发展方向》,《经济评论》2017 年第

3 期。

[48]梅策迎、刘怿:《青田计划——艺术介入乡村振兴的路径与经验》,《美术观察》2020 年第 7 期。

[49]耿松涛、张伸阳:《乡村振兴背景下乡村旅游与文化产业协同发展研究》,《南京农业大学学报》2021 年第 2 期。

[50]尤海涛、马波、陈磊:《乡村旅游的本质回归:乡村性的认知与保护》,《中国人口·资源与环境》2012 年第 9 期。

[51]杨守森:《中国乡村美学研究导论》,《文史哲》2022 年第 1 期。

[52]贺瑜、刘扬、周海林:《基于演化认知的乡村性研究》,《中国人口·资源与环境》2021 年第 10 期。

学位论文类:

[1]王晶:《延安市旅游超级 IP 探索》,北京:北京大学硕士学位论文,2018 年。

[2]龚贤:《绿色发展视阈下云南省产业结构升级研究》,成都:西南民族大学博士学位论文,2019 年。

[3]朱麟奇:《吉林省旅游产业结构优化研究》,长春:东北师范大学博士学位论文,2016 年。

[4]力莎:《南京市居民高铁出游空间行为研究》,南京:南京师范大学硕士学位论文,2014 年。

[5]黄伟丽:《产品空间理论视角下的中国纺织产业升级路径研究》,西安:陕西科技大学博士学位论文,2019 年。

[6]张泽楠:《旅游发展为导向的县域村落分类研究——以河南省新县为例》,南京:东南大学硕士学位论文,2017 年。

[7]任宁:《乡村旅游地竞争力影响因素研究》,杭州:浙江大学硕士学位论文,2008 年。

[8]赵静:《乡村旅游核心利益相关者博弈及协调机制研究》,西安:西北大学博士学位论文,2019 年。

[9]李闽川:《基于视知觉动力理论的非欧建筑形态审美研究》,南京:东南大学博士学位论文,2016 年。

[10]李立男:《经济美学研究》,大连:东北财经大学博士学位论文,2012 年。

[11]凌玉建:《论艺术生产的产业化转向——在〈资本论〉的视野下》,北京:北京

大学博士学位论文,2012 年。

[12]陈於建:《21 世纪以来中国"艺术介入乡村"现象中的公共艺术研究》,北京:清华大学硕士学位论文,2018 年。

[13]汪瑞霞:《空间记忆与情境重构——当代江南村镇文化景观设计研究》,南京:南京艺术学院博士学位论文,2020 年。

[14]张传时:《城郊乡村旅游空间组织与优化研究——以西安市为例》,咸阳:西北农林科技大学博士学位论文,2011 年。

[15]伍梓瑜:《中国当代艺术介入乡村的现象研究》,上海:上海大学硕士学位论文,2018 年。

电子文献类:

[1]《国务院关于印发"十三五"旅游业发展规划的通知》,http://www.gov.cn/zhengce/content/2016-12/26/content_5152993.htm,2020-9-25。

[2]《全国乡村旅游与民宿工作现场会在甘肃省兰州市榆中县召开》,https://www.mct.gov.cn/whzx/whyw/202009/t20200912_875050.htm,2020-9-26。

[3]《海南省人民政府关于进一步加强土地宏观调控提升土地利用效益的意见》,http://www. hainan. gov. cn/hainan/szfwj/201801/22eab524fad940e294ce9655c9b95f62. shtml,2020-9-27。

[4]《浙江省人民政府办公厅关于做好低丘缓坡开发利用推进生态"坡地村镇"建设的若干意见》,http://www.zj.gov.cn/art/2018/7/10/art_32432_297649.html,2020-9-27。

[5]湖州市统计局:《加快欠发达村经济发展 推进农村全面小康建设》,http://tjj.huzhou.gov.cn/hzgov/front/s29/xxgk/tjxx/tjsj/20080617/i269238.html,2020-9-28。

[6]浙江日报:《强村模式加政策撑腰 近年湖州已有 42 个欠发达村"摘帽"》,https://baijiahao.baidu.com/s?id=1641522731031383221&wfr=spider&for=pc,2020-9-28。

[7]吴兴区人民政府:《2019 年国民经济和社会发展计划执行情况》,http://www.wuxing.gov.cn/col/col1229210810/index.html,2020-9-29。

[8]国家统计局:《2020 年 8 月份居民消费价格同比上涨 2.4%》,http://www.stats.gov.cn/tjsj/zxfb/202009/t20200909_1788414.html,2020-9-30。

[9]《文化和旅游部 2020 年第三季度例行新闻发布会》,https://www.mct.gov.

cn/vipchat/home/site/2/321/,2020-10-6。

[10]国家统计局:《文化及相关产业分类(2018)》,http://www.stats.gov.cn/tjsj/tjbz/201805/t20180509_1598314.html,2020-11-15。

[11]36氪:《设计秘史:大师野口勇与他的"和风纸灯"》,https://baijiahao.baidu.com/s?id=1594350343909353126&wfr=spider&for=pc,2020-11-24。

[12]好看视频:《建筑大师王澍:这个时代不属于我,因为钱太多了》,https://haokan.baidu.com/v?vid=5527889782880068787&pd=bjh&fr=bjhauthor&type=video,2020-12-20。

[13]品橙旅游:《途家美宿家:全年曝光量17亿　达人粉丝人均70万》,https://www.pinchain.com/article/206695,2021-1-17。

[14]国家统计局:《2019年全国旅游及相关产业增加值44989亿元》,http://www.stats.gov.cn/tjsj/zxfb/202012/t20201231_1811941.html,2020-12-31。

[15]中华人民共和国文化和旅游部科技教育司:《旅游行业标准　LB/T 065-2019　旅游民宿基本要求与评价》,http://zwgk.mct.gov.cn/zfxxgkml/hybz/202012/t20201205_915538.html,2019-7-19。

[16]CHAT资讯:《陈向宏:打造和运营乌镇的20条经验与心得》,https://mp.weixin.qq.com/s/shAOBMkmA-KJCQcbqdxtFw,2020-7-16。

[17]达州新闻:《首届大巴山花田艺穗节开幕!国内外30多位专家、艺术家齐聚宣汉》,https://www.sohu.com/a/335718341_171328,2019-8-22。

后　记

　　我的老师王晨教授期望学生们能够将"为艺之大、可以为民、可以报国"作为专业工作的格局，这种风度对我来说是一种生动的激励。关注艺术在社会工作中的实践价值，便成为我"以艺报国"的具体表达方式，而这种心态使我获得了持续从事科研工作的愉悦动力。

　　这些"激励"与"动力"使我心怀感激，科研工作也由此被赋予绵绵魅力。时常感慨自己的幸运，从事着自己热爱的专业工作、承载着许多人的爱护与帮助，感谢他们、感谢我的工作单位盐城师范学院，当然也要感谢我的读者们……

陶蓉蓉

2025 年 1 月

责任编辑：洪　琼

图书在版编目(CIP)数据

艺术介入与乡村旅游提质升级研究 / 陶蓉蓉著.

北京 ：人民出版社，2025. 2. -- ISBN 978－7－01－027148－4

Ⅰ. F592.3

中国国家版本馆 CIP 数据核字第 20257HB247 号

艺术介入与乡村旅游提质升级研究

YISHU JIERU YU XIANGCUN LÜYOU TIZHI SHENGJI YANJIU

陶蓉蓉　著

人民出版社 出版发行

（100706　北京市东城区隆福寺街 99 号）

北京华联印刷有限公司印刷　新华书店经销

2025 年 2 月第 1 版　2025 年 2 月北京第 1 次印刷

开本：710 毫米×1000 毫米 1/16　印张：18.25

字数：300 千字

ISBN 978－7－01－027148－4　定价：89.00 元

邮购地址 100706　北京市东城区隆福寺街 99 号

人民东方图书销售中心　电话（010）65250042　65289539